服装产业竞争力研究

许菱 著

FUZHUANG

CHANYE

JINGZHENGLI

YANJIU

中国纺织出版社有限公司

内 容 提 要

本书以服装产业核心竞争力应用为重点，从服装产业与环境介绍入手，针对服装生产与生产数字化进行了分析研究。另外，对服装产业竞争力提升之品牌战略、价值链增值、市场势力构建、国际化竞争战略及销售的创新做了一定的探讨，还对服装产业人才培养提出了一些建议。全书既对服装产业大环境做了规律性的描述，又对服装产业核心竞争力的提升进行了解释，目的是让服装产业的从业者，能了解自身的核心竞争力。

全书内容翔实丰富，针对性强，具有较高的学习和研究价值，不仅适合服装专业师生学习，也可供服装行业管理者、研究者参考使用。

图书在版编目（CIP）数据

服装产业竞争力研究 / 许菱著 . -- 北京：中国纺织出版社有限公司，2022.12

ISBN 978-7-5229-0284-5

Ⅰ.①服… Ⅱ.①许… Ⅲ.①服装工业－产业发展－竞争力－研究－中国 Ⅳ.① F426.86

中国版本图书馆 CIP 数据核字（2022）第 247474 号

责任编辑：施 琦 责任校对：江思飞 责任印制：王艳丽

中国纺织出版社有限公司出版发行

地址：北京市朝阳区百子湾东里 A407 号楼 邮政编码：100124

销售电话：010—67004422 传真：010—87155801

http://www.c-textilep.com

中国纺织出版社天猫旗舰店

官方微博 http://weibo.com/2119887771

三河市宏盛印务有限公司印刷 各地新华书店经销

2022 年 12 月第 1 版第 1 次印刷

开本：787×1092 1/16 印张：12.75

字数：260 千字 定价：68.00 元

前言

　　近年来，产业竞争力研究领域受到的挑战集中在全球化带来的新产业特点动摇了传统产业竞争力理论的前提假设。传统评价方法的理论基础决定了原有文献大多选择以国家为主体来作为研究的设定前提。在全球价值链背景下，随着产业内分工和产业内贸易的发展、跨国投资和生产国际化带来产品的多国性和产品"国籍"的模糊性，对以国家为主体的产业国际竞争力的分析和评价造成了困难。该问题在现实中得以凸显：作为中国国民经济的先导产业和支柱产业，近年来，服装出口数据的表面繁荣与企业遭遇困境、纷纷倒闭的现实并存，支柱产业的优势地位和在形势严峻时才能得到政府支持的弱势地位并存。本书力图结合全球价值链理论、比较优势和竞争优势理论，系统地构建产业国际竞争力研究理论框架，并据此层层解开服装产业国际竞争力的迷雾。

　　本书首先对服装营销与服装设计的关系进行分析和讨论，对营销革命3.0、互联网和全球化背景下服装营销面临的新挑战和新机遇做了分析和探讨；其次从品牌战略、价值链增值、势力构建、国家化战略、销售创新、人才培养等方面阐述了服装产业竞争力的构成要素，系统地分析了服装品牌的价值、服装产业链的优化增值、全球价值链的分工与产业国际市场势力、我国服装产业国际竞争力的提升措施、服装销售创新以及服装教育人才培养创新策略等内容。

　　由于著者水平有限，书中难免会有一些疏漏和错误之处，望读者批评和指正！

著者

2022 年 9 月

目 录

第一章　服装产业与环境

第一节　时尚与时尚产业

一、时尚定义

时尚起源于人类对自身外表的装扮，并与人类的生活方式密切相关。时尚的英文为 Fashion，也可译作"时装"。《现代汉语词典》将"时尚"解释为"当时的风尚"。《韦氏词典》关于时尚的定义是"流行的风俗、用法或风格"。《辞海》则给出更详尽的解释，时尚是"一种外表行为模式的流传现象。如在服饰、语言、文艺、宗教等方面的新奇事物迅速被人们采用、模仿和推广。表达人们对美的爱好和欣赏，或借此发泄个人内心被压抑的情绪。"

随着近现代工业革命和消费社会的到来，时尚开始渗透到社会生活的许多领域，越来越深刻地影响着人类的生活方式，甚至价值观念。从社会心理的角度看，时尚的本质就是满足个体自我表现和群体认同需要的一种方式，时尚的表现方式既可以是对物的使用，也可以是一种行为或观念。当一种新样式的服装、一种新奇的行为方式或观念出现，并开始在整个社会或某一社会群体中广为流传时，一种时尚便形成。因此，从社会或群体的层面，可以将时尚定义为：社会或某一群体当下崇尚的一种生活方式。

二、时尚产业及其构成

工业革命催生了大量生产、大量消费时代的到来，时尚不仅是一种社会现象，也成为一种经济现象，时尚成为一个重要的产业。时尚产业不断为消费者创造高质量的生活方式，帮助消费者实现理想生活，因此，有人将时尚产业定义为创造生活文化的产业。

追求时尚是现代消费社会的重要特征，时尚已渗透消费者日常生活的各个方面，不断满足着消费者求新、求变和自我表现的心理需要。消费者的时尚生活可以分为以下四个方面：

①与消费者身体本身相关的领域：这类产品有化妆品、美容用品、健康用品及其相关服务等，主要用来满足消费者希望身体健康、美化自我和礼仪修养等需要。

②与身体装饰相关的领域：这类产品主要是服装和服饰，主要用来满足穿着打扮、美化自我和礼仪修养的需要。

③与人的居住空间相关的领域：这类产品有室内装饰用品、耐用消费品及其他相关产品，用来满足追求舒适生活的需要。

④与人的生活环境相关的领域：这是从社会生活整体出发，创造舒适愉快的生活环境的产业，以都市环境和信息环境时尚化为目标的住宅、建筑、汽车、出版、广告等属于这一产业领域。

从广义来说，所有针对时尚进行经营活动的产业领域，提供与人们的时尚生活相关的商品、服务的企业共同组成了时尚产业。

三、时尚产业与服装流行

时尚最早来自人类用服装服饰对外表的装扮，延续至今，服装服饰仍然是时尚流行的焦点。因此，时尚产业是围绕服装服饰的设计、生产和营销形成的产业体系，服装服饰产业是时尚产业的核心组成部分。

服装作为一种文化的载体，最主要的特点之一是时尚性。服装的时尚性源自两种力量，即创新和需求。服装的创新既有技术创新，也有设计创新，两种创新手段推动着服装从内在的功能、品质到外在的样式、风格的不断完善和变化，而需求则影响着创新的方向，从而决定着服装时尚的变化趋势。从社会生活的层面上理解服装产业，是时尚产业的重要组成部分，而时尚产业有着更为广泛的含义，它几乎涉及人们社会生活的各个方面，从衣、食、住、行等物质生活领域到音乐、美术、文学等精神生活，都有时尚的影响。

尽管服装产业是时尚产业的核心，但服装的设计创新、营销和消费行为却无时不受整个时尚产业和时尚消费环境的影响。因此，时尚产业内的跨界营销和跨界设计应运而生。跨界营销是企业通过与其他行业品牌的合作达到共赢，为消费者提供新的品牌联想与体验，从而提升品牌价值的营销活动。其实质就是要在目标消费者中建立全方位的生活方式体验。

流行服装遵循五项基本法则，并成为预测、确认流行趋势的基础。这五项基本法则如下：

①服装流行的产生取决于消费者对新样式的接受或拒绝。这一观点与一些人看法相反，流行不是设计师、生产商和销售者所创造的，而是由消费者创造的，消费者是最终购买和使用产品的人，他们对某种样式的偏好、兴趣决定着该样式受欢迎的程度以及传播或流行的范围。

服装设计师每一季节都要推出几百个看上去吸引人的新样式，企业则从这众多的样式中选择看上去成功的样式，而大多数样式都被舍弃。零售商从企业提供的样式中，选择消费者可能喜欢的样式。最后，消费者在零售商的货架上，选择自己喜欢的或能满足自己需求的样式，而被大多数消费者所接受的样式便成为流行服装。

②服装流行不是由价格决定。产品的标价并不能表示其是否流行，即将流行的新样式通常会以较高的价格出售，但这种情况正在逐渐减少，由著名设计师设计的高级服装以昂贵的价格在店里出现后，如果受到消费者的欢迎，很快各种价格的仿制品便会出现在各种商店。而且由无名者创造的价格低廉的"街头时尚"也同时影响着服装潮流。

③服装流行的本质是发展的，很少有完全的创新。绝大多数情况下，服装从一种样式到另一种样式的变化是渐进的，如裙子长度变化，由长变短和由短变长都是逐渐变化的。

许多服装设计师都已经理解并接受这一基本法则，在构想新的设计时，他们常常会注意正在流行的样式，从中获取流行趋势的信息。许多设计师都知道，实际上没有人能够在一个季节中买齐全套服装，也极少有人会做这种尝试，消费者购买服饰只是为了补充或更新现有的服装，并考虑与现有服装的搭配。也就是说，如果样式与消费者现有的服装样式相差太大，消费者可能拒绝购买。

④任何促销努力都不能改变时尚流行的趋势。企业或零售商如果试图通过促销诱导或迫使消费者购买他们不想购买的东西，则会发现这种努力是徒劳的。曾经有些服装批发商和零售商试图突然改变流行趋势，但没有一次是成功的，如果样式本身不能产生某些新的魅力，即使通过促销的方式试图延长服装的流行期，也是非常困难的。因此，许多经营者会不失时机地将过时服装折价处理。

⑤任何时尚的流行最终都会过时。这是 20 世纪 20 年代法国巴黎一流的设计师保罗·波烈（Paul Poiret）所说的名言，其正确性已为许多事实所证实。某种样式一旦过时，则这种服装样式便进入衰退期，人们转而开始寻求新的流行样式。

第二节　服装产业与产业链

一、服装产业的重要性

作为劳动密集型的服装产业，在国民经济的发展中具有重要地位。许多发达国家的经济发展都是依靠纺织服装产业起步。服装产业在解决就业、出口创汇和满足人们日益增长的物质及精神生活需求中都起着重要作用。

中国是全世界最大的服装生产加工基地，全世界三分之一的服装来自中国制造。服装产业是中国出口创汇的主要来源。在过去的半个世纪里，纺织服装业在中国既是传统产业，也是优势产业，为国民经济做出了巨大的贡献。纺织服装业是我国具有竞争力和国际依存度较高的行业，也是劳动密集型和具有比较优势的传统支柱产业之一，在上缴利税、出口创汇、解决就业、满足人民物质文化需求、促进经济增长、维护社会稳定等方面做出了突出的贡献。纺织服装业对扩大就业、保持国民经济快速协调发展、构建和谐社会等方面仍具有举足轻重的作用。

二、服装产业的特征

服装产业是一个涵盖面很广的产业，可以按照不同的方式对其进行产业细分：如根据产品档次、设计含量和目标消费者群可分为高级时装业、高级成衣业、成衣业等；也可根据在市场经营中的作用分为服装制造业、服装批发业和服装零售业等；但在多数情况下，行业内习惯按照产品类别和使用对象进行产业细分，即分为女装业、男装业、童装业、针织服装业、运动服装业、内衣业、皮革服装业等，而每一细分产业又可进一步细分为更具体的品种。一般服装企业开始时是从生产经营某一品类起步，在企业规模扩大后，开始产品品种的延伸，进入其他细分行业，而小企业则可能专注于某一细分产业，以保持专业化特色。

服装产业具有如下特征。

①服装行业是一个劳动密集型产业，其加工和生产组织过程可以在较少的资本投入下运行，尽管近年来高新技术和先进的生产组织方式不断得到应用，但绝大多数企业仍未脱离传统的模式，这就使得服装行业对劳动力成本颇为敏感。

②服装行业缺乏经济规模效应，这是由于较少的初始投入和较少的固定资产投入及加工过程中相对的独立性和分散性所致。服装产业的分散性，造成产业内竞争激烈。

③服装运营流程长，尽管服装本身加工流程不长，但一个季节一个款式的推出往往涉及纺纱、织造、印染甚至新型纤维的生产，这与时装流行的短周期产生了尖锐的矛盾。

④服装流行周期短，这不仅表现在时装季节的更迭，也表现在时装季节此一时彼一时的差异，这种快速变化给服装行业带来了无限的机会，也给企业经营带来了风险和不稳定性。

⑤市场的异质性与多样化决定了服装行业经营是小批量多品种，以此满足各种不同细分市场的需要，差异化营销将是今后非价格竞争的重要手段。

⑥服装的实际意义已超出了遮体御寒等生理功能，从美学意义延伸到文化价值，从象征意义延伸出社会价值，因而使得服装价格的合理制定难于决策。

服装产业中不同细分行业有着不同的特点，如男装业由于款式变化相对较小，标准化程度较高，易于规模化生产，我国大型服装企业，如雅戈尔、七匹狼等都以生产和销售男装而著称;而女性服装时尚性强、变化快，集中了大量的中小企业，且有着明显的地域差异。

三、服装产业链

现代服装产业和成衣生产体系可以说是近现代工业革命和科学技术进步的产物。纺织、染整加工技术的发展，化学纤维的发明和工业化生产，为服装的成衣化奠定了基础，而服装裁剪、缝纫机械的发明和不断改进，使服装从以传统的家庭为主的手工生产转变为工业化的大量生产，大大提高了服装生产的效率。结果，服装由自给自足的生活用品成为在市场上大量销售的商品，服装市场便形成。反过来，服装市场发展和消费者需求的变化，又对服装产业提出新的要求，推动着服装产业的进步。由此，服装原材料的供应、服装的设计生产和服装销售组成现代服装产业链和市场营销体系。

服装作为一种最终制品，其形态和功能的形成与原材料及其加工过程密切相关。大多数服装都是以纤维为原料，经纺织、染整加工而成纺织面料，再经裁剪、缝制而形成。从纤维到成衣，其形态和性能发生一系列的转变，这种变化最终适应了人们对服装穿着的需求。

上述加工过程包括纺织服装工业的不同阶段。从市场营销的角度看，服装产业链由一系列与服装设计、生产和销售密切相关的行业所组成，目的是向市场提供能满足消费者穿着需求的各种服装。这些相关行业从加工对象和加工技术的角度可分为纤维加工业和制造业;棉、麻、毛纺织业，丝织业，针织业，印染业，服装成衣制造业等，同时也包括向这些行业提供技术、信息咨询、市场调查及商品企划等辅助行业。

从纤维或其他原材料到最终成品服装，直到向消费者销售，主要经历三个阶段。其中的每一阶段都与服装市场营销策略的制订有密切关系。

第一阶段为原材料生产阶段，由服装原材料的种植者和生产商组成。主要有纤维、纱线、织物、皮革、毛皮等的生产和经营企业。服装的色彩和质感等的企划始于这一阶段，属于服装生产的上游产业。这一阶段的原材料准备，主要是从服装面料的准备到制成服装，并向消费者市场供应，最长需要两年时间。

第二阶段为服装服饰的加工制作阶段，由各种类型的服装服饰生产企业组成。其中有些企业集设计、制作、销售为一体，另一些企业则自行设计、少量生产，同时委托其他企业加工制作，还有的企业承接来样来料加工。这一阶段主要有女装、男装、童装、鞋帽以及服饰配件等企业类型。这些企业通常在销售季节的 6～18 个月之前开始企划产品并投入生产。但近年来快时尚品牌迅速崛起，对传统的经营模式产生巨大冲击。

第三阶段为商品流通和零售阶段，由服装批发商、零售商等组成，也称为服装的下游产业。他们购进产品，批发给其他中间商或直接销售给消费者。有一些批发商或零售商与第一阶段的企业、第二阶段的企业联合，形成一体化经营，以便更有效地满足市场需求。批发商或零售商一般在销售季节的 3～6 个月之前开始购入准备换季销售的商品。

与以上三个阶段相配套的是提供信息、策划和咨询等辅助行业，主要有市场调查机构、广告策划和咨询机构、服装杂志社、商品企划服务机构、商品检测机构以及印刷、网络和视听媒体等。这些机构或组织通常与前三个阶段同步活动，为生产企业提供信息咨询、展览展示等服务，或吸引消费者对即将或已经上市服装的关注。

服装产业链的现状和发展趋势，对服装企业的产品设计、价格制订、营销渠道选择以及促销组合决策等都有重大影响作用。

第三节　企业竞争与发展战略

一、竞争的层次

在一个行业内识别竞争对手看起来并不困难。从产品角度看，不同产品间具有可相互替代的特点，由于产品间可替代程度的不同，产生出不同水平的竞争。一般可区别出四种水平的竞争。

（一）品牌竞争

这是通常意义上的竞争，也是一种最基本的竞争层次。即企业向相同的目标消费者群提供价位和品质相同而品牌不同的产品间的竞争。一家经营高档女装的企业将同样经营高档女装的其他企业看作自己的竞争对手，它可能对其中某些企业的产品或价格变动、促销策略等采取相应对策，而对那些经营中档女装的企业的动向并不在意。

（二）行业竞争

进一步竞争发生在行业层次上，即生产或销售同样产品或同类产品的企业间的竞争。服装企业可能将所有经营服装的企业看作自己的竞争对手，也可以将某一细分行业中的所有企业作为竞争者。如女装企业可以将所有经营女装的企业看作竞争者。

（三）形式竞争

更广泛的竞争是产品形式的竞争，这些产品用以满足相同或类似的需求。如生产经营具有保健功能内衣的企业可以将那些经营保健品的企业作为竞争对手。

（四）一般竞争

进一步更加广泛的竞争是把所有为争取相同消费者而竞争的企业看作竞争对手。这些企业提供不同的产品类型以满足不同的需求。由于消费者购买力的限制，特别当环境和消费观念发生变化时，消费者的购买投向可能会发生转移，从而导致整个行业的不景气。

以上关于竞争的观念，要求企业不仅要关注品牌竞争和行业竞争，也要注意更为广泛的来自其他产品领域或需求变化引起的竞争。

二、服装企业的类型

为更好地理解服装业的竞争特点，需要了解服装企业的类型和特点。由于服装企业在规模、所有制形式、经营方式、企业定位等方面的不同，业内企业实际上既有竞争，也有合作。竞争经常发生在经营同一类别而定位相近的企业之间。品牌服装企业常会与加工型企业结成合作伙伴关系，优势互补，以提高竞争力。

服装企业按所有制形式分为国有企业、集体企业、民营企业、三资企业（独资、合资和合作）、个体经营者等不同类型。随着我国从计划经济向市场经济的历史性转变，服装企业的性质也发生了很大变化。20世纪80年代，以集体企业和国有企业为主体，随着改革开放的深入，引进外资后出现了一批三资企业；20世纪90年代，通过资产重组和制度创新，组成一批有品牌、有特色、有市场、颇具实力的企业集团和上市公司，带动了全行业企业组织结构的调整；20世纪90年代后期，民营企业在国家政策的鼓励下得到快速成长，并出现一批品牌特色鲜明的企业。

在服装业中，最具影响力的是那些综合性的大型上市公司和知名品牌企业。这些企业凭借资金、营销、生产、人才等多种优势，引导着行业的发展方向。从获利能力看这些企业也远高于中小型企业。

服装制造企业还可按其经营特点分为品牌经营型企业、生产销售型企业、生产加工型企业和销售经营型企业。品牌经营型企业具有较强的产品设计开发能力，有自己的设计师队伍，产品定位比较明确，有较强的原材料采购、生产和市场营销能力，最重要的是有自己的品牌和销售网络，并且品牌有较强的竞争力和较高的市场占有率，国内代表性的企业如男装品牌雅戈尔、七匹狼等，运动品牌安踏、李宁、361°等，女装品牌歌力思等，内衣品牌爱慕等。第二类是生产销售型企业，这类企业拥有少数设计师，有产品设计开发能力和采购能力，大部分企业市场营销能力较弱，有些企业有自己的品牌，但品牌定位不够清晰，竞争力不强，一般属于正在成长初期的企业。第三类是生产加工型企业，这类企业有的规模很大，拥有先进的设备和工艺技术，产品做工质量很好，但设计开发和营销能力都很弱，有的甚至没有，主要依靠接受贸易订单、来料来样委托加工生存，我国大多数外贸出口型服装企业都属于这一类。由于国内劳动力成本的持续上升和国际贸易环境的变化，这类企业面临着转型升级的挑战。还有一类服装企业可称为销售经营型企业，这类企业有自己的品牌，有设计开发和市场营销能力，但没有自己的生产加工基地，他们通常自己设计开发产品，然后委托加工型企业生产，最后由自己进行销售。

三、服装产业的竞争特点

服装产业由于其分散性和细分行业多样化等特点，具有与其他行业不同的竞争模式和特征。

①服装产业的竞争来自市场需求的变化和流行时尚的影响。要求企业对市场需求的变化有快速敏捷的反应，对流行趋势有比较准确的预测。

②在比较成熟的服装市场上，差异化成为服装企业竞争的重要策略。通过产品、服务或品牌形象的差异化，企业可以确立独特的市场形象，建立自己的竞争优势。

③服装样式的设计和创新能力是服装企业竞争的重要保证。样式是产品给予购买者的视觉效果和感受。服装样式是购买者选择服装的最重要因素之一。因此，服装企业都将服装样式设计作为市场竞争的重要手段，每季都要设计、推出大量的款式。

④服装产业竞争具有明显的层次性。不同档次、价位、风格、品牌的服装构成各自的竞争领域。高档品牌服装在目标消费者、产品风格、销售渠道、经营策略等方面与中档或低档服装有明显区别。通常经营高档品牌服装的企业设计、经营实力雄厚，注重品牌形象和产品独特的风格。而多数中档或低档服装缺乏明显特色，设计含量低或通过模仿高档品牌服装而生存。

⑤服装产业中的各细分产业具有各自不同的特征，其竞争模式也不完全相同。其中，某些细分产业的产品样式变化较小，如男西服、衬衫、针织内衣等，竞争关键往往取决于企业实力、品牌形象、面料、品质或新技术等的采用，当这些方面差异不大时，常常发生"价格战"。另一些产业则产品差异较大，如女装、休闲装等，此时，样式设计、产品风格等成为竞争的关键。

⑥服装产业技术含量低且产品没有专利保护，易于模仿和仿制。当一种新样式或新产品在市场上受欢迎时，便会出现大量的仿制品或吸引大量的进入者。

四、服装企业竞争战略选择

服装产业分散性的结构特点是由其难以克服的经济原因造成的，在服装产业中不仅有大量的中小企业存在，而且在现行的营销模式下，往往对供应商和销售商不利。因此，服装企业需要根据企业实力和产业环境选择适当的竞争战略。

在企业制订竞争战略时，有三种基本的战略可以选择。

（一）全面成本领先战略

企业通过大量生产、大量分销或严格控制生产和分销过程，使成本尽可能降至最低水平，以比竞争者低的价格扩大市场份额。采用这种战略的企业必须在工艺、采购、制造和物流等方面具有优势，而在营销方面可弱一些。一般经营款式单一、工艺相对简单、规格标准化程度高的服装企业，可采用这种战略。如男西服、衬衫、棉毛衫裤等，特别是其中的中低档产品，可通过大规模生产降低成本，获得竞争优势。但采用这种战略也面临着竞争者可能以更低的成本生产和分销同类产品的威胁。而且当消费者消费需求发生变化时，也面临着失去市场的风险。

（二）差异化战略

采用这种战略的企业通过对整个市场的分析，发现消费者所重视的某些利益或属性，集中力量向消费者提供这些利益或属性。对大多数品牌经营型服装企业来说，差异化战略是最佳选择。企业可在产品设计、特色、质量、面料、品种、规格、服务、品牌形象等方面寻求差别优势，但不可能在所有方面都领先。企业应发展那些最可能获得差别经营效益的方面，并获得优势。追求独特设计风格的公司，则要自行定制面料，精心组织设计，在样式、面料和颜色及产品系列上与众不同。

（三）集中战略

采用这种战略的企业集中在一个或几个狭窄的细分小市场上，通过专业化的经营满足这些市场上消费者的需求。在这些细分小市场上或者追求成本领先或者采用某些差异化策略。大多数小型服装企业都可采用这种战略，如北京的"胖夫人"服装，集中于"胖夫人"这一细分市场，获得了成功。

那些指向相同市场或细分市场，并采用相同战略的企业组成一个战略群体，其中实行此战略最佳的企业将获得最大利润。所以在那些采用低成本战略的企业中，成本最低的企业将收益最大，而采用模糊战略的企业——中间派将经营最差。目前，我国的一些服装企业没有明确的目标和发展战略，盲目跟风，结果造成产品积压，陷入困境。实际上，各种战略是以不同的目的和方式经营，企业要想在所有战略领域都获得优势非常困难。

第四节　环境重要因素构成

一、人口统计与经济环境

服装营销受人口统计和经济环境的强烈影响。一方面，年龄、性别、教育程度、职业、收入等不同的消费者对服装有着不同需求；另一方面，如果没有一定数量的人口和相应的购买力，难以形成有吸引力的市场规模，这也是许多国际服装品牌看好我国市场的原因所在。人口统计因素的变化是缓慢发生且可以事先预测的，但如果不给予关注，当变化影响到企业发展时也会造成不可估计的损失。而经济环境的变化则要复杂得多。从营销的角度看，人口因素和经济因素有着密切联系。人口数量大，经济发达或增长快速，意味着有效市场规模大或未来潜力大。

（一）人口数量和分布

人口数量的多少在某种程度上反映了对基本消费品的需求状况，即便是在收入及消费水平比较低下的地区也是如此。我国是世界上人口最多的国家，据预测，2030年之后，我国人口开始出现负增长。这一长期趋势将伴随我国人口年龄结构的变化和老年社会的到来，对服装及其他消费品市场都产生深远影响。

我国人口的地域分布很不平衡，其中，东部地区常住人口占比最多，中部地区和西部地区常住人口占比居中，东北地区常住人口占比最少。改革开放以来，人口出现从农村向城市、从内地向沿海地区的流动。这种趋势对服装业的发展产生了深远影响，大量成本低廉的劳动力得以进入服装业，大大提高了我国服装业在全球的竞争力。

（二）人口年龄结构

随着人口年龄结构的不断老化，人口年龄结构的类型就会从年轻型进入成年型，最后进入老年型。

人口年龄的构成，对服装营销有重要影响。对14岁以下的童装市场而言，尽管出生率在降低，但并不意味着市场需求会减少。从儿童的人口数量看，我国仍然有近2亿多人，构成庞大的童装消费市场。由于大多数家庭只有一个小孩，孩子在家庭消费中占有重要位置，特别在城市中，中高档童装是近年来成长最快的市场之一。大多数童装品牌主要针对的都是3～10岁的儿童，而另一些品牌则专门针对年龄更小的婴幼儿，如丽婴房、旺乐高等。针对11～14岁所谓"大童"的服装一直是一个有待开发的市场，有些国际上的知名运动品牌也已经开始向这一市场渗透。

虽然没有确切的统计数据能够说明15～45岁男装和女装市场的规模有多大，但仍可以认为这一年龄段群体是服装最主要的购买者。随着老龄社会的到来，中老年服装的需求量将会增长。由于中老年人的收入稳定、经济负担较过去要轻、健康意识增加，保健和运动服装等市场需求将会扩大。

（三）家庭规模和结构

家庭规模的缩小，必然伴随着我国家庭代际关系的变化。在家庭户类别中，目前我国以两代户家庭为主，其中核心家庭即父母同未婚子女组成的家庭占两代户家庭的90%以上，成为其主要组成形式。人们观念的转变、生活水平的提高、住房条件的改善和生育水平的下降，使家庭的代数减少，结构简化，多代同堂的现象越来越少。

家庭规模和结构的变化除上面已经提到过的对童装市场的影响外，还从以下几个方面影响服装市场需求的变化：

①家庭赡养人口的减少，可用于家庭每个人的消费支出增加，人们可以为自己添置更多或档次更高的服装。

②家庭生命周期的特点发生变化。对过去的多子女家庭来说，最小的孩子到长大成人，父母的年龄一般要在 55 ~ 60 岁，或者更大，而现在多为独生子女家庭，许多父母不到 50 岁孩子就已经开始工作，这些正值中年的父母，收入一般也正处于高峰阶段，他们更在意使自己看上比实际年龄年轻，注重化妆品、美容、健身和服装的档次。

③"丁克"家庭（由无子女的夫妻组成的家庭）增加。这类家庭一般都有良好的经济条件，喜欢追求时尚，也是服装消费的重要群体。

（四）城镇化机遇

城镇化是我国社会改革开放以来发生的最为重要的变化和趋势之一。城镇化进程对服装营销的影响也极为深远。城镇化进程在很大程度上刺激服装需求的增长，这是由于城镇居民的平均收入水平要明显高于农村居民，而且社会交往和休闲活动也需要更高品质的服装。

经济发达的大城市是服装的主要市场，特别是高档和中高档服装的主要市场，也是服装流行的发源地或传播渠道。城市规模的大小及经济发展状况对服装营销，特别是渠道模式的选择有很大影响。多数服装品牌会首先选择北京、上海等中心城市或省会城市，并采用直接营销的管理模式，而在地级市和县级市发展经销商或代理商。国际品牌进入我国的首选市场也是北京、上海等经济发达城市。

麦肯锡对中国的城市化进程做了深入分析，指出："中国各地城市化进展差异极大，其区域之间的差异甚至比欧洲国与国之间的差异还要大。"麦肯锡预测，中国超大型城市将不再是发展最快的城市。在未来 20 年间，目前人口少于 150 万的中小型城市对中国 GDP 增长的贡献最大。很多中小型城市尚处于早期发展阶段，增长潜力巨大，其人口或将增至 150 ~ 500 万。到 2030 年，中小型城市将成为中国经济增长的最大推动力，其对城镇总 GDP 增长的贡献将达到 40%。现有人口在 150 ~ 500 万人之间的城市将贡献城镇总 GDP 增长的 25%，而现有人口已经超过 500 万的城市贡献率约为 35%。针对中国城市化发展的特点，麦肯锡指出，企业可采取以下行动调整中国市场战略和业务重心。

①"定制"城市解决方案。企业必须认识到中国城市之间的巨大差异，应该为不同城市量体裁衣，满足其不同需求。主要的差异包括人口分布（城市相对农村）、年龄和家庭收入。这些差异直接影响消费者的消费行为和偏好。

②实现资源的智能化配置。企业需要进一步优化城市群内部的资源配置方式。核心城市已无法承载占地多、工资低的制造业，这类制造业将从城市群的中心城市转移至小城市。中心城市将转变角色，为周边城市的制造业提供服务支持，如研发、营销和物流等。

③在中国的市场化进程中，服务业会变得越来越重要。对消费品企业而言，在大力推

进现代商业零售网络进入小城市和农村、发展新型消费品产业、提升服务品质等方面都有重大发展机遇。

（五）经济环境和消费者收入与支出

经济发展水平从宏观上影响着一个国家或地区的消费水平和市场潜力。世界各国的经济发展水平差别极大，高收入国家与低收入国家居民生活水平存在着巨大差异，一些高档服装品牌，特别是奢侈品品牌，在发达国家中等收入者都能消费得起，而在发展中国家只有高收入者才有能力购买。在国际贸易中，高收入国家则从中低收入国家进口劳动密集型的低附加价值的产品，如纺织品和服装，而向中低收入国家出口高技术和高附加价值的产品，包括高级服装和奢侈品。

经济发展的直接成果是消费者收入的增长，消费者收入的多少对消费品市场的规模、需求特点等有直接影响。消费者收入是指消费者在一定时期内（通常按年计）的所有货币和非货币收入的总和。消费者收入又分为个人可支配收入和个人可任意支配收入。其中，个人可任意支配收入可用于购买非必需用品或储蓄，是个人收入中最活跃的部分。个人可任意支配收入的多少，对高档服装需求有明显影响。

与消费者收入相对应的是消费者支出。消费者支出特点可用消费者支出模式加以说明。消费者支出模式随消费者收入变化的规律是由德国的统计学家恩斯特·恩格尔（Ernst Engel）在 19 世纪发现，称为"恩格尔定律"。目前西方经济学对恩格尔定律的表述如下：随着家庭收入的增加，用于购买食品的支出占家庭收入的比重（即恩格尔系数）会下降；随着家庭收入的增加，用于家庭住宅建设和家务经营的支出占家庭收入的比重大体不变；随着家庭收入的增加，用于服装、交通、娱乐、卫生、保健、教育方面的支出和储蓄占家庭收入的比重会上升。

麦肯锡在《中国经济下一站》的研究报告中指出：中国经济仍将保持增长，未来 20 年将实现从投资主导型经济向消费驱动和服务驱动经济的转型。调研显示，随着中国经济转型和持续增长，中国向更发达社会迈进的标志是其劳动力队伍生产效率的提高以及政府效率的改进。这些趋势会导致工资水平以及家庭收入在国民收入所占比重的提高。这是影响中国未来经济格局的关键因素。正如其他经历过投资主导增长阶段的新兴经济体那样，随着收入水平的提高，中国的消费水平也在增加。随着时间推移，前期的投资会逐步转为后来的消费。

二、科技、互联网与绿色营销

纵观现代社会生活，科学技术的影响无处不在。从日常用品到航空航天，科技不断向极限挑战，改变着人类的生活方式和生活品质。从人类着装的历史看，也是人类在衣着中应用科学的历史。缝纫机的发明，使人类告别手工缝制，而进入服装的工业化生产时代。新型纤维和纺织技术的进步，给人类带来更舒适的纤维和面料，提高了人类的衣着质量。进入 20 世纪后期和 21 世纪，随着计算机、互联网和通信技术的快速发展，服装业开始进入信息和知识经济时代。科技的不断创新和发展，对服装业来说，既有机遇，也面临着挑战。

（一）服装新工艺和新技术

远古时代，我们的祖先已经能用骨针缝合兽皮来御寒，成为最原始的服装。随着历史的发展，先后出现铜针、钢针；但直到18世纪末，缝纫一直是手工制作。18世纪英国的工业革命大大促进纺织工业的发展，服装制作机械化也成为当务之急。20世纪中期以后，新产品、新技术、新工艺、新材料不断地应用到服装生产当中。目前，服装生产的裁剪、黏合、缝纫、整烫包装和运输等生产流程都有全套的机械设备，缝纫机械也由单一的缝纫机按功能细化为多种机械，如绱裤腰、绱衣领、开袋、锁眼、钉扣等专用设备，大大提高生产效率和产品质量。随着技术的进步，服装生产设备已开始实现机电一体化和电子科技化。

成衣化的大批量生产方式，为服装设计带来新的挑战和要求。除少数高级服装和定制服装外，设计师的个性表现和创意受到成衣生产方式和现代消费模式的制约。为适应大量生产和消费需求，前期的产品策划变得越来越重要。在具体设计上也必须符合批量生产和降低成本的要求，款式、色彩、图案等构成服装的要素更加强调简洁、美观、实用。对服装企业而言，技术创新及环境变化，不仅影响着产品品质和生产效率，还影响着市场的快速反应能力、新产品的设计研发能力和附加价值等。

（二）纤维与纺织技术

合成纤维的出现是人造纤维发展进程中的一个质的飞跃。经过初期对于各种天然纤维性能和形状的模仿，20世纪后半叶以来，人造纤维已经进入一个自由王国的发展境地，许多新的合成纤维的性能已经远远超过天然纤维。在现代人类的衣着中，人造纤维所占的比例越来越大，特别是各种高弹力的纤维材料已成为现代人们表现着装美时不可缺少的素材。如果说缝纫机的出现，使服装的大量生产和大量消费成为可能，新型纤维和纺织面料则大大提高人们的穿着舒适感，也影响着服装的流行时尚。其中，影响最大的纤维之一是美国杜邦公司发明的"莱卡（LYCRA）弹性纤维"。由于杜邦公司成功的营销推广策略，莱卡已成为20世纪最知名的纤维品类。莱卡具有超强的弹力，可以拉伸到原长的4～7倍并轻柔地恢复原状。莱卡自1959年面市以来，从最初应用于丝袜、内衣，泳衣逐渐扩展至运动服、休闲服，到现在差不多每一种服装都可采用混有莱卡的面料。莱卡弹性纤维与棉、丝、羊毛、尼龙及其他纤维混纺在一起制成的服装，包括裤装、内衣、泳衣、运动装、休闲装等，莱卡能增加其舒适性，使身体更随意地运动并增加服装的裁剪设计和款式。莱卡越来越多地被服装品牌或服装设计师所采用，他们设计出来的各类服装不仅表现莱卡的灵活自如，更为时尚提出一个令人兴奋的新方向。

由莱卡的成功可以看出，材料是设计和产品创新的基础，而消费者的需求及纺织技术的发展决定服装面料开发的基本方向。对服装企业而言，面料的质感、外观和性能等既是设计灵感的来源，也是获得差异化竞争优势的重要因素。同时，材料也是构成服装成本的主要组成部分，优质的材料对服装附加价值的提升具有重要影响。爱慕一直以来重视优质内衣材料的选择和开发。为保持在新材料开发与应用方面的行业领先地位，爱慕不仅与国际上最先进的纱线公司保持密切的合作关系，而且与国内国际顶级面料供应商进行深度合作。爱慕与合作者共同研发独家使用的纱线或面料，并拥有多项专利。这些策略大大提升了爱慕产品的品质感、舒适感和竞争力。

（三）计算机与网络技术

如今，传统的服装业正在越来越多地应用计算机和网络技术提高设计研发和市场的快速反应能力。具有创新精神的服装企业，通过引进先进的服装计算机辅助设计系统（服装CAD）和信息管理系统，大大加强服装设计、采购、生产、销售等活动的联系，降低企业的经营成本。通过计算机辅助设计系统，设计师可大胆尝试各种面料颜色的搭配组合，放大或缩小尺寸以确定设计效果；板型师可以在计算机上设计纸样，随时调整或修改尺寸；工艺师利用计算机系统进行工业制板，选择最佳排料方案并制订工艺说明书。这些技术的应用可以节约工作时间，减少面辅料的浪费，从而降低成本。企业可以利用计算机信息管理系统与各销售店铺联系，及时了解市场销售情况，补充缺货并进行货品调配。

随着技术的发展，一种方便、快速、准确地识别、跟踪和管理到单个物品的电子标签（RFID）技术发展起来。金羽杰为每件羽绒服植入电子标签后，每件服装都有自己的电子身份证，可以对整个供应链进行全程监控。一旦在销售环节发现某件衣服有质量问题，企业可以根据数据快速进行追踪，并知道其加工生产点，从而能快速发现问题。同时，由于电子标签 TID（标签识别符）的唯一性，为服装防伪提供有力帮助。更重要的是，金羽杰大幅提高配货和收发货准确率，物流速度提高了 30%。

（四）环保理念和技术

人类在征服自然的过程中也造成对自然的破坏，如森林、矿产资源的过度开采，生产加工过程中有害物质无节制的排放带来的环境污染，人口增长对资源造成的压力，食品、衣物中残留的有害物对人体健康的危害等，越来越引起社会和公众普遍的关注。因此，催生了"生态营销""绿色营销"等新的营销观念和模式。

一方面，随着消费者环保和健康意识的增强，欧美等发达国家通过法律等手段对纺织品服装染色整理加工过程中的有害物质制订严格的检测标准和环保认证制度，构筑了"绿色贸易壁垒"，这对我国带来新的挑战，要求我们必须适应这种变化，对国际有关标准进行研究和吸纳，建立我国的环保绿色服装标准体系。另一方面，国内市场的逐渐成熟，消费者环保意识的提高，对产品的环保功能也越来越重视。20 世纪 90 年代以来，人类不断在环保型新材料的开发上取得突破性的进展，彩色生态棉、生态羊毛、碳纤织物以及竹纤维等都被用作衣料，尽量避免染色时使用化学药剂的水染法、有机染色法也应运出现。如某运动品牌为田径运动员提供的比赛服采用环保材质制成，含有 82% 的回收涤纶织物和13% 回收塑料，具有轻便、减少阻力的功能，可有效提升运动水平。

环保纺织品或服装主要有以下特点：

①所用纤维在生长或生产过程中未受污染也不会对环境造成污染。

②所用原料采用可再生资源或可利用的废弃物，不会造成矿藏平衡的失调和掠夺性资源开发。

③制成品在失去使用价值后可回收再利用或在自然条件下降解消化。

④制成品对人体有某些保健作用。

适应这一形势，服装企业在开展绿色营销时必须注意以下方面：

①切实掌握和理解国际国内关于绿色纺织品的法规和检测标准，并比较企业目前的产品或开发的新产品是否达到相关法规和标准的要求，从而提出产品开发和改进的方向。

②进行深入的市场调查，掌握消费者对绿色纺织品服装的真实需求，同时要掌握上游产业，如纤维制造业、纺织加工业的绿色纤维和绿色纺织品的开发动态、技术水平，选择可靠的原料供应商，结成战略联盟，以保持市场竞争力。

③制订切实可行的绿色营销策略，注意款式、品牌、包装、标签等设计，使消费者从中能够联想到怡人的绿色世界，找到回归自然的感觉，从而乐意接受产品。同时加大宣传力度，提高消费者的环保意识，引导消费潮流。

三、文化、消费与生活方式

社会与文化对营销活动的影响是一个涉及范围很广的课题，如语言、教育、宗教、审美观念、价值观念、风俗习惯、道德与禁忌、社会阶层、生活方式、闲暇时间、小众文化群体、两性的角色和地位等。每一个因素都对服装的经营和消费产生不同程度的影响。

（一）主流文化与小众文化

人类穿着服装本身就是一种文化的表现。服装文化是人在与自然环境、社会环境相互作用中发生、发展和变化的。在长期的社会实践中，人类不仅发展、丰富了服装材料和服装的加工制作技术，使得服装的实用功能日趋完善，而且形成一整套关于穿着方式和穿着行为的社会规范（包括服饰习俗、习惯、法律、禁忌等），虽然不同时代、不同民族关于服装的社会规范各有不同，但都对生活于该文化背景下的人有一定的约束作用，同时服装服饰也是人们装饰审美意识的反映，是人们表达思想、感情的方式。对服装营销者而言，需要关注文化环境对人们穿着方式和消费观念所产生的影响，并采取相应的营销策略。

任何文化都包含一些具有特定认同感和价值取向的小众文化群体，同一小众文化群体的成员具有较为相近的生活习惯、行为方式和某些共同的特征。小众文化对个体具有更大的影响力。小众文化价值观不稳定且易于变化，经常表现在日常生活的行为方式上。小众文化对人们的穿着方式有更为直接的影响力。

20世纪60年代以来，美国及其他一些国家的年轻人穿着方式不断发生变化。动荡的20世纪60年代造就这一时期特殊的着装方式，披头士、超短裙、摇滚乐等文化流行，年轻人打破传统规范，不再受单一的服装店或设计师所左右。而20世纪70年代以来受经济危机的影响，无性别化的服装成为流行的主调，在西方的一些年轻人中，还出现反传统的衣着怪诞的"朋克"。而到 20 世纪 80、90 年代，年轻人的着装出现多元化的趋向，一方面，人们不断追求着现代化、机械化所带来的新奇事物；另一方面，开始缅怀历史和外来艺术，复古、环保、高科技等元素同时出现在服装流行当中。

（二）消费社会和流行文化

随着工业革命带来的社会生产力的高度发展，人类社会进入所谓的"消费社会"。法国社会学家让·鲍德里亚（Jean Baudrillard）在《消费社会》一书的开篇中指出："今天，在我们的周围，存在着一种由不断增长的物、服务和物质财富所构成的惊人的消费和丰盛现象。它构成人类自然环境中的一种根本变化。恰当地说，富裕的人们不再像过去那样受到人的包围，而是受到物的包围。"❶ 消费社会是指生产相对过剩，需要鼓励消费以便维持、拉动、刺激生产的社会。在生产社会，人们更多关注的是产品的物性特征、物理属性、使用与实用价值。在消费社会，人们则更多关注商品的符号价值、文化精神特性与形象价值。

我国在 20 世纪 80 年代之前处于物质匮乏状态，生产的目的是满足人们最基本的物质需要。改革开放之后，我国的经济经历几十年的高速增长，物质生活极大丰富，人民生活水平大大提高，已进入所谓的"消费社会"。消费社会的服装消费观念发生根本性的变化，日本的服装社会学者荻村昭典指出了物质丰富时代形成的服装观念的特点：服装是给生活以快乐的东西；服装是机能的、活动的东西；服装是使人的心理充分满足的东西；服装是适应流行等社会要求的东西 ❷。也就是说，随着消费社会的到来，人们通过服装开始追求心理上的解放感、满足感和愉悦感，服装成为给予生活以创造性、使生活更丰富多彩的东西。

消费社会最引人注目的社会文化现象可以说是流行文化对人们日常消费和生活方式的影响。不仅如此，流行文化通过全球范围的广泛传播，还深刻影响着时尚产业和服装的流行。也可以说，时尚产业一方面不断地制造着流行产品和文化，另一方面也在流行文化的影响下创造着新的流行文化。正如有些学者所言："无视流行文化等于忽视一种塑造我们生活的重要力量。"

流行文化可以说是一种复杂多变的文化集合体。其表现形式繁复多样，且又有联系。如流行服饰、流行音乐、偶像崇拜、网络文化、嘻哈文化等相互影响，推动着流行文化的不断发展。流行文化的营销意义在于，企业或品牌需要不断关注变化的流行文化，理解流行文化表象背后潜藏的生活态度和价值观的变化，发现不同流行文化表现形式间的内在联系，从而从不同形式的流行文化中汲取设计灵感，并制订有效的整合营销传播策略。

（三）新价值观和生活方式

在全球化背景下，对消费社会和流行文化的顺应和反思，催生了新的价值观和生活方式。

1. 快时尚冲击下的服装产业趋势

快时尚概念来自服装产业。快速翻新产品、快速投入市场、快速响应市场——这就是

---

❶ 让·鲍德里亚.消费社会［M］.刘成富，全志钢，译.南京：南京大学出版社，2000.
❷ 荻村昭典，郑秀华.文化与服装［J］.装饰，2004（4）：76.

最近十年在服装零售业成功崛起的新潮流，欧洲称为 Fast Fashion，美国称为 Speed to the market，英国《卫报》创造了一个新词 McFashion，前缀 Mc 是取自 McDonald's，意思是麦当劳式的"快餐"时尚。快时尚是服装产业应对快节奏的大众生活而推出的营销策略，采用流行、新鲜、低价、限量的手段，迅速征服全球市场和消费大众。

从服装营销领域成长起来的快时尚对服装产业的影响最为直接和深入，由此引发的新变革在所难免。快时尚的影响表现在六个方面：第一，高端品牌加快产品更新；第二，"ZARA模式"被广泛复制；第三，跨界求新；第四，实用主义消费；第五，多极化的分众市场；第六，快时尚疲劳。

其中，多极化的分众市场最能反映当前服装消费市场的特点。特别是随着消费者的成熟和网络购物的兴起，消费市场出现"奢华"和"省钱"的两极化特征。麦肯锡研究发现，中国消费者越来越懂得价值和价格之间的区别。过去，中国人倾向于认为最贵的商品就是最好的商品。现在，他们明白，像基本家庭用品这一类的商品，不论价格如何，各种产品之间的差别有限。因此，传统的大众品牌纷纷转型快时尚模式，中低价位的服装市场竞争日趋激烈，未来服装零售市场必将向多极化发展，细分市场下的所谓大众消费其实已是分众消费。多极市场可以归纳为三个特征：第一，以低价和快速流行满足大多数消费者需求的快时尚品牌；第二，能够给予少量高端消费者更多优越感的奢侈品牌；第三，注重情感和个性的小众族群品牌，如大牌二线、新锐设计师品牌和定制服装品牌等。

2. 新享乐主义价值观

所谓新享乐主义，是与它的前身 20 世纪 80 年代的享乐主义相对而言的。来自激情洋溢的 20 世纪 80 年代的灵感仍然引导着 21 世纪的时尚潮流，麦当娜·西科尼（Madonna Ciccone）、乔治男孩（Boy George）、大卫·鲍伊（David Bowie）、玛丽莲·曼森（Marilyn Manson）等，这些在 20 世纪中后期叱咤风云的娱乐明星以他们惊世骇俗的形象成为享乐主义时尚的代表人物。今天，现实生活中上演的新享乐主义价值观，延续前辈的不羁与狂放，又以更加自由多元的方式不断刷新着欲望都市的生活面貌，带来一轮又一轮的新享乐主义时尚。

享乐主义价值观是物质时代的世俗招牌，可以说正是享乐主义引燃时尚、助推时尚，掀起一波又一波的大众流行热潮。而新享乐主义引发的流行风尚对今天服装流行的影响最为显而易见。如男孩风貌（Boylish），世界的多元化趋势给审美的多样化和个性化提供广阔空间，美的标准变得模糊与宽容。清新帅气的男孩风貌，令人回忆起 20 世纪 20 年代的香奈儿、20 世纪 30 年代的电影明星玛琳·黛德丽（Marlene Dietrich）、20 世纪 60 年代的米亚·法罗（Mia Farrow）和崔姬（Twiggy），她们富有创意的演绎一直是今天服装设计师们可资借鉴的灵感缪斯。

3. 优质至上的精英哲学

随着经济全球化的发展，国际服装业从 20 世纪 90 年代开始推行"时尚民主化"运动，原本属于上流社会的高级服装，属于中产阶级的高级成衣已经丧失传统特权。不仅是服装，其他奢侈品、艺术品、新型设计和休闲享乐等都变得越来越大众化。在这样的背景下，上流社会以及中产的精英阶层需要追寻新的、更高的标准，以求区别于大众的流行性的体验，获得更独特的、更超前的、更优越的满足感。因此，"优质至上"不仅是一种生活方式的追求，也是心理优越感的需要。

英国时尚趋势研究中心（WGSN）早在2007年全球时尚产业趋势中，提到巴西、俄罗斯、印度和中国作为时尚的新兴市场将发挥巨大潜力，其特别指出："中国东部沿海城市在创造财富的同时也在培养一个有消费实力的中产阶级群体。这些消费者十分谨慎，对价钱敏感，而且会刻意寻求国际顶级名牌的价值。"这个正在成长中的中产阶级群体像发达国家的中产阶级一样，他们随着财富的增长和社会地位的提高，都有对优质生活及优越的社会身份识别的追求趋向。

当下中产阶级优质至上的生活方式正引导着趋优消费观念在中国大都市白领中的普及。所谓趋优消费，是指消费者愿意以更高的价格购买比同类产品中的其他产品或服务质量更高、品位更高、更令人心驰神往的商品或服务，尽管价格不菲，但还不至于昂贵到可望而不可即。趋优消费者不是真正意义上的"大款"，只是属于有趋优消费愿望的中层消费者，他们会采用区域消费的方式负担心仪的高价产品，如在家用餐、乘坐公共交通设施，但却在假期花高额费用进行一次奢华旅行。这种趋优消费观念应该引起中高档服饰品牌企业的关注，这将促进更高科技含量、更优质、更具创意的产品市场的发展。

4. 慢生活的价值取向

大工业时代延续至今的快节奏生活，使许多人患上"时间疾病"。效率至上的工作节奏，早衰早逝的精神压力，促使都市精英反省自己的生活方式，纷纷投身休闲、度假与健身，以期获得生命的平衡和压力的释放，慢生活（Slow Life）和乐活（LOHAS）族群迅速壮大。

20世纪80年代，以美国为代表的快餐（Fast Food）以及快餐文化在欧洲大行其道，1986年在意大利成立的世界慢餐（Slow Food）协会，明确提出反对快餐垃圾食品，鼓励人们放慢节奏、享受生活。继慢餐之后，慢音乐（Slow Music）、慢驾驶（Slow Drive）也相继出现。

在慢生活理念潜移默化的影响下，近年来国际设计界提出慢设计（Slow Design）的概念，这将对包括服装设计在内的产品设计产生巨大冲击的新思潮，是流行趋势研究的重点所在。慢设计要求设计师以更加审慎和深思熟虑的态度进行产品设计，以环保价值观创造可持续的现在和未来。慢设计正在影响驱动快时尚风潮的服装界，这个长期以挑动消费欲望而给人以浮华印象的领域，如今也开始传达出一些反思的意识。普拉达（PRADA）、阿玛尼（Armani）、川久保玲、高田贤三等顶级品牌，在产品设计中都注入了生态环保、关爱与节制、平衡和悠然的慢设计味道，在它们的带动下，服装界体现出更多对天然、低调、知性、品质和艺术美感的追求。

第二章　服装生产与生产数字化

第一节　服装生产与生产数字化理论

一、现代"成衣化"生产发展趋势

（一）成衣概念

成衣是指按一定规格、服装号型标准而进行批量生产的成品衣服。它是区别于量体裁衣式的定做和自己制作的衣服而出现的一个概念。现在，商场、服装商城、服装连锁店、精品店出售的都是成衣。成衣是一种工业产品，符合批量生产的经济原则，体现的是"生产机械化，产品规模系列化，质量标准化，包装统一化"，并附有品牌、面料成分、号型、洗涤保养说明等标识。成衣概念里又分高级时装和高档成衣。高档成衣在一定程度上保留或继承了高级时装的某些技术，以中产阶级为目标客户的小批量多品种的高档成衣，是介于高级时装和以一般大众为对象的大批量生产的廉价成衣之间的一种服装产业。该名称最初应用于第二次世界大战后，原本是高级时装的副业，到20世纪60年代，由于人们生活方式的转变，高档成衣业蓬勃发展起来，大有取代高级时装之势。巴黎、米兰等时尚之都在每年的三月前后举行的服装发布会与博览会，就是高档成衣的发布和进行交易的活动。高档成衣与一般成衣的区别，不仅在于其批量大小，质量高低，关键还在于其设计的个性和品位，因此，国际上的高档成衣大体都是一些顶级品牌。高级时装在西方有严格的规定，它原本特指19世纪中叶在巴黎出现的以上流社会贵妇为消费对象的高价女装，故法语中称为"高级裁缝"或"高级女服裁缝"。现在一般是指在高级时装店中，由著名设计师设计，由专门的裁剪师和缝纫师在设计师的监督指导下制作出来的单件服装作品。由于是著名设计师设计和量体裁衣式的定做，其用料考究、工艺精湛，大部分用手工缝制，还要经过几次假缝和试穿，因此价格十分昂贵，全世界只有极少数人是高级时装的买主。

（二）成衣化趋势

成衣化是指大型的工业化生产，是20世纪50～60年代，即第二次世界大战后进行的有一定批量的服装流水线作业生产形式。现代的成衣化技术发展趋势如下：

第一，成衣化加工设备逐步采用了电子技术、气动技术、机械手、机械人、智能化加工等科学手段，尽量减少生产中的环节和过程，提高设备利用率。

第二，前整理工程、裁剪工程、缝制工程和后整理工程等实现程序化生产，使整个成衣制品生产形成自动化流水线。

第三，追踪纺织工业、服装工业及现代最新技术发展成果，开发适应新材料的合理而科学的成衣技术，进一步提高在制品的技术标准化。

第四，企业生产管理进一步科学化，采用先进的管理理念，最大程度提高生产效率。

（三）服装生产工艺流程

按照服装的整个加工过程，其生产流程是：生产准备→裁剪→缝制→整烫定型→成衣质检→后整理与包装。

二、服装生产管理体系

（一）概述

1.服装生产管理概述

服装生产管理是一项涉及面广的管理技术，其内容包括服装生产技术、管理技术、质量管理、服装生产过程组织与管理、物料管理、产品制造和成本管理等。它们之间互相影响，又互相制约。从整体看，服装生产管理的任务就是运用计划、组织、控制的职能，把投入生产过程的各种生产要素有效地进行组合，形成一个有机的服装生产管理体系。

2.生产管理的内容

服装生产管理包括生产能力的核定、生产计划、生产作业计划的编制、贯彻执行与检查分析生产过程的组织工作、生产调度等。服装生产实施过程可简单地概括为：计划→实施→检查→处理。

（二）服装生产管理

服装生产管理体系就是有效地利用人力、原辅材料、机器设备以及资金，按照合理的工作方法，合适的成本、规定的数量与质量、商定的日期向用户交货的一个管理系统，包括服装生产技术系统和服装生产管理系统。

1.服装生产技术系统

①固有技术：指生产技术人员负责的技术，包括裁剪、缝纫、整烫、检验、设备保全、样板制作等技术。

②管理技术：指管理人员负责的技术，包括 IE（作业研究、生产过程与组织的管理）、OR（经营计划研究）、QC（质量管理）、VA（价值分析）及财务管理、劳动人事管理、成本管理等。

③开发技术：指科技人员负责的研究开发与信息管理等技术。

2.服装生产管理系统

服装生产管理系统从服装生产的整体而言，可以概括为：

①品牌与产品设计：包括品牌历史、人体工程、服装材料、样板、款式、色彩、纺织工艺、消费者心理、信息处理与机器设备等的管理。

②材料管理：包括纤维材料、纺织工艺、QC、仓库、财务、外加工、销售等的管理。

③仓库管理：包括市场信息、OR、物资、财务、外加工与商品等的管理。

④作业研究：包括样板、款式、裁剪、缝纫、整烫、检验与织造等的研究。

⑤生产过程管理：包括 IE，OR 系统工程、经营管理、QC、劳动人事等的管理。

⑥质量管理：包括原辅材料、QC、裁剪、缝纫、整烫、检验、包装、消费者对质量信息的反馈等的管理。

⑦技术指导：包括设计、服装材料选择、样板、裁剪、缝纫、整烫、检验、机器保全、纺织工艺等技术指导。

⑧工厂设计：包括工艺设计、设备选型、工程设计、经营管理、财务核算等的管理。

⑨设备（器具）开发：包括服装材料性能、机器设备与商品等的管理。

⑩信息调查：包括市场、消费者心理、商品等的统计与管理。

⑪计算机应用：包括计算机在服装设计、服装打版、服装生产与流水安排、生产网络等方面的应用。

⑫裁剪：包括服装材料、纺织工艺、服装 CAD、服装 CAM 等的管理。

⑬整烫：包括服装材料、款式、裁剪、缝纫、整烫工艺、机器设备、包装等的管理。

⑭缝纫：包括样板设计、裁剪、QC、机器设备、缝纫工艺、外加工等的管理。

⑮设备保管：包括裁剪、缝纫、整烫、机器、工厂操作等的管理。

⑯经营管理：包括市场调查、物资、劳动人事、法律法规、生产过程与外加工等的管理。

⑰成本管理：包括原辅材料价格、外加工、生产过程、商品、会计、劳动人事与物资等的管理。

⑱劳动人事管理：包括教育、法律法规等的管理。

（三）服装生产日常管理的原则

为了减少服装生产加工过程中的产品质量问题，提高企业的生产效率，生产过程中必须严格遵循基本管理原则。

1. 及时供应材料，合理配置工具

生产厂长必须及时追踪当前下单的原辅材料，需要解决的问题应及时上报处理。生产厂长必须组织车间各有关人员做好人员调配、设备及工具的安排等一切生产前的准备工作。各生产部门需要配合技术部门准备好需要的定位板、实样板等各类生产前的必备用品，保证生产井井有条。

2. 合理定员定额，实施人性化管理

生产厂长根据下达的生产任务指标，归类款式的性质，根据产品质量要求，结合自身车间情况，合理分配并固定生产工人，督促日产进度。为提高生产效率，保证产品质量，根据缝制款式的难易程度，将车间缝制员工分为 A、B 两类，A 类为缝制素质优等，B 类为缝制素质差等，进行有效的安排生产。发挥员工的创造力，分别在每年的 3 月、10 月两个月份开展生产创新活动，充分发挥员工的动手与动脑能力，实施人性化管理。

3. 保持均衡节拍，有序调度生产

车间结合本部门的生产实力，组织好生产计划的实施工作，努力完成厂部下达的生产任务指标。制定和执行现场作业标准及工艺流程，从而保证生产产品的进度和质量符合客户的需要。负责人明确上级下达的生产任务指标，贯彻落实到班组。实现全面均衡、有节奏的同步生产，使最终的生产便于包装及装箱。

4.遵循质量标准，严控产品质量

生产厂长接到任务单后，要组织好各组现场管理人员分析标准样衣的工艺特点和制作要求。标准样衣的各个加工部门要协商制定好质量标准和生产工艺流程。新款生产前务必督促有关现场管理员制作产前样，供生产工人学习制作，定时巡检和半成品抽检。服装款在生产过程中，各组现场管理人员应组织本班组员工召开生产例会或早会，提供样衣并讲解技术要求，包括工艺单及质量标准。严格要求各员工按工艺标准缝制，保证及时向业务部门提供大货样。生产厂长必须组织并督促各现场管理员将质量问题解决，尽量降低返工率，保证产品质量。

5.加强定期维修，保持设备完好

督促各组员工保养好自己的设备，谁使用，谁保管。定期对生产设备进行检修、调整、维护和保养。督促员工每天上班清洁自己的机台，检查设备情况，保证机台正常运作。

6.做好原始记录，做事"齐、准、快、明"

做好日常事务记录、车间的人事记录，对每单货的投产日期及结束日期、生产组别等做好详细的记录，并妥善保管。现场管理人员保管好所有的生产资料，每天汇总各组上交的《生产日报表》《质检记录》及各项报告，按时上报厂长处。核查有关报告是否准确实际，将数据在看板上进行公示。每天下班前处理好当天的日常事务。车间生产数量应收发一致，及时处理好车间与各有关部门的交接手续。

7.加强考勤制度，做到公平公正

督促每位员工准时上下班，做好车间员工的考勤制度。车间管理人员薪资实行底薪加抽成或者实施"4+4+2"考核办法相结合的薪资体系。对考勤制度做到以事实为依据，坚持公正、公平原则。严格执行各项规章和管理制度，对违反者视情节轻重予以处罚。

8.做好安全工作，消除各种隐患

做好防火、防盗等安全工作，做到安全第一。做好安全生产、消防等方面的宣传工作。严禁一切易燃品及火种进入生产车间，车间内杜绝吸烟。生产厂长每天下班前需督促有关人员检查车间每个角落，做好安全检查工作。下班后督促各有关人员关闭门窗，关闭车间所有电路。督促每位员工养成人离机关的习惯，实施定期安检。

9.保持堆放整齐，实施文明生产

缝纫机、各种工具与设备的放置应整齐，不准随意摆放、挪动或调换。每天打扫生产现场，保持环境卫生。半成品、成品要堆放整齐，不可随意捆绑，不能落地。实施次品隔离制度。防止机器漏油，防止不同扎号的半成品或裁片混在一起。定期擦洗生产工具、门窗、地面，严禁将与生产无关的茶杯、零食等个人物品带入车间。

10.保证士气高涨，努力协调一致

领导应带头遵守各项规章制度，实施激励机制，充分发挥员工的积极性与创造性。调动车间生产工人的紧迫感，使生产线上员工士气高涨。根据有关人员的缝制技术等各方面因素，合理分配员工的工作。督促各组长完成当日的生产计划指标，提高每位员工的工作效率。督促质检员处理完当日交到验收室的成品，填写每日检验记录，督促发料员统计好当日发到车间的裁片，汇总、反馈给厂部。

11.坚持服务现场，做到以理服人

及时处理好有关人员出现在生产线上的问题。在操作过程中，做到使员工感受到大家庭的温暖，为员工解决一些如住宿、饮食等生活上的问题。恰当地处理好员工内部的人际关系，如有无法处理或较为严重的事情应及时反馈给厂部解决。维护好本车间的现场生产秩序，使生产有条不紊。

三、服装数字化

服装数字化是指服装工业以数字化信息为基础，以计算机技术和网络为依托，通过对服装设计、加工、销售等各环节中信息的收集、整合、存储、传输和应用，最终实现服装企业资源的最优化配置。包括人体数据库、数字化服装设计、数字化板型制作与修改等内容。在服装生产过程中运用数字化技术可以很大程度地提高企业生产效率和产品精度。

第二节　服装生产流程

一、生产准备

生产准备是服装生产的重要程序，它给服装加工带来方向性指导并提高了效率，生产准备主要包括技术准备和材料准备。

（一）技术准备

技术准备包括款式设计、结构设计、产品方案设计及工艺设计等，它们是生产的必要过程。

1.款式设计

款式设计是服装生产的最基本技术资料，它包括设计图和技术要求。一般款式设计图上，有款式设计意图和面料的说明。

2.服装结构设计

服装结构设计实际上是样板设计和推板过程。它是对款式设计图纸的进一步成衣化的实施过程。当结构技术人员拿到一款设计图纸时，首先要进行产品分析。产品分析包括如下事项：

根据加工工艺和规格要求分析产品样品的款式、面料、辅料、尺寸、缝纫方式等细节。

在生产中尽量把手工作业改为机械化加工，并研究加工工艺技术，以便使用小工具以提高加工效率。充分探讨车间加工能力（工人技能、设备种类、设备布置等），以保证生产工艺管理顺利进行。仔细考虑消费者所追求的产品价值究竟是什么，以免过分费工。

产品分析后，开始服装结构设计，应注意每片板型的正确与所有裁片的数量，不要遗漏裁板数量。针对服装生产的实际号型进行推板，通过推板可以得到不同人体穿着的各种大小不同的服装板型图纸。

3. 产品方案设计

产品设计方案是制订设计工艺的依据，它直接影响厂内各车间机器设备的配备。产品方案选择是否合理，还将影响工厂投产后的经济效益。

4. 工艺设计

工艺设计包括工艺流程设计与工序分析。如一件西服从原料到成品，需要经过120多道工序。如果其中一道工序的操作人员稍有不慎，西服便会走样。西服不仅裁、缝、粘、烫等工序要准确到位，而且面料、辅料和衬里都要表里如一，只有面料、辅料和衬料达到"三位一体"，才称得上一件合格的西服。为使企业在投产后收到预期的经济效果，在裁剪、缝纫、整烫及包装等一系列工艺流程中，要求工艺操作具体，需要进行工序分析，以便保证工序的节拍平衡和每个工人操作时的准确性。

工艺设计时必须掌握如下原则：

①先进性：先进性是一个综合性的指标，它包含技术先进、经济合理和布局恰当等方面。在工艺设计中，主要参考成功案例，运用先进的科技成果，采用新技术、新设备和新工艺，以有效提高工作效率、劳动生产率和设备利用率。在保证产品质量的前提下，尽可能精简工艺流程，如生产同一产品有多种方案可供选择时，应当比较研究各方案的优缺点。生产能力大小、原辅材料和单耗的成本、产品质量的优劣、占地面积的大小、生产快慢、投资多少和产品成本、劳动生产率的高低等因素。综合分析后，确定适合企业发挥优势的工艺方案进行实施。

②可靠性：工艺设计方案必须选择成熟可靠的技术路线，如果采用的技术不成熟，投产后很可能影响工厂的正常运作，不能保证产品的质量，对工厂造成不必要的损失。因此，在工艺设计时，那些尚处于实验阶段的新技术、新工艺、新材料在用于投产前，必须先经过慎重的技术分析、实践，以保证其可靠性。

③高效性：在企业现有条件下，要保证企业的生产效率，尽量使用高效率的生产设备和工艺设计，保证生产的快速实施。

（二）材料准备

材料的准备是保证生产有序进行的必备条件，包括面料和辅料等的准备。

1. 面料的种类

面料准备时其功能必须符合服装功能的要求；面料的色泽和图案必须与设计的款式色

泽要求相符或接近；面料的里外用不同的几种面料组合时，必须考虑几种面料的厚薄、使用寿命和各种牢度的一致性；产品选择面料要考虑产品销售的地区，根据地区选择符合当地风俗习惯的面料，要考虑不同服装的不同工艺，保证服装的加工缝制技术合格；选择面料时在价格方面要防止因成本过高而影响销售。

制作服装的纤维材料种类繁多，通过不同纤维加工、纱线混纺和织造等方式使服装面料品类更是丰富多彩，数不胜数。这里主要从纤维种类、机织和针织方面简单对面料种类进行概括。

①棉织物：指以棉纱或者棉与化纤混纺而织成的纺织品，其制成的服装透湿、透气、舒适。棉布的主要品种有平布、细布、哔叽、卡其、华达呢、直贡缎、斜纹布、府绸、麻纱、泡泡纱、灯芯绒、线呢、绒布等。

②麻织物：指由麻纤维纺织而成的纯麻织物及麻与其他纤维混纺或者交织的织物。麻布服装凉爽舒适、吸湿性与放湿性好，耐水洗，质地硬挺，是理想的夏季服装面料。麻织物的主要品种有夏布、爽丽纱、麻交布等。

③丝织物：主要指由桑蚕丝、柞蚕丝、人造丝、合成纤维长丝为主要原料织成的纺织品，具有薄轻、滑爽、柔软、华丽、舒适等优点。丝织品有绫、罗、绸、缎、绢、纺、绡、纱、锦、葛、呢、绒等类型。

④毛织物：指以羊毛、兔毛、骆驼毛、毛型化纤等为主要原料制成的纺织品，具有弹性好、抗皱、挺括、耐穿耐磨、保暖性强、舒适美观、色泽纯正的优点，属于高档服装材料。常用到的毛织物有凡立丁、派力司、哔叽、华达呢、啥味呢、海力蒙、贡呢、制服呢、学生呢、麦尔登、大衣呢、法兰绒、粗花呢等。

⑤皮革：分为真皮和假皮。真皮是指经过鞣制而成的动物毛皮面料，主要用来制作冬装或春秋装，分为皮革和裘皮两类。它体现轻盈保暖，雍容华贵等特点。人工仿造的皮革叫合成革或者人造革，它们外形有真皮特征，其实是用化学纤维或者天然纤维通过人工方法加工而成的皮革。

⑥化纤织物：以高分子化合物为原料制作成纤维的纺织品。它分为人造纤维和合成纤维两大类型。人造纤维的特点是色彩鲜艳、质地柔软、滑爽舒适、吸湿性与透气性较好，但面料强力差，易变形等，主要有黏胶、铜氨纤维、天丝、莫代尔、竹纤维等。合成纤维吸湿性与透气性较差，但悬垂性能好，不易起皱，易于收藏。主要有涤纶、锦纶、丙纶、氨纶、维纶等。

⑦混纺织物：是将天然纤维与化学纤维按照一定的比例混合纺织而成的织物，可制作各种服装。它既体现天然纤维的柔软、舒适、透湿、透气等特点，也具有合成纤维的挺括、不容易褪色等性能，有麻棉混纺、涤麻混纺、毛腈混纺等织物。

⑧牛津纺：又叫牛津布，面料手感柔软，组织结构是平纹变化组织或方平组织，多用涤纶涤棉混纺纱与棉纱交织。具有易洗快干、手感松软、吸湿性好、穿着舒适等特点，外观似色织布。

⑨针织布：是指用针织横机或者经编机织造而成的面料，布面光洁、纹路清晰、质地细密、手感滑爽，纵横向具有较好的延伸性。针织布一般吸湿性与透气性较好，但容易脱散与卷边，有时还会产生线圈歪斜的现象。针织布根据所用原料不同有混纺针织布、真丝针织布、腈纶针织布、涤纶针织布、苎麻针织布等。

2. 辅料的种类

辅料包括里布、托布、填料、缝纫线、纽扣等。

①里布：要求布面光滑，能与面布自然贴和，有好的柔软性和硬挺度，光泽和装饰性好，缩水率与面料一致。里料应具有防止填充物外钻的特性，应注意面料与里料的一致和协调，防止掉色。

②托布：要质地柔软，穿着时托布不能影响服装的外观造型，保持外形稳定和造型设计的艺术效果。

③填料：登山服选用蓬松、柔软、回弹性好、保暖性特强的羽绒作为填料；一次性使用的服装选择棉花填料；需拆洗的服装可选用丝绵填料；不需拆洗的服装可选用驼毛或驼羊毛等填料；外部形态要保持挺括性且具有一定保暖性的服装可选用驼绒等填料。

④缝纫线：服装制作的主要辅料之一，它关系到整体服装的质量、外观、穿着效果等，尤其是对于高档服装而言。现在市场上的缝纫线品种很多，性能各异，正确、合理地选用缝纫线极为重要，企业根据服装面料及里料来选用相匹配的缝纫线，主要考虑以下几点：节点光滑，无疵点；表面整理要均匀（用油剂或蜡处理）；缝线密度、捻度要一致；缝纫线色泽要与面料相符；缝纫线性能与面料相同或相近；缝纫线要符合线迹和接缝要求；缝纫线质量、价格要合理等。

缝纫线的用量及成本在整件服装成本中所占的比重不大，但缝纫效率、缝纫质量和外观品质与缝纫线关系重大。什么样的面料匹配什么样的缝纫线，在什么情况下怎样使用等，是需要有相当丰富的知识和经验的人进行操作的，否则难以制作出高品质、高质量的服装。

⑤纽扣：也是服装材料检验中的内容，要注意纽扣大小一致且光滑；同一批纽扣厚度一致；颜色要与面料一致或相配；耐洗涤，在干洗、熨烫时不会裂开、熔化或变色、移色。

⑥拉链：既有装饰作用，又可取代纽扣的作用，拉链两边的齿数相同，锁合拉头要来回自如，拉链的自锁性要好；拉链的颜色要与面料一致或相配，宽度与款式要求一致；要考虑拉链可否水洗或干洗，洗涤后是否褪色等耐烫洗性能。

3. 材料准备的原则

进料时必须紧跟市场销售情况，随时注意生产节奏和市场动向，避免生产与市场脱节；现货生产要注意库存问题，防止进料过多；对于外加工的服装进料要严格根据客户要求购买；对进仓入库的原材料，必须严格检验材料的规格、品种和数量，对不符合要求的原辅材料要按规定程序及时处理并纠正不当之处；原材料必须按照各类原辅材料的特性和要求堆放。

4. 耗用材料预算

生产前要对该批服装所用原辅材料耗用量进行预算，以防止面料过少或者过多，造成加工困难和面料的浪费。

材料预算时要考虑加工中的各种损耗，包括面料的自然回缩损耗、面料缩水的损耗、面料的织疵造成的损耗、段耗、残疵产品的损耗、特殊面料的正常损耗及其他损耗等。其中段耗包括机头布损耗、不够成品段长又不能裁制独件产品的余料损耗、断料裁剪时落料不齐而使用料增加的部分损耗、更改成品规格或裁制附件所剩余的布料损耗、坯布中的残疵损耗。

5. 面料检测

面料检测的目的是掌握材料的有关数据和资料，以便在生产中采取相应的手段和措施，提高产品质量和面料利用率。测试方法可按照国家标准进行检测，也可按照生产工艺的模拟形式进行测试。各项检测要从面辅料运到厂内后放置 24 小时后开始。检验内容包括数量复核、疵病检验、伸缩率检验、缝缩率测试、色牢度测试、耐热度测试等。

①数量的复核和检验：原料进入仓库前或者在裁剪前必须进行的一项检测项目，包括面料匹数、每匹布的长度、幅宽等检验。检验后的布匹堆放要严格按照企业的仓库管理制度，保证生产中的便捷和面料的最大利用率。

②疵点的检验：疵点包括织造疵点、染整疵点和印染疵点等。在检查时发现有疵点的位置要及时记上明显标记，以便在铺料划样时合理使用。面料织造疵点有机织物织造疵点和针织物织造疵点。面料幅宽、面料长度、疵点检验可通过验布机进行检验。通过验布机的记长轮记录布的长度，布的幅宽可以测量，布的疵点在布匹陆续展开时而检查出来。

③自然伸缩率测试：织物放在空气中的自然状态下一段时间后会产生自然收缩的现象。自然收缩率的测试方法为：首先从仓库中取出一个包装中的一匹面料，测量其长度和门幅宽度，随后将整匹面料拆散抖松，在没有任何压力的情况和常温下，静放 2 小时，随后进行复测，可以算出面料的自然收缩率。

④湿、热收缩率测试：在成衣生产中，织物常会用水浸、喷水、干烫、湿烫等方法对织物进行加工处理。由于织物在加工中受到外部湿气和热度的作用而产生的收缩现象称为湿、热收缩率。

测量时布料采样方法为：在布匹的头部或者尾部除去 1 米以上（因开始织布时的张力有显著变动，要从头部除去数米），随后量取 50 厘米长的布料，除去布的两边（因两边的张力与门幅中部的张力有差异，会影响测试的准确性，如宽松的针织物、静电植绒类植物两边应除去 10 厘米），并记录好长度和幅宽数据。

⑤缝缩率测试：裁片缝合时会产生一定的收缩率称为缝缩率。皱缩波纹越大，缝缩率就越大。

⑥色牢度测试：服装在穿着和水洗过程中的掉色与否是衡量服装质量很重要的因素，因此，色牢度测试是服装在加工前应进行的重要测试。色牢度包括日晒、洗涤、汗渍、摩擦、熨烫、干洗、升华等十几个牢度。如熨烫分为干法试验、熨斗放置 15 秒和湿法试验（强试验与弱试验），主要视测试条件而定。

⑦耐热度测试：受热是服装生产中常见的一种加工方法，而有的服装材料具有明显的热塑性，如合成纤维。这些合成纤维在热加工处理中会发生一定的性能变化，如材料变硬使服装性能显著降低而影响消费者的穿着体验。因此，通过耐热度测试可以了解面料的耐热温度。

6. 材料预缩

对于高品质的服装是不能存在收缩现象的，因此，许多服装加工企业在生产前会对材料进行预缩。预缩有自然预缩、湿预缩、热预缩与汽蒸预缩等方法。自然预缩是让面料自然放置在空气中一段时间后的面料回缩；湿预缩是指面料喷湿或者直接用水打湿后的面料回缩；热预缩与汽蒸预缩是对面料加热或者用热蒸汽处理后使织物收缩。面料预缩后的收缩性能大大降低，明显提高了面料的尺寸稳定性。

7. 材料整理

从纺织厂或者染整厂购进的面辅料，通过前面的检验工序会发现一些质量问题，但有些质量问题是可以修正的，如面料存在的缺经、断纬、粗纱、污纱、漏针、破洞等织疵问题是可以用人工方法按织物组织结构给予修补的，这个过程叫织补。有的面料上的经纱、纬纱产生了偏斜，可以通过整纬装置进行整纬。整纬后可降低经纱、纬纱的偏离程度。

8. 样品试制

样品试制是根据服装款式图（或效果图）或按客户的来样进行样品试制（前者叫实样制作，后者叫确认样制作），也可根据客户的修改意见，以及根据生产的可行性研究进行实物标样的试制。

样品制作的基本程序是：

①分析效果图或试样：针对效果图或者试样进行样衣制作分析。分析该服装的造型，以便选择与之相适应的结构造型方法；分析该服装各部位的轮廓线、结构线、零部件的形态和位置；分析选择与设计要求相合适的面料及辅料；分析选用合适的缝制方法及所需要的附件、工艺、设备等。

②绘制结构图：在绘制结构图前要选择样品规格。内销产品按照国家号型的中间标准体进行制作；外销选 M 规格（即中心规格）进行制作，也可直接按照客户要求制作。打板时选择适合企业实际生产情况的结构造型方法，如原型法、基样法、比例法、立体造型法。

③修剪板型及检查效果和形状：样衣板型做完后，要进行样板的检查和修正才能正式进入样板仓库或者进行样衣制作。

④加工样品：样品加工要考虑缝制形式、缝迹、缝型、熨烫形式和顺序，因此要制定好加工工艺单，以便工人操作时严格按照工艺文件制作服装。

⑤样品的审视与评价：样品制作完后要让技术人员或者工厂的其他员工进行样衣试穿和评价。大家对试穿的样衣提出自己的意见，根据意见再继续修改样衣，直至满意为止。

9. 试产

在大批量生产前要进行试产，试产也叫首件封样，即按照工艺文件规定的技术条件所生产的第一件产品。封样合格以后才可以批量生产，不合格的须改进再次封样。

①封样对象：凡与本厂产品质量有关的所有部门，包括联营厂、合资厂、加工协作厂及本厂内部各车间、班组等部门生产的首件产品，均列为首件封样对象。

②封样范围：对裁剪、印花、刺绣、缝纫、锁钉、熨烫、折叠、包装等生产全过程封样；对一些难度高、工艺复杂的部件进行封样。

③封样内容：核实产品型号、名称；核实产品原材料是否相符；核对合同号和订货单；核实各部位规格测量是否达标；核实生产车间、班组；经检验发现具体质量问题及件数，指出发生产品质量的原因及改进措施，是否同意投产，要有结论性意见；在样品上要标明已封样合格，并有验收人签名，以明责任；封样日期必须填写清楚；如需改进的样品，必须写明问题所在，作为再次封样的依据；签发同意领片单。

通过试产和首件封样后就可以及时纠正生产中的问题，防止生产中的质量事故产生。试产后就可以开始批量生产了。

二、裁剪过程

裁剪是完成由面料到衣片的过程。裁剪主要在裁剪车间完成。裁剪包括制定裁剪方案、排料划样、铺料、裁剪、验片、打号、包扎等工艺过程。

（一）裁剪方案制定

为了保证充分利用生产条件，提高生产效率，有效节约原材料而必须进行合理的裁剪方案制定。裁剪方案是根据实际的加工服装数量、裁床情况、面料幅宽及裁剪技术人员的技术水平等进行方案设计。

裁剪方案设计时需要注意的事项为：若铺料长度短，占用裁床小，铺料容易进行，每个规格一次即可裁完，排料、裁剪都没有重复劳动，这样的方案裁剪效率较高；如果两床合并，裁一床减少一床裁剪床数，可实施大小规格套裁，有利于节约面料，进一步提高了裁剪效率。但由于增加了铺料长度，需要占用较大的裁床；如果多床进行套裁，可进一步提高面料的利用率。但由于铺布长度较长，因此占用裁床多，操作也较困难。

（二）铺料

铺料为按裁剪方案的裁剪层数与划料长度将面料铺在裁床上准备裁剪的过程。

1. 铺料的工艺技术要求

过去大多数中小型企业主要靠人工来铺料，现在也正逐步地实现机械化与自动化。不管什么方法，拖铺面料时要注意布面平整，防止局部起皱；拖铺时用力不能过大，尤其手工脱铺时更要注意用力大小，不能人为用力使劲拉扯；铺料时注意面料的经、纬方向，保证铺料方向一致；做到铺料的布边要对齐；如果布面有花纹或格子，要注意对正花纹和条格；要注意铺料长度的准确。

2. 铺料方法

铺料之前要看清楚面料的正反面，然后选择布面进行铺料。铺料有单向铺料和双向铺料两种形式。铺料时往往要用到多匹布，因此要确定布匹衔接方法：先将画好的排料图平铺在裁床上，然后观察各片在图上分布的情况，找出裁片之间在纬向上交错较少的部位。一般情况下，铺料的长度越长，衔接部位应选得越多，平均每1m左右应确定一个衔接部位。

（三）排料划样

排料是对面料如何使用及用料的多少所进行的有计划的工作。划样是指将排料的结果画在纸上或面料上所进行的工艺操作。排料划样主要是为铺料裁剪提供依据，使裁剪工作顺利完成，而且对面料的消耗、裁剪的难易、服装的质量都有直接的影响，是一项技术性很强的操作工艺。排料时注意面料的表面状态和经、纬方向，防止边色差和段色差，保证同件衣服的裁片不出现色差现象；要注意节约用料，符合"先大后小，紧密套排，缺口合并，大小搭配"的基本原则；排料时要注意"顺边"现象，即裁出的对称性，两衣片是同边的；有条格和花纹的面料要注意对条对格，保证服装裁剪工艺的精确性。对条对格方法有两种：

①准确对格法：先将对条对格的两个部件按照对条对格要求准确地排好位置，划样时将条格划准，保证缝制组合部位对正条格。这种方法在铺料时必须采用定位挂针铺料。

②放格法：是在排料时先将相结合的部件其中一件排好，而另一件排料时不按样板原型划样，而将样板适当放大，留出余量。这种方法比第一种方法更准确。

（四）裁剪

当前生产中主要采用四种形式的裁剪方法，即直刀裁剪、圆刀裁剪、带刀式裁剪与自动裁剪。

裁剪时注意裁剪精度，尽量缩小裁出的衣片与样板之间的误差大小和各层衣片之间的误差大小，严格保证衣片与样板的一致性。裁剪时要遵循裁剪的基本原则：应先裁剪小衣片，后裁剪大衣片；裁剪时要保持裁刀的垂直；裁剪时左手压扶面料，不要用力过大过死，更不要向四周用力，防止面料之间产生拖动造成误差；裁到拐角处时应从两个方向分别进刀而不应直接拐角，要保证拐角处的精确度；裁剪时保持裁刀始终锋利和清洁，防止边缘起毛。

（五）验片、打号与包扎

裁剪完的裁片要马上进行裁片检验、打号与包扎，保证裁片在后续加工中的准确性。

验片时要注意裁片与样板相比；上、下层裁片相比；检查裁片边际是否光滑圆顺；检查刀口、定位孔位置是否准确、清楚，有无漏检；检查对条对格是否准确。

打号是把裁好的衣片按铺料的层次由第一层至最后一层顺序打上数码，防止在服装上出现色差。一般企业使用简易盖章印进行打号，打号的号码由七位数字组成，最左边的两数字表示裁剪床数，中间两位表示规格号，最后三位表示床数。打号时注意数字印在反面边缘处的统一位置上，打号要准确，避免漏打、重复和错号等，打上的数字颜色要清晰，印油不能太深，打完后要对数字进行复核。

为了防止出现混乱，裁片打号后立即进行捆扎，然后输送到缝制车间。捆扎时一般

20 件左右为一捆。

三、缝制过程

裁片包扎好以后就直接送到缝纫车间，缝纫车间是对裁片进行加工并缝合成服装的过程。

缝纫车间的分组是按照工艺流程进行的，如前身加工组、后身加工组、领子加工组、袖子加工组与缝合组等，形成了车间有条不紊的排列。对于每一组的安排是按照生产工序进行的，生产工序是生产过程的基本环节，是工艺过程的组成部分。工序包括工艺工序（如裁剪、缝纫工序等）、检验工序与运输工序。

大流水线的编排是先把整件衣服分成几个主要的部件，将这几个部件分成几条分支流水线，然后再对每一条支线进行精细分工（或称极致分工），分成的每一道工序只做一小道加工。部件工序分好后，再进行组合分工，形成基本流水线。支线和基本流水线就形成一个树状的缝制工序分析图，即为大流水线编排图。

四、整烫定型

成衣的整烫定型是在整烫车间完成。整烫定型的目的是使衣料得到预缩，并去除折痕，保持服装平整，或者塑造服装的立体造型，使服装穿着美观与舒服。

成衣整烫有手动、半自动和全自动的熨烫形式。现在一些企业逐步采用机械整烫设备，有西装、衬衫、针织物等自动熨烫机。

五、成衣质检

成衣质量检验是为保证出厂的产品全部符合质量要求而必须进行的成衣检验程序。成衣质量检验包括外观检验、尺寸检验、缝纫质量检验与疵点检验等内容。

成品质量检验的内容如下。

（一）上装成品质量检验

上装主要部位可能存在的质量问题如下。

衣领部位：领角上翘、装领歪斜、后领不圆顺、领面起皱、领驳口不平服、串口线不平服、驳领部位不帖服、翻领前端上口起翘、边沿外翻、翻领的领面横向绷紧、领底外露、装领后领口部位起涌。

衣袖部位：衣袖吊起或产生斜形皱褶、胸外侧袖隆处起皱、袖山部位出现瘪陷、袖山中部向上搜紧、后袖山凹陷、后袖隆呈波状、后袖隆塌陷、衣袖与衣身不对条格等。

衣身部位：胸部布纹歪斜、驳头里露出、驳折止点处衣身凹陷、前门襟止口呈起伏状、省道缝线凹窝、驳头翻转过低或过高、前摆翻翘、前侧片不平、衣袋横出、口袋盖回缩、口袋盖翻翘、侧缝凹凸、背缝歪斜、背缝不对条格、前肩缝下横向多余有皱褶、前肩缝下呈斜形皱褶及前衣身腰围处布纹歪斜。

（二）下装成品质量检验

下装主要部位可能存在的质量问题如下。

上裆部位：前上裆弯曲部位起翘、门里襟长短不一、腰带底缝不平齐、后上裆吊紧与腰带呈斜形皱褶。

下裆部位：下裆缝有牵紧与起吊、下裆缝不平整、下裆缝不垂直。

侧缝部位：侧缝不平整、侧缝牵紧与侧缝布纹歪斜。

口袋部位：袋口下起皱、袋垫外露、嵌线袋袋角开口、嵌线袋两侧豁开、袋盖丝缕与裤身不符。

熨烫质量：挺缝线不挺括、有极光。

六、后整理与包装

服装生产后还必须进行全面的后整理，以确保整件产品的整洁与美观。后整理主要是指去污整理、去线头、去毛梢整理。服装上污渍包括油污类、水化类与蛋白质类三种，每种污渍要根据他们各自特性采用相应的方法去除。去毛梢整理有手工整理（用手拍除毛梢）、粘去法（采用胶布等粘去毛梢）与吸取法（用吸尘器等器具吸走毛梢）三种。

服装加工完后要进入成品库。服装在包装时要根据规定选择包装材料和规格、包装方式和包装技术。包装时要规定包装标志的内容、制作标准及标志在包装上的位置等。包装的容器有袋、纸盒、纸箱、纸板箱、板条箱等。基本包装材料有纸、塑料薄膜、木头、绳索、橡胶袋、金属带等。

服装包装后就可以进入下一步的销售环节。

第三节　服装生产数字化

一、三维人体测量仪

三维人体以前主要靠人工通过尺子进行测量，这是获取人体尺寸的重要方法。随着三维人体测量仪器的诞生，企业在人体数据的测量上提高了速度和进度，为服装的快速加工带来了优势。人体扫描技术在尺寸、合体度和产品可视化方面确实取得了显著的进步，服装公司使用全身扫描仪以获得定制服装的合体度。许多扫描硬件制造商已经开发出了允许用户自动从三维数据中提取测量尺寸的软件，如 Cyberware、Hamamatsu、Hamano、TC、Telmat 以及 TecMath 等。三维人体扫描仪是通过光学技术与光敏感设备相结合，来获取人体维度信息的。以激光和光学为基础的系统是人体扫描系统最主要的类型。三维人体扫描仪所得到的个人测量数据和图像可以自动转存到计算机数据库中，可以恰当地利用这些信息进行大规模定制或虚拟试穿。

（一）人体体型数据库

人体号型是人体数据库的分析和总结的结果。19 世纪末到 20 世纪初，美国人开始重视人体测量数据，并着手建立大型的人体测量数据库。他们认识到人体工程学对服装的舒适度和实用度等多方面的影响后，关于服装对身体影响的调查开始在全国开展。这个涉及军队和民用服装的调查包括了人体工程学、测量学和工程学的内容，后来又涉及服装与人体吻合度，即服装的合体度。

20 世纪 40 年代，美国为了弥补前期的人体测量数据不足，又开始在全国范围内进行大规模的人体测量。而地处亚洲的日本，此时经济开始复苏，进入飞速发展的阶段，对人体测量数据库要求日益迫切，因此，日本也开始了首次的国内大范围测量计划。

20 世纪 60 ~ 70 年代，人体测量及其数据库的建立进入初级的发展阶段。美国的人体尺寸数据库正式建立，其研究结果直接用于企业生产，在实践中进行不断地检验和修改。该数据库由美国航空医疗研究院资助，本意是服务于美国航空航天事业，但对人体工程学、测量学和服装业来讲，影响同样巨大。在亚洲，日本从 20 世纪 60 年代初到 70 年代末，一直致力于大规模人体测量数据库的建立和相关人体体型分类、服装号型系统的革新，提出了日本工业标准（JIS）的体系理论并加以完善。在此时期，日本先是对全国国民进行普遍的大规模人体测量，然后又针对服装行业进行不同部位的、更加细分的人体测量，为各种行业尤其是服装行业的发展提供了理论基础。

20 世纪 90 年代是人体测量技术和人体数据库开始成熟的阶段。美国针对不同年龄阶层的人体特征，进行各个年龄阶层尤其是中老年体型的大规模测量，陈旧的、过时的数据库被更符合时代要求的数据库代替，成衣标准尺码系统被建立。日本的人体研究所地位稳定，可以每年进行针对需要精密的人体测量，测量范围大小不等。在这个时期，法国也开始全国大规模的人体测量，针对不同的年龄段进行分类，服装号型规格被重新审定。英国为了提高传统服装的合体度，同样在英国国内进行大规模的人体测量，测量范围包括不同年龄阶段女性、儿童和男性共 1 万人。我国台湾地区针对特殊人体体型建立的数据库得以发展。韩国也开始进行第三次国内人体测量。在 20 世纪 90 年代的发达国家中，基于网络的人体特征数字分析系统开始建立，直接服务于服装的高级定制和网络定制。

20 世纪末 ~ 21 世纪初，发达国家的人体数据库已经开始进入长久的稳定发展阶段。一般来说，大规模的人体数据测量和数据库每隔 10 年就会进行一次更新，尤其在日本，每年都会进行中小规模的抽样调查来监控人体体型变化，以便及时更新数据库和号型标准，为科学研究和企业生产都做出了极大的贡献。我国的人体测量数据库起步较晚，在大规模的人体测量之后，第二代国家号型标准于 1991 年颁布。在人们生活水平显著提高的今天，我国国民的生活水平、饮食习惯、健康水平和穿衣要求均有了较大变化，人们对服装的服用舒适性、合体性和审美要求也随之改变。

我国最近的大规模的人体测量是在 2009 年，十多年的时间里，我国发生了巨大的变化，经济的腾飞直接影响着人民的生活，也影响着服装行业的发展，人民生活的提高使得人们对服装的要求越来越高，舒适、合体是现代人对服装最重要的要求，而多年的发展使得人体体型也发生了新的变化，从前制定的号型标准已不能满足需要，因此迫切需要在全国进行大面积的人体测量。

（二）三维人体测量仪的应用

当前，三维人体测量仪是进行人体数据库收集的重要设备。这类设备的主要特点是测量速度快、可以获取人体的多个尺寸数据，数据可以自动归号，且数据可以和计算机辅助设计成一体化。

北京博维恒信科技发展有限公司开发的 3D CaMega 人体（全身—半身）扫描系统是国内第一套具有自主知识产权的非接触式数字化人体测量系统，为精确获取人体三维数据而设计。该系统的应用范围包括:建立人体尺寸标准库、进行军队制服号型分析;服装设计、虚拟试衣、个性化量身定做;美体塑身行业体型分析评价;三维影视动画真人建模;医学工程、生理解剖;人机工效学、工业设计;选拔专业人才（运动员、特种部队、艺术）。

该系统以三维扫描仪为主要工具，可在不到 5 秒的时间内完成人体全身扫描，从而获得完整的 1:1 的人体三维模型，再通过测量软件快速地完成若干项人体关键尺寸的自动测量，并根据测量方案输出人体测量数据。相比传统的手工测量，它在数据的完整性和再利用性上有着无可比拟的优势，为服装设计、人机工程等领域的人体数据采集和自动处理提供了全面的解决方案。

二、服装 CAD 系统

CAD 即计算机辅助设计（Computer Aided Design），服装 CAD 系统是最早作为服装生产的数字化技术应用的服装 CAD 技术。当前的国内外服装企业一般都会引进服装 CAD 系统，如美国格柏（Gerber）、法国力克（Lectra）、美国 PGM，奥瑞数控的服装大师智能 CAD 系统软件等。服装 CAD 系统在大中型企业使用率超过了 95%，一部分中小企业没有应用服装 CAD，总体来说应用率只有 40%，服装 CAD 还没有达到完全普及的程度。目前中国服装 CAD 市场上的开发商很多，如深圳富怡、杭州爱科（ECHO）等。这些都是针对大型服装企业而开发的，很多中小企业因为资金、人才、硬件设备等因素，没有条件运用服装 CAD 系统，因此，一套简便实用而又价格低廉的服装 CAD 系统的推出势在必行。

（一）服装 CAD 简介

服装 CAD 的应用范围基本分为款式设计和结构设计两种。企业使用 CAD 软件描绘效果图，可以在没有生产前就能看到这件衣服的大概效果，这是款式设计。结构设计又称为做纸样或打板，包括出头样、放码和排料。通过电脑直接打印出头样，省去了手工绘制的反复测量和计算，操作速度快、自由度大、准确度高。使用电脑放码可以把原本需要近一天时间的手工放码缩短到十几分钟，可以非常方便地对纸样进行移动、调换、旋转、反转。排好后用绘图仪打印出来就可以用于裁剪了。

传统的服装设计都是手工操作，效率低、重复量大，而服装 CAD 借助电脑的高速计算及储存量大等优点，使设计效率大幅提高，降低了劳动强度，缩短了生产周期。据统计，通过运用 CAD 系统，服装企业的设计成本可降低 10% ~ 30%，设计周期可缩短 30% ~ 60%，产品质量可提高 2 ~ 5 倍，设备利用率可提高 2 ~ 3 倍。

（二）服装 CAD 发展阶段

服装 CAD 发展至今已有 50 多年，从 20 世纪 60 ~ 70 年代开始，美国采用计算机进行样板设计和放码排料来代替手工操作，逐步形成了计算机辅助设计的局面，这是以代替手工为主的服装 CAD 技术时期；20 世纪 80 ~ 90 年代，法国、西班牙、意大利、德国、日本等国家也相继发展并使用服装 CAD 技术，同时服装 CAM 的技术也开始发展，国外服装企业有 70% 以上使用了服装 CAD 技术，这是普及使用服装 CAD 技术的时期；2000 年以后，国内服装 CAD 技术开始迅猛发展，CAD 技术在服装企业总体应用普及率从 20 世纪 90 年代的小于 5% 提高到目前的 40% 左右，相继出现了不少服装 CAD 系统，如布易、航天、日升、丝绸之路、富怡、爱科等，国外知名的服装 CAD 系统有美国格柏（Gerber）、法国力克、德国艾斯特（Easter）、西班牙艾维（Investronic）、瑞士艾力斯（Alexis）、加拿大派特（PAD）等系统。

（三）国内服装 CAD 的优点

总体上来看，国内的服装 CAD 系统，结合了中国的国情进行设计，性价比一般比国外的 CAD 系统高。其优点主要体现在以下几个方面：国内 CAD 系统软件的适应性和亲和性较好；国内 CAD 系统硬件的通用性和灵活性较好；与进口软件相比，国内 CAD 系统价格偏低；国内软件开发时间较短，产品更新速度快。

（四）服装 CAD 系统的技术现状

1. 操作界面

在操作界面方面，各大 CAD 软件都有菜单区、工具栏、状态栏、数据输入、工作区，有的软件还有素材区。数据输入方面，通常 CAD 软件都是对话框弹出的方式，而有的系统则采用数据输入窗口，比如格柏 PDS2000 系统和布易 ET2005 样片设计系统。

在菜单栏中，一般包括文件、视图、编辑（修改）、窗口、帮助等几个常见的选项。

在工具栏中，目前基本上采用的是 Windows 固有的图标按钮（组）形式，但也有的如格柏 PDS 衣片设计系统中的文字按钮形式，力克衣片设计系统中的盖扳工具框形式；另外，一般工具条的位置在工作区的上方、左方或右方。

在状态栏中，一般显示当前所使用功能的名称，有的系统还提示所选功能键的作用与操作步骤。有时，状态栏里还显示被抓捕对象的属性，如点、线、衣片的属性；度量时还显示点或线的距离、线段的长度以及两线的夹角等。

在工作区中，一般只有一个层面，而对于复杂的设计则有多个层面，比如丝绸之路的款式设计系统、Photoshop 图像处理软件等。另外，鼠标在移动过程中一般碰到点、线时都能自动识别显示，但对于衣片内部区域的识别，却还没有达到完全自动识别的程度。

2. 基本功能

从现有的软件系统来看，CAD系统的基本功能包括输入、创建、修改、输出这几个主要内容。

在输入输出方面，主要是针对文件或数据库的操作，如新建和打开文件、储存与另存文件，还有转换成不同文件格式的输出，以及打印或绘图等。

在创建方面，不同的CAD软件包含的内容也不一样，比如款式CAD中有线段、封闭形、颜色、图案或者部件库的建立；衣片CAD中有直线、曲线、长方形、衣片和毛样创建、尺码、尺寸表或放码规则建立；排料CAD中有排料单建立和排料图产生，等等。而在创建过程中，不同的CAD软件系统采用了不同的操作流程。另外，数据输入时一般的系统采用直接输入数据的方法，而派特、富怡、丝绸之路、爱科则采用与部位尺寸有关的参数公式输入。

在修改方面，CAD软件系统的共同功能有撤销和重做、捕捉和移动或转动、剪切与删除、复制与粘贴、放大和缩小等，但不同的CAD软件系统还包含了许多不同的功能。

3. 通用化程度

目前，软件发展得较快，向着通用化方向发展趋势明显，比如界面亲和度提高、功能强劲简捷、操作规范统一等。具体体现在"操作状态"下的有：读写文件或数据库、剪切或删除、复制与粘贴、放大和缩小、移动或转动、打印预览、输入输出和帮助说明等。但目前各大服装CAD系统还没有完全达到操作状态下规范统一的水准，操作状态限制在"对象状态"下面，如衣片设计系统中的对象是点、线和衣片，其删除功能必须在相应的对象菜单目录下进行选择，删除点只能在点处理状态下，删除线只能在线处理状态下，删除衣片只能在衣片处理状态下；其他如复制、移动、转动等操作状态也都类似。究其原因，主要问题存在于同一操作状态下不能同时识别点、线、衣片的缘故。

三、服装裁剪系统

服装自动裁剪系统也是服装数字化技术应用的重要方面。服装自动裁剪系统包括自动铺料设备和自动裁剪设备。自动裁剪机是由电脑制板和电脑排料系统控制下的裁剪机，是一种CAM系统，即计算机辅助制造。服装自动裁剪系统可以和服装CAD形成一体化，裁刀的移动是由电脑程序控制的，通过服装CAD系统的排料，裁刀按照电脑排料储存的记忆自动裁出排好的裁片，比传统的裁剪工艺流程减少了人工排料和划粉的过程，很大程度上提高了生产效率。

四、服装三维虚拟试衣与模特展示系统

虚拟试衣是一种计算机模拟，人体模型储存在计算机中，根据人的喜好可以虚拟试穿计算机中的设计款式，客户可以选择服装后在与她们身形相同的3D模特上试穿，这种技术可以让网购的服装更合体。总之，虚拟服饰店的顾客能够让所选择的服装在几乎真实的

人体模型上试穿，客户能更真实地看到穿在其虚拟身体上的着装效果。在互动和逼真的虚拟服装店，客户能够选择不同的服饰，然后让与她们尺寸相同的超仿真模特试穿，并观察其效果。虚拟试衣支持基于个人的身体测量尺寸自动调整 3D 模特、选择不同的服装项目、为三维人体模型选择合体的服装以及对穿衣运动的实时模拟等操作。随着人们对服装定制、电子商务、可利用的先进 3D 技术的兴趣增加，虚拟设计已经被认为是服装设计定制一个重要组成工具。这种形式的数字化试穿或建模有助于解决网上商户所面临的诸多关于精确地表达其服装产品的一种挑战。虚拟试衣技术让消费者能够在快速的加载时间里，通过精确的产品描述、清晰的图像做出更明智的购买决策。

如 Browzwear、Optitex 等品牌，为服装行业开发了计算机辅助设计软件，并运用三维试衣技术使衣服可视化。通过三维人体测量仪完成对用户的人体尺寸测量后，通过微调测量点，如胸部、腰部、臀部、腹部，使之可以形成一系列具体的尺寸。虚拟的衣服板型缝合后，可以得到一个图像以展示服装的合体度。虚拟试穿技术，让消费者能够用与她们身形相似的模特试穿不同廓型、面料、色彩、装饰的服装，从而在网上选择到更合适的衣服。

五、服装企业管理系统

大型服装企业现在在逐步应用信息化的企业管理系统，其中包括服装生产管理体系。该系统具有如下特征：企业内任何数据，只由一个部门、一位员工负责输入；减少重复劳动、提高效率、避免差错、责任明确；统一数据库、统一工作程序与处理规则；授权人员、共享信息；环境变化、实时响应；人人自觉维护数据的及时、准确、完整；决策一致、减少矛盾；各职能部门业务联成一体，协同合作、发扬团队精神；闭环系统、响应迅速；各岗位及时输入反馈信息；无限时间跨度、防患于未然；模拟功能辅助决策等。

大部分企业应用的智能化吊挂生产系统也是典型的数字化生产管理系统，该系统是一种柔性生产系统，属于悬空的物件传输系统，它改变了服装行业传统的捆扎生产方式，有效地解决了服装加工过程中辅助作业时间占比大、生产周期长、成衣产量和质量难以有效控制等问题，具有快速反应能力，可以满足服装企业小批量、多品种、短周期的市场需求。

第三章 服装产业竞争力提升之品牌战略

第一节 服装品牌理论基础

一、品牌及其重要性

（一）品牌定义

根据美国市场营销协会的定义，品牌是"名词、标记、标志、设计或它们的组合运用，其目的是借以辨认某个销售者或某群销售者的产品或服务，并使之与竞争对手的产品和服务区别开来。"品牌的基本功能是区别卖者，在本质上代表卖者交付给买者的产品特征利益和服务的一系列承诺，最佳的品牌就是质量的保证。

品牌进一步可区分为两个部分：品牌名称和品牌标识。品牌名称是指品牌中可以用语言称谓表达的部分，如白领、爱慕、金利来等；品牌标识是指品牌中可以识别但无法读出的那一部分，如标记、符号、字体、图案设计等。企业可以通过品牌名称和品牌标识设计，创造出独特的形象。

（二）品牌和产品的关系

品牌可以看作是加上其他各种特性的产品，这些特性使它以某种方式区别于其他用来满足同样需求的产品。这些差异也许是理性的和可见的，即与产生品牌的产品特点有关；这些差异也许更加具有象征性、更情感化、更不可见，即与所表现的品牌有关。品牌既可以依靠其产品的表现来创造竞争优势，也可以通过不与产品相关的方式创造竞争优势，许多服装品牌特别是高级时装品牌通过理解消费者的各种动机和需求，为其产品创造极具吸引力的形象。

（三）品牌化决策

品牌化决策即企业是否给生产的产品加上品牌名称。建立品牌要付出成本，如果品牌最终不被消费者所接受，还必须承担风险。但大多数销售者还要使用品牌，这是因为使用品牌可以为销售者带来客观的利益，有证据表明，分销商把品牌名称作为一种手段识别供应商，以便于产品经营，并以品牌激发购买者偏好，同时，由于产品性能、质量指标日益复杂，消费者也要求商品有品牌名称以便更好地识别质量差别，从而提高购买效率。

服装是个性化和时尚性极强的产品，服装款式、材质、色彩和图案等受流行趋势和消费者求新求变心理的影响，每年每个季节服装企业都要向市场推出大量的新款服装。因此，品牌就成为赢得消费者关注的关键因素，培养消费者对品牌的认知、偏好和忠诚，成为服装品牌企业的主要目标。

与许多其他行业一样，服装行业的品牌化不仅限于面向消费者市场的企业。其上游企业或加工贸易型企业以及相关的辅助性机构也可以通过品牌获得差别化的竞争优势。如杜邦将弹性纤维莱卡成功地品牌化，获得巨大影响和市场价值。我国的服装业经过三十多年的发展，不仅形成一批面向消费者市场的知名品牌，而且在加工贸易领域和产业链上游也形成一批制造商品牌，这些企业通常以擅长某一品类产品的开发和生产为特征，在某一品类中占据着领导地位，有很高的产品附加值和议价能力，如溢达集团是全球最大的衬衫加工企业，珠海振威是中国最大的毛衫制造业品牌，盖奇是丝光棉 T 恤制造业品牌，汉帛是女装制造业品牌。

（四）品牌的重要性

品牌对于消费者和公司都具有重要价值。对于消费者来说，品牌指明了产品的来源或生产商，让消费者知道，哪一个生产商或销售商可以信赖。最重要的是，品牌对于消费者具有特殊意义。消费者由于过去购买过某些品牌的产品，或通过多年的营销活动了解这些品牌，他们知道哪些品牌的产品能满足自己的需求，哪些不能。于是，品牌就成为他们选择产品时的一种简单的标准和工具。

品牌对于公司在根本上能起到识别作用，使处理产品或了解制造产品的公司更加容易。品牌也使公司能够对其产品的独特性能或其独到之处进行法律保护。通过商标注册，公司可以保护品牌名称和标识。

二、服装品牌分类

目前，服装品牌的分类并无统一的标准。在法国，综合服装的设计特征和生产特征，女装品牌分为三类：高级女装、高级成衣、成衣。其中成衣是指近代出现的标准号型、成批量生产的服装。成衣工业满足现代社会大量生产、大量销售和大量消费的需求。成衣品牌数量众多，面对的目标消费者和定位差别也很大。

（一）按经营范围划分

按经营范围可分为国际品牌、区域品牌、全国品牌和地区品牌。

国际品牌是具有国际声誉、在全球或多国经营的品牌。

区域品牌是指那些在全球的某一区域市场跨国经营的品牌。

全国性品牌是指分销网络和影响力遍及全国的品牌。

地区品牌，是在国内某一地区或某几个地区经营的品牌，仅在所经营的地区有一定的影响力和分销网络。

（二）按品牌经营者的特征划分

按品牌经营者的特征可分为制造商品牌、设计师品牌和零售商品牌。其中，设计师品牌是服装业中比较独特的品牌。

制造商品牌一般将公司名称用于自己的产品，作为产品的品牌名称，并通过品牌标识的设计和应用，使消费者和中间商易于区别，其生产销售能力和信誉成为中间商和消费者选择产品的重要依据。

设计师品牌是以知名设计师领衔经营的品牌，品牌名称也多以创牌时的设计师姓名命名，如皮尔·卡丹（Pierre Cardin）等，也有以设计师为主导，但不以设计师姓名命名的品牌，如例外品牌的设计师为国内知名的设计师马可，吉芬品牌的设计师为谢锋等。

零售商品牌是由大型零售商拥有，并由特定的零售渠道经营的品牌，也称为自有品牌，如英国的马莎。我国目前的服装品牌绝大多数是制造商品牌，设计师品牌从 20 世纪 90 年代开始出现，经过近 20 年的发展，已经形成一批在国内甚至国际市场有影响力的品牌，如例外、吉芬、素然、卡宾等。由于我国特定的商业环境，虽然有些大型百货商店也有自己的品牌，但就影响力和经营状况来看非常有限。

（三）按品牌面向的消费者群或服装的类别划分

男装品牌、女装品牌、童装品牌、运动装品牌、休闲装品牌、户外品牌、内衣品牌等。国际知名的男装品牌，如杰尼亚（Zegna）、登喜路（Alfred Dunhill）、雨果博斯（HUGO BOSS）、都彭（Dupont）等，其面向高端成功男性，产品涵盖男士正装、商务休闲、箱包鞋等男士系列服装服饰品。国内的男装品牌，如雅戈尔、七匹狼、依文、报喜鸟等经过 20 多年的发展，也日益成熟，在中高档市场上表现出色。

第二节　建立服装品牌价值

一、确立品牌定位

创建品牌的第一步是要对品牌进行定位，本节则结合品牌创建和经营运作，分析品牌定位的目标、原则、策略和方法等。

（一）品牌定位的目标和原则

定位是指设计公司的产品和形象，使其在目标市场消费者心目中占据独特位置的一种行为。其目标是将品牌留在消费者心中，以实现公司的潜在利益最大化。品牌定位从根本上决定着品牌的其他重要决策，如产品设计开发、定价、渠道选择和营销传播等。一个显而易见的例子是，如果一家服装公司将其品牌定位为高端品牌，则要聘请优秀的设计师或团队进行产品设计，采用优质的面辅料，保证产品的高品质，选择与品牌和产品相匹配的商场或购物中心进行销售，选择相匹配的媒体进行品牌传播，目的是要获得高端消费者群的关注和兴趣，从而能够以高价格销售。

对于服装企业而言，由于产品随季节、消费者偏好和流行趋势等因素的影响而快速变化，品牌定位则更为重要。品牌定位不仅要"立足于现实"，还要成为"未来的起点"，所以品牌定位应具有持续性和稳定性，保证品牌形象、个性和风格等不受季节、销售波动和流行趋势的影响，使产品整体风格和特征保持前后的连贯性，同时又能适应季节、消费者偏好变化和流行趋势。

服装品牌定位时，应遵循以下原则。

1. 以目标消费者为中心

品牌定位是为在消费者心目中占据独特的位置，在品牌定位时应将品牌利益与目标消费者的心理需求结合起来，以使定位符合目标消费者的需求。

2. 从企业内外部环境和资源出发

品牌定位需要考虑企业所处的外部环境，如经济、社会文化等发展水平及趋势，特别是企业所处的竞争环境及趋势对定位会产生重要影响。企业的规模、发展阶段、管理水平和资源等也会对品牌定位产生影响。如品牌定位为高品质的企业，却缺乏提供高品质产品的能力，这样的定位不可能成功。

3. 寻求差异化

差异化是品牌定位的关键所在。任何一个品牌的定位，其目的都是要在目标消费者心中留下独特的印象。定位是与竞争者争夺消费者的战争。因此，寻求与竞争者的差异化因素是定位成功与否的关键。

4. 符合产品自身特点

产品是品牌的载体。品牌定位还需要结合产品的特点、属性和使用价值等来考虑。服装品牌可以以时尚、商务或休闲等方向进行品牌定位，也可以用奢华或简约、舒适或耐穿等风格进行定位。但在参照产品进行定位时，应为以后的品牌延伸留有余地。

（二）竞争分析和差异化策略

1. 识别和分析竞争者

对服装品牌而言，识别竞争者的最直接的方法就是看其是否面对相同的消费者群并经营相同的产品品类。采用这一方法识别竞争者并不困难。美特斯·邦威将森马看作竞争对手，它们都面对年轻消费者群体销售休闲装。此外，竞争不仅发生在为相同目标消费者提供类似产品的层面。公司还可以从行业和市场层面定义竞争者和竞争的性质。从行业层面看，森马则面临着已进入中国市场的国际快时尚品牌和提供类似产品的互联网 B2C 品牌等的竞争，还有那些有可能进入中国市场的国际休闲装品牌的竞争。

从市场需求看，竞争者可定义为"能满足相同消费者需求的公司"。这提示企业在有些情况下不能用品类和行业术语来定义竞争。追求"苗条体态"是许多女性梦寐以求的愿望，对于想要"苗条"的女性来说，满足这一需求的方式有许多种，如减肥药品和食品、健身、节食、医疗手术、整形内衣等。婷美内衣在刚推出时，为避开与其他女性内衣的竞争，将其整形内衣定位为保健用品，并打出"美体修形、一穿就变"的广告，在短期内获得巨大成功。然而，整形内衣的作用只是使穿着者看起来"苗条"，并不能真正起到减肥的作用。而且由于整形内衣的压迫，穿着并不舒适，婷美内衣在经历短暂的火爆之后，便迅速衰退。

在识别竞争者的基础上，公司有必要对主要竞争者进行深入分析，以确定品牌在竞争中的地位。竞争分析要求企业收集主要竞争者的优势和劣势的信息。公司可以通过消费者调查，了解目标消费者对主要竞争者在关键成功因素上的评级，以此指导品牌定位。

2. 选择差异点和共同点

企业在确定目标消费者和竞争者的基础上，完成品牌定位还需要与主要竞争对手比较，建立适当的品牌异同点及相应的品牌联想。

差异点是指消费者与品牌相关联的属性和利益，消费者对这些属性和利益有积极、正面的评价，并且相信竞争者品牌无法达到相同的程度。成为一个差异点取决于三个标准——称心性、可交付和区分性。称心性是指差异点要令消费者感到可信、有说服力，如路易·威登（Louis Vuitton）的箱包声称经久耐用，源自对材质的苛求和精细的工艺；可交付要求公司有足够的资源和能力去创造并维持消费者心目中的品牌联想且获得盈利，面对快速变化的时尚环境，服装品牌要保持持续性的定位面临诸多困难；区分性是显而易见的，即消费者必须觉得该品牌联想比竞争者的更特别、更优良。

共同点是那些对品牌来说并不独特，实际上可能与其他品牌共享的一些联想。这些联想的类型有两种基本形式：品类和竞争性。按照心理学的认知图式理论，消费者会对一个产品类别形成一个图式或一系列的预期。换言之，消费者在看到一个新品牌时会根据其产品或其他信息将品牌归类。建立品类共同点可以使消费者清楚品牌所属的产品类别。设计竞争性共同点的目的是希望克服在消费者看来可能是品牌的弱点，并能抵消竞争对手的差异点。例如，一家本土服装企业为与国际服装品牌竞争，可以通过名称、标识等设计使品牌看上去更国际化，同时在面料、款式设计和产品品质等方面不比国际品牌差，用较低的价格或更贴心的服务获得差异化的竞争优势。

3. 基于产品的差异化定位

对服装品牌而言，从产品角度可供选择的差异化因素主要有特色、品质、风格、式样、材质、规格、板型、服用性能、设计等，这些因素可以作为品牌定位的基础。

①特色：是指对产品的基本功能的某些增补。如羽绒服的基本功能是防寒，在此基础上，为便于洗涤保养可采用"活里活面"结构。在缺乏技术壁垒的情况下，特色易于被模仿和复制。

②品质：是消费者在选购服装时会比较不同品牌的服装在品质上的差异，如面料的质地、做工的精细程度等。高品质的服装需要严格的工艺设计和生产质量控制，并通过有效的传播策略，引起目标消费者的注意和认知。

③风格和式样：服装的风格或式样都能在消费者视觉和感觉上产生某种效果。企业需要决定提供给市场的产品的整体风格，这也称为风格定位，如时尚或保守、现代或传统、都市或乡村、正式或休闲等。

④材质：是指面辅料的外观和质感，如粗犷的、细腻的、丰满的、单薄的等。质地不同的面辅料，外观感觉不同。材质也是服装品牌差异化的重要因素。

⑤规格和板型：服装企业需要决定向市场提供多少规格的产品，较少的规格可以降低生产和分销成本，但可能导致一部分消费者买不到合体的服装。有的品牌则提供大量的规

格，以满足更多消费者的需求。

⑥服用性能：与多种因素有关，如面辅料、品质、规格和板型等。例如，内衣穿着舒适性很重要，对面辅料、规格和板型的合体性要求都很高。外衣的耐洗涤性能常常是消费者重视的因素，现在的很多产品都具备洗可穿或机洗的性能。

⑦设计：是一种综合性要素，随着竞争的强化，设计将能提供一种强有力的方法以使公司的产品和服务差异化。设计是从消费者要求出发，能影响一个产品外观和性能的全部特征组合。从消费者的观点看，设计良好的服装应该是看上去令人愉快的，并能够满足自我表现欲望，同时又易于穿着和搭配，也容易保养和洗涤。

二、选择品牌元素

品牌元素是那些用以识别和区分品牌的商标设计。主要的品牌元素包括品牌名称、品牌标识和符号、形象代表、品牌口号、品牌故事、域名等。品牌元素是创建品牌不可或缺的部分，并且对品牌的认知、偏好和独特形象的建立起着重要作用。各品牌元素在建立品牌识别时相互关联和相互影响，在选择品牌元素时应注意各元素的一致性，能够相互支持，并能方便地应用到品牌及营销方案的其他方面。

选择品牌元素的六个标准：可记忆性、有意义性、可爱性、可转换性、可适应性和可保护性。前三个标准是创建品牌资产的攻击性战略，后三个标准是在提升和保持品牌资产面临不同的机遇和限制时的防御性战略。显然，这六条标准对服装品牌元素的选择也同样具有指导意义。

（一）品牌名称

品牌名称是品牌的核心要素，是形成品牌概念和联想的基础。服装品牌名称的命名方式多种多样，大多数公司用公司名称作为产品品牌，也有以设计师或创建者的姓名作为产品品牌。

公司在确定品牌名称时，除要考虑与产品有关的因素外，还必须顾及语言文化及法律等因素。以下原则对确定品牌名称有一定帮助。

1. 易读、易记和易识别

易读、易记是对品牌名称最基本的要求，品牌名称只有易读、易记，才能高效地发挥它的识别功能和传播功能。因此，品牌名称应单纯、简洁、明快，易与消费者进行信息交流，而且名字越短，就越有可能引起消费者的联想，含义更丰富。绝大多数知名度高的品牌名称都非常简洁，这些名称多为三个音节，如杉杉、金利来等。

2. 能启发良好联想

品牌名称要与产品特色或目标消费者有一定联系。如白领服饰暗示该品牌的目标消费者及产品的品质档次。爱慕有喜爱、倾慕、向往的含义，而爱慕的法文名称 Aimer 不仅在发音上与爱慕相近，而且在法文中也是爱和喜欢的意思。美婷芳（Maidform）是美国著名的女性服装公司创立的女性内衣知名品牌，Maidform 有少女风姿的含义，意为穿上美婷芳，不仅美丽动人，而且亭亭玉立、高雅芬芳。这个中文名字既谐音又切意。此外，品牌名称要有气魄、起点高，具备冲击力及浓厚感情色彩，给人以震撼力。

3. 与众不同，富有特色

品牌名称应与众不同，富有特色，能引起丰富的、具有积极意义的联想。如广州状态服饰公司的例外品牌，其英文标识字母采用反着写的形式，既显得与众不同，又能使人联想到其鲜明的设计风格。

由于服装细分行业或产品的不同，品牌名称还应考虑目标消费者和产品的特点。如户外服装品牌探路者就很好地契合户外产品的特点，小猪班纳、派克兰帝、水孩儿、青蛙王子等品牌则具有明显的童趣，适合做童装品牌。

品牌名称一旦确定，要想更改非常困难。所以选择品牌名称时，公司需要慎重考虑品牌当前的产品品类和未来的发展，这就涉及品牌名称的可转换性和可适应性问题。有些名称有明显的性别色彩，如七匹狼、劲霸、新郎等名称男性化特征明显，就不太适合向女装延伸；而像安莉芳、黛安芬、艺之卉等名称则女性化特征明显，适合作为女性内衣或女装的品牌名称，而要向男式内衣或男装延伸则会很困难；显然上述的童装品牌也很难延伸到成人服装；而偏中性化的名称则适应面较广，如真维斯、佐丹奴、美特斯·邦威、安踏等大多数休闲服和运动服品牌既经营男装也经营女装。如果公司希望将来品牌有更大的扩展范围，则中性化的名称或无明确含义的名称（如用英文字母组合）可能更加适合。

（二）品牌标识和符号

品牌标识和符号可以为品牌建立起易于识别的视觉形象，更好地传递品牌的内涵，对消费者产生丰富的品牌联想和偏好有着积极作用。品牌标识与符号通过字体、图案、色彩等的设计和组合，给消费者造成视觉上的冲击和影响，并与竞争者相区别。品牌标识和符号的设计是服装品牌创建或更新时的一项重要工作，也是企业或品牌视觉形象识别系统的核心内容。

在品牌标识与符号的设计使用上，有些企业仅品牌名称采用固定的字体和颜色表示，其特点是简洁、单一、易于识别，传播成本较低；还有些企业将品牌名称图案化，使用经过设计的字体，增加美感、突出个性；企业也可以从品牌名称中选取一个字母或采用缩写加以设计作为品牌标识；还有一些企业在品牌标识设计时除名称外，会设计专门的图案，与名称组合在一起使用或单独使用。另外在标识设计和应用时，还需确定外文名称（汉语拼音）与中文名称是独立使用还是二者组合使用。

品牌标识和符号有如下优点：

①易于辨认：好的标识是识别产品的有效方式。

②多样性：由于标识往往是非语言的，因此能在不同文化和品类之间较好进行转换。

③简洁性：当难以使用品牌全名或名称拼读困难时，标识就显示出它的优越之处。

④易于修改：标识可以根据品牌或企业发展需要进行修改，使其始终跟上时代的步伐。

品牌标识与符号的设计要简洁，易于记忆和识别；富有美感，能启发美好的联想；与产品类别和定位一致；新颖独特和有个性。与品牌名称同样，标识设计也要考虑目标消费者和产品类别的特点，这是由于线条、图案和色彩等都隐含着性别、年龄或其他更丰富的联想。作为女性的内衣，爱慕品牌标识富有曲线感、柔和漂亮，采用玫红色，女性化色彩浓厚；在推出爱慕先生，即男士内衣品牌时，标识设计则采用硬朗的字体，突出男性的阳刚。童装品牌则大多用活泼可爱的卡通动物或人物作为品牌的标识，如小猪班纳是一只可爱的小猪。此外，由于品牌标识与符号作为品牌视觉识别系统最主要的元素，通常要应用于企业或品牌识别的其他部分，如店铺、广告、宣传册、包装、标签和企业内部的信封、信纸等办公用品上都会用到品牌标识与符号，有些企业还会将标识用于产品本身，如绣或印在衣服的胸部，奢侈品品牌路易·威登等则将其标识直接用于产品的面料设计上。因此，设计标识时要考虑其在不同场合的适用性。

（三）其他品牌元素的选择

品牌名称和标识是两个最重要的品牌元素。其他品牌元素，如品牌形象代表、品牌口号、品牌故事等对品牌的创建与发展也有着不可忽视的作用。

1. 品牌形象代表

形象代表可以看作品牌符号的一个特殊类型，往往取材于人类本身或现实生活。形象代表在童装品牌中使用较为普遍，最常用的是人物或动物的卡通形象，如派克兰帝的形象代表是一条鱼，小猪班纳的形象代表是一只可爱的小猪等。成人服装品牌使用形象代表的例子较少，如七匹狼用狼作为形象代表，用狼的传奇故事演绎男人的成功。形象代表往往色彩丰富、充满想象力，对建立品牌认知作用明显。形象代表的人性元素能增强品牌的可爱性，并且能建立消费者对品牌乐趣方面的感知。另外，由于品牌形象代表不直接指代产品，因而能方便地跨越品类。如迪士尼（Disney）的米奇被延伸至杂志、玩具、童装等许多产品领域。

2. 品牌口号

品牌口号是用来传递有关品牌的描述性或说服性信息的短语。品牌口号通常出现在广告和品牌宣传手册中，也会在店面、包装和营销方案中应用。许多运动服装品牌的口号能很好地诠释挑战极限、释放潜能和超越自我的运动精神，因而在目标消费者中产生广泛共鸣。由此可见，品牌口号是品牌宣传的有力方式，它与品牌名称一样，能迅速有效地建立品牌资产。

3. 品牌故事

服装品牌常采用讲述品牌故事的形式诠释品牌定位或加强消费者对品牌的认知。男装品牌依文运用情感营销，讲述一个"尝试幸福、苦难、荣誉之后绝不放弃未来生活的男人"的故事，依文弱化职场英雄的概念，强调男人有感情、有责任，平凡当中彰显出伟大。深圳的女装品牌艺之卉则用鱼的故事演绎品牌文化，鱼优雅、大气、灵动、内敛的形象，对自然、自我、自由的追求，孜孜不倦的态度，感知压力、又见悠然的状态，与艺之卉品牌形象及其价值和理念追求不谋而合，鱼文化成为艺之卉品牌文化生动形象、凝练精辟的注释。

三、塑造品牌形象

（一）品牌形象的定义

服装品牌形象具有一般品牌的特性，即视觉识别、企业意识的表达、消费者认知、品牌象征意义等。同时服装品牌还具有自身的特点，服装产品的特性强化了品牌识别功能，特别是体现在一些已经建立高知名度的品牌，品牌标识作为设计的元素完全融入服装产品本身。在心理层面上，服装是与消费者关系最为密切的产品，常被看作是自我的一部分或自我的延伸，服装品牌形象与消费者的自我概念和形象关系密切，并对消费者偏好和购买行为产生很大影响。

（二）品牌形象的特征与维度

品牌形象是一个多维度的概念，在不同的情况下会呈现出不同的形象。品牌形象有如下特征：

①多维组合性：品牌形象由多种特性组成，而不是单维的或由两三个指标构成。

②复杂多样性：源于消费者个体差异、企业和产品信息传播差异等，造成消费者对品牌和产品的认知、理解及使用情况不一样，从而使品牌形象在不同时间和地点呈现多样性的特征。

③相对稳定性：品牌形象在相对较长的一段时间内会保持其稳定性。符合消费者愿望的品牌理念、优质的产品和服务等是保持品牌形象稳定的必要条件。

④可塑性：通过企业的努力，可以按照企业的意图建立品牌形象，改造原有的品牌形象，增加品牌内涵，甚至重塑品牌形象的特征。

⑤易碎性：在特定条件下，不管事件的大小，都有可能迅速地改变原有的品牌形象。

由于品牌形象的复杂性和不易测量性，不同研究者通过建立分析模型的方式，对品牌形象进行研究。其中影响力较大的有艾克模型（Aaker Model）和贝尔模型（Biel Model）。艾克模型是在品牌形象基础上的品牌权益模型。该模型认为品牌权益包括品牌知晓度、品牌忠诚、品牌联想以及品牌的感知质量和其他独占的品牌资产。

（三）服装品牌形象塑造的途径

1. 通过产品创新塑造品牌形象

受流行趋势和消费者偏好的影响，服装具有快速变化的特点。服装品牌要保持在目标消费者心目中的新鲜感和时尚感，就需要通过设计创新不断推出新样式和新产品，引领时尚潮流，满足消费者"求新""求异"的需要，塑造"充满活力"的品牌形象。如快时尚品牌以多品种、小批量、短周期的产品更新获得消费者的认可。

在消费者越来越追求生活质量的背景下，服装企业还应加大产品的技术创新，为消费者提供高品质的舒适产品，通过协调服装材质、色彩、图案和款式等设计要素，满足消费者对自身形象美的追求。

　　为保持品牌形象的前后一致性，在产品创新时，企业应注意保持整体品牌和产品风格的完整性、连续性和稳定性。这是因为风格与品牌定位有关，风格的变化，会影响消费者对已经建立起的品牌形象的感知。

　　2.通过消费体验塑造品牌形象

　　消费者的消费体验对品牌形象有重要影响。在购买过程中，导购人员的素养、形象、专业知识、服务态度、店铺的氛围和秩序，甚至试衣间的状况都会给消费者带来直接的感受。这种感受会影响消费者对品牌和公司的评价。而对于通过互联网经营的服装品牌，网页设计、产品介绍、服务态度、送退换货等都会影响消费者的消费体验。因此，服装企业要通过培训员工、提升服务质量、营造良好的购物环境和氛围等方式，不断改进消费者的购物体验，提升消费者对品牌的良好感知。

　　3.通过视觉传达塑造品牌形象

　　品牌形象不是公司或产品本身所固有的东西，而是在传播互动中经过较长的一段时间才能逐渐形成。品牌形象是多种信息的综合，从形成到发展，都是随着信息的共享和传播而完成。而通过品牌视觉形象设计和传达是与消费者共享品牌信息的有效手段，也是塑造服装品牌形象的重要途径。

　　消费者对品牌的感知和联想很大程度上来自品牌的视觉形象。品牌视觉形象源自品牌定位和品牌元素的选择，通过整合营销传播手段，如广告、公共关系、分销渠道、互联网络、标识设计、店铺装修和橱窗陈列等向目标消费者传达，以便在消费者心中形成独特的品牌联想和感知。因此，企业要认真研究目标消费者与品牌或产品的接触点和接触方式，设计统一的品牌沟通方案，整合各种传播资源，以便获得企业所期待的传播和沟通效果。如白领品牌通过机场的广告牌、高端时尚杂志广告和生活方式店铺的设计，传达品牌"为生活而设计"的理念。

　　4.通过企业文化塑造品牌形象

　　品牌所属企业的规模、历史、实力和文化等有助于品牌形象的建立。诸如企业的设计创新、对质量的追求、对环境的关注等组织属性是由员工、文化、价值观和企业规划所创造的。与产品属性相比，组织属性更持久和稳定，也更具有竞争力。规模大的企业给消费者更可靠、更有实力的感觉，显然一个全球性的服装品牌对消费者有更大的影响力，而历史悠久的企业则具有更丰富的经验和文化积淀，可以增加产品和品牌的可信度，使消费者产生钦佩、尊重或喜欢的感觉，继而可以形成情感依赖或者自我表达的诉求。如法国、意大利的一些历史悠久的奢侈品品牌，至今依然保持着难以逾越的高端品牌形象。历史悠久有时也会造成"过时"或"保守"的印象，因此，品牌就需要将历史感融入现代时尚，通过创新塑造品牌形象。

　　5.通过市场表现塑造品牌形象

　　品牌的市场表现会影响品牌形象塑造，市场表现好、占有率高则会有更高的品牌知名度和影响力，可能会受到更多消费者的偏好和喜爱。在我国现有的实体零售模式下，通常零售商（百货商场）会给予市场销售业绩好、知名度高的服装品牌更好的店面位置，更优惠的进驻条件，并提供更多的促销支持。这些更有利于品牌的形象塑造和业绩的提升。许多知名品牌通常不用参与商场的打折促销活动，进一步巩固了品牌在消费者心目中的地位。有研究表明，经常性的打折促销会在消费者中形成负面的评价，从而损害品牌形象。2000年前后爱慕为提升品牌形象，通过产品设计、品质和价格的提升，重新设计品牌标识和店铺形象，成功摆脱女性内衣市场的价格战漩涡，此后一直坚持产品的正价销售，连续多年获得女性内衣市场销售第一的好成绩，成功塑造中国女性内衣首选品牌的形象。

6. 通过象征符号塑造品牌形象

品牌理念、品牌精神以及象征品牌内涵的符号对品牌形象的塑造同样具有重要作用。企业可以用"品牌精粹"来表达品牌的核心精神。品牌精粹很短，通常用 3～5 个单词的短语表现品牌内涵的精要以及品牌定位和品牌价值精神。品牌精粹对于凝聚公司员工、合作伙伴共同为消费者提供优质产品和服务提供参照框架。

（四）品牌形象与品牌个性

服装可以看作是自我的延伸，人们穿着服装的一大动机就是希望能表现自己的个性，展示自身的魅力，而我们也可以通过一个人的穿着打扮推测其个性、爱好和其他特征，这其中服装品牌有着重要的作用和影响。服装的可视性、象征性和自我表达等特点，使品牌具有更显著的品牌个性和人格特征。

品牌个性，又称为品牌人格，是基于心理学的人格理论提出来的。品牌个性理论认为不同的品牌如同不同的人一样，有其个性或人格。品牌个性是品牌形象（品牌表现、品牌个性、公司形象）的重要构成维度。

服装品牌个性对服装品牌形象的塑造具有重要作用和影响。因此，服装企业需要深入研究和调查，从品牌个性的视角，了解品牌在目标消费者心目中的感知和评价，为品牌进行个性化定位和传播。

四、凝练品牌文化

（一）文化与品牌文化

随着人类社会的发展，文化的内涵和表现形式日益丰富和多元化。几乎任何和人类生活相关的事物和现象都可以冠以"文化"，如服饰文化、饮食文化、青少年文化、精英文化、消费文化等。在工商业和市场日益成熟的现代社会，企业文化、组织文化、品牌文化等越来越受社会和企业的关注。其中，品牌文化建设成为企业打造强势品牌时不可忽视的重要内容。

品牌文化的界定离不开对文化概念的理解。品牌文化可以看作是品牌在创建和发展过程中积淀和凝聚在品牌的产品、服务和形象上的文化内涵的总和。产品、服务和形象等是品牌文化的载体，品牌文化内涵的核心则是品牌理念、品牌愿景和品牌使命等。

（二）服装品牌文化的特征

服装本身就是一种文化表现。因此，服装品牌文化既有与一般品牌文化共有的特点，也具有自身的一些特点。

1. 关联性

品牌文化与企业文化密不可分。企业文化是企业形成的共同遵守的价值观、信念和行为方式的总和，集中体现企业经营管理的核心主张以及由此产生的组织行为。企业文化与品牌文化都不能脱离公司的产品和经营，都要服务于企业的发展，其核心含义一致或者相通。企业文化是指向企业内部，具有内部的凝聚作用。而品牌文化面向消费者和社会公众，可以看作是企业文化的向外延伸或是企业文化在品牌上的体现。

2. 传承性

品牌文化在经营过程中不断积淀和完善。一个品牌的文化内涵和特征不是短时间内可以形成的，需要在长期发展过程中不断积累、塑造和提炼。那些历史悠久的服装品牌才有可能具有令人向往的传奇故事。那些享誉世界的奢侈品品牌和服装品牌，许多都有几十年甚至上百年的历史，其所传承下来的特质、品位、风格和象征意义，至今仍是消费者喜爱和购买的原因。

3. 共享性

品牌文化是企业与目标消费者共同享有的，品牌文化以品牌个性、品牌精神的塑造和推广为核心，使品牌具备文化特征和人文内涵，并通过优质的产品和服务、合理的价格以及有效的整合营销传播手段等使消费者乃至社会公众对品牌产生认同感和心理上的共鸣，形成忠诚的消费者群体。最理想的情况是消费者将品牌看作是自我的一部分，并能将这种体验与其他消费者分享。

4. 时尚性

无论是品牌的文化内涵还是表现形式，都要跟上时代发展的步伐。对服装品牌而言更是如此，服装本身就代表着时尚，是消费者时尚生活方式的直接体现。因此，无论历史多么悠久的服装品牌，都需要在传承的同时，为品牌注入新的活力，引领时尚潮流。在这一点上，后发企业更有可能为品牌注入时尚活力，获得竞争优势。

5. 民族性

品牌文化受民族文化和国家文化的影响。品牌只有植根于其生长和发展的民族传统文化基础之上，注入民族和传统文化的精神内涵，才有可能塑造出品牌的独特特征，而一味追随国外品牌，则难以获得持续竞争力。尤其服装品牌，在建立和设计创新过程中传承优秀的传统服饰文化，并与现代时尚相结合，这对品牌文化内涵的塑造有着重要意义。日本服装设计师的崛起，就是由于在其创意设计中充分吸收日本传统文化的元素，因而获得世界的关注。法国服装品牌的优雅浪漫，英国服装品牌的典雅质朴，意大利服装品牌的精炼简约，美国服装品牌的简洁实用，日本服装品牌的端庄细腻等都体现着不同国家和民族文化的典型特征。

6. 象征性

消费者对品牌的狂热追随和崇拜，是基于品牌的象征性意义。服装品牌本身就是一种符号，象征穿着者的社会地位、身份、兴趣、爱好和态度等。服装品牌的象征性意义与消费者的自我概念、情感表达和自我表现的欲望密切相关，在某种程度上超越产品、历史和其他因素，具有更加持久的特征。因此，塑造品牌的象征性意义对品牌文化建设至关重要。

（三）服装品牌文化的凝练

服装品牌文化集中体现在品牌的产品、服务、形象和价值体系中，是在品牌经营过程中逐渐积淀形成的。爱慕品牌文化的创建过程就代表了服装品牌文化凝练的主要方面，对服装品牌的文化建设极具启发和借鉴意义。

五、创建品牌资产

（一）品牌资产定义

品牌资产也称为品牌权益，是 20 世纪 80 年代在营销研究和实践领域出现的一个重要概念。品牌资产模型包括五个部分：品牌忠诚度、品牌知名度、感知质量、品牌联想和其他品牌专属资产。只有当品牌拥有积极的基于消费者的品牌资产时，才可能在市场竞争中取得优势。创建品牌资产的目的，就是提升品牌地位、打造强势品牌。

（二）品牌资产形成的条件

基于消费者的品牌资产是以品牌名称为核心的联想网络，即品牌在消费者心中的意义。品牌的意义首先来自品牌名称的含义，并在此基础上，通过营销活动和产品购买、使用这两种途径积累而成。

1. 品牌命名是品牌资产形成的前提

品牌命名就是赋予产品一个独特的名称。一种产品如果没有品牌名称，就无法形成消费者的差异化反应和联想。品牌名称还会影响品牌知识的发展。品牌知识由与品牌相关的全部想法、感觉形象、经验、信仰组成。所以，品牌命名是品牌资产形成的前提。其他品牌元素（品牌标识和符号、品牌口号、品牌故事等）对品牌资产的形成也起着重要作用。

2. 营销策略是品牌资产形成的保障

仅有品牌名称而没有相应的营销策略，无法建立品牌，品牌资产也无法形成。营销策略的核心目标是突出品牌的独特性和定位，向目标消费者传递品牌形象和价值，从而提高品牌的知名度、偏好度和忠诚度，使消费者对品牌产生企业所期待的差异化感知和反应。因此，有效的营销策略和沟通计划是建立品牌资产的保障。

3. 消费者反应是品牌资产形成的关键

品牌名称和营销策略如果不能打动消费者，不能引起消费者对品牌的积极反应和体验，品牌资产也难以形成，或者只能形成消极的品牌资产。良好的消费者体验对品牌资产形成的重要性体现在以下两个方面：第一，强化或修正基于营销传播建立起来的联想；第二，形成更丰富、更积极的品牌联想。

（三）品牌资产的创建

积极的品牌资产可以为品牌和企业带来丰厚的收益和强大的竞争优势。所以，创建品牌资产就成为企业战略的核心目标。前面所述的品牌定位、品牌元素、品牌形象和品牌文化等最终都需要进入目标消费者的大脑，成为其记忆或认知结构的一部分，从而获得消费者对品牌的认可和积极反应，才能建立起基于消费者的品牌资产。以下则重点讨论品牌知名度和偏好度、感知质量、品牌忠诚度、品牌联想和共鸣在品牌资产创建中的作用。

1. 建立品牌认知度和偏好度

品牌认知度是建立品牌资产的重要内容。品牌认知是在不同情形下消费者回忆和再认出该品牌的能力，并在记忆中将品牌名称、标识、符号等元素与具体品牌联想联系起来。品牌认知度是品牌联想赖以存在的基础，也是实力的象征，可能导致消费者由于熟悉而产生偏好，进而尝试购买的意愿。因此，认知度可以为品牌创造价值。

品牌偏好是指消费者对品牌的喜欢程度，可以看作是消费者购买意愿的指标。在营销实践中，可以用品牌认知度和品牌相对偏好度衡量品牌的市场地位。品牌相对偏好度是指在知道品牌的消费者中喜欢该品牌的人数比例。

建立品牌认知度，首先，要为品牌起一个独特且易于记忆和识别的品牌名称，并通过品牌标识和其他品牌元素的设计强化品牌识别能力；其次，通过整合营销传播手段，使品牌名称、标识等获得不断展露的机会，即产生所谓的"曝光效应"；再次，运用公关的手段和事件营销，引起目标消费者关注，强化品牌认知和联想；最后，通过合理的品牌延伸，用更多的产品和市场覆盖提升品牌认知。而要引起消费者的品牌偏好，除需要为品牌设计令人喜欢的名称、标识和故事等以外，还需要通过产品、服务和形象等满足消费者的情感需求，为消费者带来愉悦的使用体验。企业需要定期通过消费者调查，跟踪品牌认知度和偏好度的变化，适时调整和改进品牌的营销策略。

2. 建立感知质量

品牌本质上是经营者对产品和服务质量的承诺和保证。感知质量是消费者对某一品牌在质量上的整体印象和主观感受。感知质量不同于产品的真实质量或客观质量，尽管真实质量与感知质量有关，但面对两个真实质量完全相同的产品时，由于品牌的不同，消费者感知到的质量也可能会有很大差异。有时一个品牌的产品质量比另一个品牌低，但消费者仍然可能会认为那个品牌的质量更高或者差别不大。

消费者对质量的感知可能源于广告、口碑传播等，更直接的来自产品使用或服务体验。感知质量可以成为消费者购买或不购买一个品牌产品的理由，也是品牌差异化和定位的重要因素。感知质量高的品牌可以转化为品牌的高价优势，为企业和渠道成员创造更多利润，或为消费者带来物超所值的体验，提升消费者的忠诚度。此外，感知质量还有助于品牌延伸。感知质量可以通过以下方式建立：

①注重对质量的承诺：企业对质量的追求应该是长期的、细致的和无所不在的，决策

层必须认清其必要性并动员全体员工参与其中。

②创造一种对质量追求的文化：因为质量的要求不是单纯的，每个环节都很重要，所以最好的办法是创造出一种对质量追求的文化，让文化渗透每一个环节。

③加大消费者对质量的感知体验：特别是在产品同质化竞争中，通过质量——价格策略，建立"物有所值"或"物超所值"的形象；通过广告、口碑传播等提升消费者对品牌质量的信心和感知；跟踪和收集消费者对自身品牌和竞争品牌的质量感知和评价，及时调整营销策略。

④注重品质创新：创新是唯一能够变被动为主动，进而引导、教育消费者进行消费的做法。

3. 建立品牌忠诚度

品牌忠诚度是品牌资产的核心要素。如果消费者购买产品时，只考虑功能、价格等因素，而不关注品牌，这个品牌就没什么资产可言。反之，如果消费者将品牌作为购买时的首选或唯一考虑的因素，则说明品牌具有巨大的潜力与价值。品牌忠诚度可以直接转化为未来的销量，因而品牌忠诚度与未来收益密切相关。

品牌忠诚度的价值表现在以下方面：

①可以减少营销成本：因为培养一个新消费者要比维持一个老消费者花费更大的投入。

②起到交易杠杆的作用：使品牌处于对经销商有利的地位。

③有利于吸引新消费者：通过忠诚消费者的口碑传播和示范作用可以扩大品牌知名度，从而吸引更多消费者关注和购买。

④可有效应对竞争威胁：高度忠诚的消费者，不会轻易转换品牌，甚至会成为品牌的捍卫者，可为品牌抵御竞争赢得时间。

由于忠诚度是品牌资产的关键核心要素，建立并维持品牌忠诚度对品牌资产创建非常重要。巩固并提高品牌忠诚度可以从以下方面着手：

①正确对待和亲近消费者：服务是维系消费者忠诚的重要一环。对服装品牌而言，销售一线的员工对待消费者的方式会直接影响消费者的忠诚度。如白领要求导购不仅能认出老消费者，还要能叫出消费者的名字，这就会使消费者产生一种"宾至如归"的亲切感。做到这一点的关键是形成一种重视消费者的品牌文化，培训一支礼貌待客、尊重消费者的营销队伍。

②衡量并管理消费者满意度：品牌忠诚度是建立在消费者满意基础上的。因此，企业要建立衡量消费者满意度的标准和制度，及时、全面、细致地调查消费者的满意度，了解满意度变化的原因，据此改进产品和服务质量。

③给消费者一个不转换品牌的理由或提高消费者的转换成本：一种产品拥有差异性的附加价值越多，消费者的转移成本就越高。也可以通过推出新产品、适时更新广告来强化偏好度或提供额外服务等创造理由。

④提供多样化的产品选择或具有特定功能和风格的产品也是维系忠诚度的一种方法：

对服装品牌而言，在保持品牌风格和定位不变的前提下，每个季节设计开发大量的符合时尚潮流的款式供消费者选择是很重要的，这是由于消费者需要通过服装穿着体现个性和表达自我。服装品牌也可以针对目标消费者需求和偏好，持续提供具有特定功能或风格的产品，以满足老消费者的需要。

4. 建立品牌联想

品牌联想是指记忆中与品牌相联系的一切事物。强大的、差别化的和独特的品牌联想是品牌资产的重要保证。品牌联想是消费者通过与品牌长期接触形成的，它们反映消费者对品牌的认知、态度和情感，同时也预示着消费者或潜在消费者未来的行为倾向。品牌联想从总体上体现品牌形象，品牌形象可看作是各种品牌联想以某种有意义的方式组织在一起而形成。

品牌联想的类别和数量可以使企业了解品牌在消费者心目中所处的地位和意义。服装品牌联想可以从以下五个方面加以测量：

①品牌联想的总数量：指品牌名称激发的联想总数，它可以反映品牌认知度的高低和联想的强度。经过长期的宣传和推广，品牌在消费者头脑中形成一系列的联想。一般而言，联想越多，更易于从不同角度激发品牌的相关信息，增加被选购的可能性。

②与产品特性有关的联想：包括产品的必要组成部分以及产品特性，如功能、性能、质量、价格等。品牌不能脱离具体产品（包括服务）而存在，与产品特性有关的联想反映产品能够提供给消费者的功能性利益和好处，形成产品的卖点，构成消费者购买产品的基本原因。

③与产品特性无关的联想：包括什么类型的人在什么地方什么情况下使用该产品，该产品给消费者带来何种感觉和经验，品牌与其他竞争者区分开来的名称、词汇、符号、标志、设计或其他的组合等。与产品特性无关的联想在塑造品牌形象方面发挥着重要的作用。

④品牌个性：品牌可以呈现个性特色。消费者的品牌联想在某个具体品牌的联想中，有些是与其他品牌共有的，有些是特有的。品牌需要有某些共有的联想，以便分类。

⑤品牌的喜欢程度和评价：消费者对品牌的联想可以是正面的也可以是负面的。分析品牌联想的性质，可以判断消费者对品牌的评价和态度。

选择和创建品牌联想，需要企业在自我分析、竞争品牌的联想和目标消费者分析的基础上，确定哪些联想对品牌和消费者有价值，是可以与竞争者相区别的，消费者是如何感知的。如一个历史悠久的服装品牌，在希望消费者联想其悠久历史时，也可能使消费者产生负面联想，即消费者可能认为这一品牌是"过时的或保守的"。品牌联想的选择，可对品牌定位产生直接影响，即企业希望什么样的特征进入目标消费者的大脑，从而产生与竞争品牌差异化的联想。品牌联想是通过与品牌相关的事物创建，包括产品和服务的功能或利益，包装和分销渠道，品牌名称、标识、口号、故事等元素，品牌形象、品牌文化等，而广告宣传、公共关系、销售促进等是形成品牌联想的直接原因，同时在互联网时代，网络社区和口碑等对品牌联想的影响也不可忽视。

第三节　提升服装品牌价值

一、品牌战略概述

品牌战略是服装企业经营战略的重要组成部分，其目标是持续不断地提升服装品牌价值，以获得竞争优势。随着经营规模和业务范围的扩大，服装企业将面临一系列品牌战略决策，其中最重要的决策包括是采用单一品牌战略还是多品牌战略，是否要进行品牌延伸，如何实施品牌延伸战略。品牌创新也是服装品牌持续发展和提升竞争力的根本保证。

公司的品牌战略可用广度（品牌—产品关系及品牌延伸战略）和深度（产品—品牌关系及品牌组合或品牌分类）来度量。品牌战略的广度，反映出公司出售的品牌下不同产品的数目和性质。品牌战略的深度是指公司出售的品类中所营销的品牌的数量和性质。如果某个公司拥有多种品牌，并且其中许多种品牌已经延伸到多种品类，就可以认为这家公司的品牌战略既有深度又有广度。

二、单一品牌战略和多品牌战略

（一）单一品牌战略

单一品牌战略是整个公司的产品共同使用同一个品牌名称，也称为统一品牌名称战略。如皮尔·卡丹通过授权特许经营等方式将其品牌用到女装、男装、童装、皮具、饰品、家具等众多领域。单一品牌战略的优点如下：

①建立一个名牌可以带动一系列产品的销路，并可以显示企业的实力，提高企业的声誉，在消费者心目中树立更好的企业形象。

②可以利用已经获得成功的品牌推出新产品，消费者对新产品会产生良好的品牌联想，有利于新产品进入目标市场。

③企业只需集中力量运用各种广告形式宣传一个统一的品牌形象，可节约新品牌名称的设计以及市场调查工作，也不需为建立品牌名称认知和偏好而花费大量广告费。

采用单一品牌战略最大的缺点是如果出现产品质量等问题，会影响到整个品牌形象，也会波及其他产品的销售。如果不恰当地推出与品牌定位或形象不相符的产品，会有失去原有消费者的风险。

单一品牌战略的实施需要具备两个条件：一是品牌在市场上已经获得较高的知名度、美誉度和信誉。二是品牌下的各种产品在质量、风格、价格等方面与品牌定位和形象相符，能很好地满足目标消费者的需要。

单一品牌战略可以进一步分为产品线品牌战略、范围品牌战略和伞形品牌战略。

①产品线品牌战略：是一种局部的单一品牌战略。实行产品线品牌战略的企业赋予同

一产品线上的产品同一种品牌。金利来是一个产品线品牌战略较为典型的例子。在"金利来，男人的世界"定位下，产品包括皮带、皮包、T恤衫、运动套装、毛衣、西装、裤子、领带、皮鞋等男士服装和饰品。

②范围品牌战略：是一种跨产品线的单一品牌战略。实行范围品牌战略的企业对具有同等质量或功能的不同产品使用同一个品牌，产品虽然不同，但市场定位和承诺一致，因而使用同一品牌的所有产品具有共同的市场沟通主题。意大利的贝纳通（Benetton）品牌的宣传主题是"贝纳通的色彩世界"，强调人类和平，暗示产品适合不同肤色的消费者。贝纳通公司把自己生产的具有同等质量和档次、不同款式和颜色的男装、女装、童装等都冠以贝纳通这一品牌名称，成为一个具有全球影响力的服装品牌。

③伞形品牌战略：是一种完全的单一品牌战略。企业的所有产品均使用同一个品牌，而这些产品的目标市场和定位可能都不一样，产品宣传的创意和组织活动分别进行。

（二）多品牌战略

多品牌战略也称为个别品牌战略，是指企业同时经营两种或两种以上相互独立的品牌。公司可以使用没有明显关联的不同名称，即每种产品一个品牌，或同种产品不同质量标准采用不同品牌，也可以针对不同细分市场推出不同品牌。采用多品牌做法的主要原因是，为追求不同的价格细分市场、不同的分销渠道、不同的地理区域等。在许多情况下，由于公司不同的目标市场对某一品牌的偏好各不相同，公司有必要采取多品牌的做法。此外，还有增加店内货架陈列范围及提高零售商的依赖性，吸引那些追求多样化的消费者，增强公司的内部竞争，在广告、销售及分销等方面获得规模经济等原因。

多品牌战略是服装企业常采用的一种品牌战略。采用多品牌战略的优点如下：

①一种产品一个名称，不会将公司的声誉与某一产品品牌的成败相联系，一个品牌的产品失败，不会损及公司声誉。

②公司可以为每一种新产品或细分市场寻找最佳名称，使品牌更有针对性，符合目标市场的需求和偏好。

③可以显著扩大公司的市场覆盖面，公司可用多个品牌进入多个细分市场，满足公司发展的需要。

多品牌战略的缺点：建立新品牌花费巨大，需要企业有较强的实力，即使如此，也可能分散企业的资源；在竞争激烈的市场上，新品牌还冒着失败的风险，一旦失败将给企业带来不可挽回的损失；多品牌还可能造成公司内部各品牌之间冲突和争夺类似的消费者群，影响公司整体的业绩和形象。

因此，实施多品牌战略的企业除要具备较强的实力外，最重要的是要细致研究细分市场的需求、容量、竞争状况和获利能力，制订可行的营销策略和计划，保证公司市场份额最大化，这样才不会忽略那些潜在的消费者，同时要使品牌重叠最小化，以防止品牌在同一个消费者群体之间产生竞争。每一个品牌应有明晰的目标市场和准确的市场定位。

三、品牌延伸战略

（一）企业增长方式与品牌延伸

从战略角度考虑，服装企业在发展过程中主要有三种增长方式，即一体化增长、多元化增长和密集式增长。一体化增长是指企业向产业的上游或下游延伸，或者同时向上游和下游延伸。如雅戈尔公司将业务从男装向上延伸至纺织甚至棉花等原材料领域，向下延伸至零售市场，建立自己的直营专卖店。多元化增长是指企业将业务扩展至其他与主营业务不相关的领域。雅戈尔公司也是一家多元化经营的企业，其业务除服装、纺织、销售等相关业务外，还包括房地产和金融业务。大多数服装企业则主要在服装领域寻求业务的增长，即采用密集式增长方式。

1. 市场渗透战略

企业在现有市场上设法扩大现有品牌的市场份额。对服装企业来说，确保重点商场专柜或专卖店销售额的增长是一种重要的手段，这可通过扩大卖场面积、争取更好的位置、创造更舒适的购物环境、提供品质更好的产品和服务等来争取更多的忠诚消费者并吸引新消费者购买。实际上，品牌服装经营企业都非常重视专柜在商场的位置、产品陈列方式和服务。

2. 市场开发战略

企业通过进入新的地区、新的细分市场或开辟新的销售渠道来获得增长。服装企业很多都是在当地市场起步，取得成功后，便开始在新地区建立营销网络，以保持品牌的发展速度。一些经营效益比较好的企业已在大多数中心城市（一线市场）建立自己的销售网络，开始向中等城市（二线市场），小城市和城镇（三、四线市场）扩张。有些企业则已经向海外市场进军，开展国际化经营。企业也可通过品牌或产品线延伸，进入新的细分市场或分销渠道。

3. 产品开发战略

产品开发是获得增长的重要方式。金利来从领带开始，不断扩大产品品种，最终发展成为男士服装服饰系列及配套产品的著名品牌。由于服装市场的特点，新产品开发一直是服装企业最重要的活动。企业可通过增加服装品种和配套产品、采用新型面料辅料、针对不同消费者层设计、提供更多价位的产品、进行品牌形象重新定位等获得增长。

在上述战略中，新产品开发战略通常是公司获得长远发展的关键。从品牌战略的角度考虑，当公司推出一种新产品时，其品牌战略有三种方式可供选择：单独为新产品开发一个新品牌（多品牌战略），以某种方式使用现有的某个品牌，将新品牌与一个现有品牌结合使用。如果公司利用一个已建立的品牌推出新产品，这种做法就称为品牌延伸。如果新品牌与现有品牌结合使用，那么这一品牌延伸也称为子品牌，实施品牌延伸的现有品牌称为母品牌。如果母品牌通过品牌延伸已经与多种产品相联系，它还可以称为家族品牌。品牌延伸大致可分为两大类：产品线延伸与品类延伸。产品线延伸是指将母品牌应用于新产品，针对母品牌所在品类的新的产品细分市场；品类延伸是指将母品牌应用于另一个不同的品类。

（二）品牌延伸的优缺点

品牌延伸是一把双刃剑。应用得当，将推动品牌和公司的增长；运用错误，则将损害品牌形象，带来不可挽回的损失。

1. 品牌延伸的主要优点

①有利于新产品进入市场：服装市场的显著特点是受季节、需求变化和时尚流行的影响，款式、面辅料等更新快、周期短，品牌成为消费者选择服装时的重要依据或线索。因此，知名服装品牌稳定的市场地位和品质保证，有利于新款服装迅速进入市场，获得消费者的认可。

②有利于提升品牌形象：知名或受欢迎品牌的一大优势是，消费者形成对其品质的长期预期。与此相类似，对于品牌延伸，消费者也会根据他们对母品牌已掌握的信息以及他们认为该信息与新产品的相关程度，对新产品的结构和品质做出推断或形成预期，从而改善延伸品牌在消费者心目中的品牌形象。

③有利于减少消费者的风险感知：服装品牌既是品质的保证，也与消费者的自我表现和地位象征有密切关系。品牌本身就是消费者选择购买服装的重要因素。在消费者追求个性和时尚的今天，知名服装品牌不断推出的新款式和新品种，能为消费者带来良好的心理体验，可以降低消费者的社会心理风险，同时满足他们多样化的需求。

④有利于降低企业的经营成本：用已有品牌推出新产品可以提高促销费用的使用效率，降低产品导入及后续营销活动的成本，这是因为企业不需要同时为品牌和新产品建立认知度、进行营销宣传等活动，新产品可以与已有产品共享品牌资源。企业还可以节省为新产品创建新品牌的成本，创建新品牌的投入通常是巨大的，且面临着失败的风险。

⑤有利于为母品牌或公司提供反馈利益：品牌延伸有助于向消费者阐明品牌含义，界定其参与竞争的市场类型，从而改变消费者对品牌产品类别的固有印象。一些服装品牌开始只经营少数品类，通过品牌延伸成功扩大产品线，获得更广阔的市场空间。

2. 品牌延伸的主要缺点

①有可能损害母品牌形象：如果未经细致论证而盲目进行品牌延伸，则可能对已经建立起的品牌形象产生不利影响。例如，在市场上已建立起高端形象的服装品牌，如果向中档或中低档产品延伸，则可能引起高端消费者的不满而损坏品牌的高端形象。而且如果延伸产品中有一种产品出现缺陷或意想不到的问题时，也可能会使其他产品的形象受到损害。

②有可能会稀释母品牌个性：一个品牌取得成功的过程，就是消费者对企业所塑造的这一品牌的特定功用、质量、风格等特性产生的特定的心理定位的过程。当企业把品牌延伸到和原市场不相容或者毫不相干的产品上时，就有悖消费者的心理定位。如某些高端品牌通过授权将品牌延伸到许多关联性不大的领域和中低端市场，造成品牌定位的混乱，失去原有品牌的个性。

③有可能削弱母品牌的品类认同：将众多产品与单一品牌相关联的风险之一就是，可能使品牌与任一产品间的关联变得模糊。特别当消费者已经形成某一品牌的类别固着的印象时更是如此。换言之，就是当消费者已经将某一品牌与某类产品建立起紧密联系时，品牌延伸则可能削弱品牌的品类认同。

④可能错过开发新品牌的机会：以品牌延伸的形式推出新产品，可能会使公司放弃创建拥有自己独特形象和资产的新品牌的机会。对服装企业而言，将品牌延伸至新的细分市场时，不仅冒着失败风险，还会失去创建新品牌的机会。如一个中档服装品牌，当向高档服装延伸时，则可能面临这种情况。爱慕公司就是抓住当时国内高端女性内衣市场的空白，成功推出兰卡文品牌，而没有采用已经获得较高市场地位的爱慕品牌。

（三）服装品牌延伸管理

服装的特点是种类繁多、风格各异、易于变化，不同类别的服装对设计创意、工艺技术和营销方式的要求也各不相同。从市场的角度看，服装需求具有多样化、细分化的特征。从时尚产业的角度看，服装又是时尚产品的重要组成部分，与其他时尚产品有一定的关联度。这些特点，既为服装品牌向更广阔的产品类别延伸提供可能，也对品牌延伸战略的实施和管理带来挑战。

1. 服装产品体系和品牌延伸

服装品牌延伸与服装产品和市场体系的界定有关。从产品体系看，最基本的划分方法是将服装按性别和年龄分为男装、女装和童装，这种划分也可以看作是一种市场划分。进一步，女装又可以分为外衣和内衣（男装和童装亦然），继续划分下去外衣和内衣还可以分出更多品类。如果再将女性的服饰配件、箱包鞋帽、香水和化妆品等考虑在内，并同时考虑设计、风格、材质、生产工艺、号型、价格、品质、消费者生活方式等因素，女性服装服饰的分类将更为复杂和多样。实际上通常可以从价格和市场的角度，将服装分为高档、中高档、中档、中低档和低档五类。

上述产品和市场的分类，对品牌延伸具有一定的指导意义，即服装企业在品牌延伸时，需要决定向哪类产品延伸或向哪个市场延伸。

2. 服装品牌延伸的影响因素

影响服装品牌延伸是否成功的因素是多方面的，既有企业自身的因素，也有市场环境和消费者的因素。

（1）原品牌资产（包括认知度、品质、联想和忠诚度等）

有研究表明，如果某些品牌与特定产品类别的联系过于紧密，那么延伸力就弱。要使品牌延伸力提升，品牌结构要素要从产品、成本、专有技术等因素向利益、价值理念和自我体验等因素方向发展。否则，品牌延伸力将受到影响。

有人把品牌分为产品型、配方型、技术型、利益型、价值型五种类型，各类品牌的延伸能力不尽相同。价值型品牌以经营理念为核心特性，品牌延伸能力最强，以对消费者的利益承诺为核心特性的品牌居于其次，而代表技术诀窍或神秘配方的品牌延伸能力较差，一旦品牌成为一种产品的代名词，那它就几乎不可能向外延伸，如可口可乐。

服装行业几乎没有配方型品牌，也很少有技术型品牌。更多的是其他三种类型的品牌。其中，产品型品牌如果要进行延伸，必须先做好品牌务虚的文章。努力从以产品为诉求的品牌中提炼出价值，把产品型品牌升华为价值型品牌，当品牌强大到具备"价值"的时候，就可以进行延伸。拉尔夫·劳伦（Ralph Lauren）马球品牌以男装起家，后来为延伸需要，逐渐淡化马球手形象识别，提出"高品位的美国乡间俱乐部生活方式"，核心定位由产品品牌发展成价值品牌，顺利实现多品类、多品种的品牌宽度和长度的延伸。

一个品牌如果与某类产品已经建立起密切联系且深入人心，则会在消费者心目中形成品牌的品类固着，而影响品牌向其他产品领域的延伸。如金利来服装定位是"男人的世界"，旨在彰显男人尊贵高雅的气质，是男人身份地位的象征。后来金利来把品牌延伸到女装、女士皮具等一系列女士用品上，但在市场上并没有得到女士的认可。目前，国内一些服装企业着力宣传自己的品牌是某类产品的代表，虽然可以吸引对这类产品有需求的消费者，但也会为日后的品牌延伸形成障碍。

（2）品牌竞争力

品牌竞争力是品牌本身固有的，与竞争对手比较具有竞争优势。品牌竞争力与品牌的核心价值直接相关，它既是品牌资产价值的集中表现，又是一个品牌区别于其他品牌的核心特征。强势品牌延伸成功的概率会显著高于弱势品牌。这是由于强势品牌通常有更高的知名度和美誉度，当其向其他产品延伸时，会让消费者产生所谓"爱屋及乌"的"光环效应"。国际奢侈品品牌和高级服装品牌之所能将品牌延伸至众多产品领域，正是与其市场的强势地位有关。

（3）消费者的品牌联想

品牌联想是消费者记忆中与品牌相关联的所有事物。品牌联想源于企业的品牌传播、口碑和消费者的品牌体验。积极丰富的品牌联想，意味着品牌被消费者接受、认可和喜欢。正如前面的分析，消费者对品牌的联想也存在着从具体产品到抽象价值等不同层面的联想，如果消费者对一个品牌的联想大多数只停留在具体的产品层面，则难以向其他产品延伸，品牌延伸的成功与否很大程度上取决于消费者对于品牌的价值观和目标的联想的强烈程度。因此，服装企业在品牌延伸时，就需要调查了解消费者对品牌联想的性质和内容，联想的强度、偏好度和独特性。从而决定品牌延伸的方向以及延伸后的品牌传播策略。

（4）延伸产品与母品牌的适合度

品牌是否能成功延伸至某一产品领域，还与延伸产品与母品牌的适合度有关。适合度表现在两个方面：一是延伸产品与母品牌的相似性，相似性越高越易于推广，并被消费者接受。二是延伸产品与母品牌的关联度，主要指品牌原有形象与延伸产品形象之间的相关程度，相关程度大则延伸效果好。也就是只要延伸产品与消费者心目中原品牌概念一致，消费者就易于接受。由此可见，保持延伸产品与核心品牌的相似性是品牌延伸的基本要求。

（5）市场环境

市场容量、市场竞争程度等市场环境因素也会对品牌延伸产生有利的或不利的影响，并影响着品牌延伸的时机把握。延伸产品的市场容量大，既适于推出新品牌，也适于进行品牌延伸；若市场容量不够大，创建新品牌需要大量投入，所以更适合品牌延伸。当市场竞争激烈，或者已被几个品牌所控制和垄断，或者存在着较高的进入壁垒时，延伸较难成功。

（6）企业的品牌管理能力

品牌管理能力是保证品牌延伸成功的重要因素。品牌延伸时，企业的组织构架和品牌营销体系可能需要作相应调整，特别是当品牌延伸至不同细分市场或跨行业延伸时，由于所需要的营销策略、技术能力和专业人才等不同，就需要企业建立相配套的组织管理体系，以保障在统一品牌下，各产品市场的有效传播和营销活动的开展，以充分发挥品牌延伸的优势，使品牌延伸效果最大化，从而提升母品牌资产。

3. 服装品牌延伸策略

服装品牌延伸有三种主要形式：水平延伸、垂直延伸和跨行业延伸。

（1）水平延伸

水平延伸狭义上指在目标市场和价格水平保持不变的情况下，企业利用现有品牌推出与现有产品有较高关联度的品类，如经营女外套的品牌，可向裙装、衬衫、套装、礼服和晚装等延伸，这也是服装品牌最常见的延伸方式，也是最易于成功的延伸方式。广义上的水平延伸可看作是在大行业背景下的延伸，如延伸仍在服装行业内进行，但面对的消费者群发生变化，但产品档次和价格水平未变，如一个中档女装品牌向男装、童装等产品延伸，但仍然定位为中档。

服装品牌跨产品大类延伸时，可以只冠以母品牌名称，不用原有标识或其他元素。但多数情况下，这种策略存在着一定局限性。这是由于消费者群发生变化，如女装品牌延伸至男装，需要在新的消费者群中建立品牌识别和品牌联想。服装业内比较常见的策略是采用母品牌＋消费者类别或产品品类的方式，如爱慕先生、爱慕儿童、爱慕家居等，在品牌标识等元素上也可做相应调整或重新设计，爱慕女士内衣品牌采用的是带有曲线感的柔和字体设计，颜色是玫红色的女性化色彩，而爱慕男士则采用有棱角的男性化风格的字体，颜色是灰色调的，包装也不同于女士内衣。

（2）垂直延伸

垂直延伸是指将现有产品向上或向下或同时向上和向下延伸，即推出高档或低档产品，如一个中档价位的服装品牌，推出中高档甚至高档产品系列，就是向上延伸，而推出中低档或低档产品系列则是向下延伸，同时推出两种系列产品就是双向延伸。

服装品牌的垂直延伸实际上有可能面临消费者群的转换。向上延伸有利于提升品牌形象，吸引高端消费者的关注，但可能冒着失去现有消费者的风险，而且高端市场需要更高的品质和服务，对企业也是一种挑战。

品牌向下延伸，即推出低价位产品，有利于在激烈的价格竞争中保护品牌，吸引价格敏感型消费者，但可能损害品牌原有形象，也同样冒着失去原有消费者的风险。因此，与水平延伸比，垂直延伸需要企业更加慎重。为避免垂直延伸的风险，许多服装企业都是通过在高端市场或低端市场推出新品牌的策略，以进入有吸引力的细分市场，或在激烈竞争的市场上通过推出侧翼品牌保护主品牌不受伤害。

（3）跨行业延伸

从企业发展战略角度看，服装品牌跨行业延伸可以看作是企业一体化增长或多元化增长战略的一部分。

一体化增长，即品牌向产业链的上游或下游延伸或同时向上下游延伸，如雅戈尔将公司品牌延伸至上游纺织原材料。由于产业上游主要为原材料生产领域，不会和最终消费者发生直接联系，即使消费者了解到公司的上游产业，也会产生积极的品牌联想，认为品牌实力强，终端产品的品质更值得信赖。

多元化增长，则是公司在品牌现有经营业务之外寻求增长机会。公司可以将品牌延伸至与现有产品线在技术上和市场营销上有最佳协同作用的新产品（同心多元化），如服装公司可利用现有生产技术，向室内纺织品装饰用品发展。企业也可以找出那些与现有产品在技术上不相关，但能吸引现有消费者的新产品（水平多元化），如服装品牌可将产品延伸至化妆品、香水、首饰、箱包鞋帽等，尽管这些产品与服装的制作过程完全不同。

水平多元化是服装品牌常见的跨行业延伸方式，从时尚产业和消费者需求的角度看，这类延伸也自然合理，特别是许多奢侈品品牌几乎延伸到时尚产业的各个产品领域。如登喜路、都彭等品牌麾下的产品一般都有西装、衬衫、领带、T恤、皮鞋、皮包、皮带等，有的甚至还有眼镜、手表、打火机、钢笔、香烟等跨度很大的产品。因为这些产品虽然物理属性、原始用途相差甚远，但都能提供一种共同的效用，即身份的象征，能让人获得高度的自尊和满足感。

最后，企业可开发与现有技术、产品或市场毫无关联的新业务（集团多元化），如服装企业可以进入房地产业、餐饮业或高新技术产业，如雅戈尔同样用公司品牌进入房地产业。

四、品牌创新战略

品牌在发展过程中，会面临环境和消费者需求的变化，面临着品牌老化甚至衰退的风险。因此，企业需要通过品牌创新，以适应变化的外部环境，使品牌具备持续发展的能力，并不断提升品牌价值。品牌创新涉及许多方面，这里重点分析产品创新、营销创新、文化创新和管理创新对服装品牌价值提升的作用。

（一）产品创新

产品创新是服装品牌价值提升的基础。快时尚品牌之所以成功，核心优势就是"快"字，这个"快"主要体现在产品的快速更新。因此，服装品牌要保持消费者的新鲜感和关注度，产品创新是关键。不同的服装品牌因其定位、产品类别、目标市场等不同，产品创新的重点也有所区别。

1. 产品的设计创新

设计创新适用于所有服装品牌。这是因为服装本身就是设计创意产业的重要组成部分。当然，不同定位和类型的服装品牌在设计创新上的要求不同。设计师品牌或定位在引领时尚潮流的高端品牌，设计创新可以说是品牌的"灵魂"，一种全新的设计不仅可以成为品牌的 DNA 传承下来，甚至可以改变一个时代人们的着装观念和风貌。设计师品牌的最大特点是赋予服装以灵感和生命，例外品牌的毛继鸿说："我们要用设计产生一种革命"，作为本土女装原创品牌，例外始终将设计创新作为品牌的灵魂。服装品牌在设计上要保持与品牌风格定位的一致，通过适度的设计创新以适应时尚潮流和消费者需求，如白领在设计上用"半步理论"来指导产品的设计。快时尚品牌则通过模仿和追随国际大牌的策略，推出经过适当改进，更适合大众消费者需求的新款服装。

2. 产品的技术创新

技术创新体现在材质、生产工艺、功能性设计、产品品质等诸多方面。对高端品牌而言，面料的质感和设计非常重要，也可以看作是设计创新的重要组成部分。而对于运动装、户外装、内衣等对功能性、舒适性要求较高的品牌，技术创新更多地体现在新材料的应用开发、产品功能的设计等方面。国内一些运动品牌、户外品牌也开始加大科技创新的投入，如运动品牌361°、高尔夫品牌比音勒芬先后与北京服装学院建立高性能运动品牌研发中心和高尔夫服饰人体工程研发中心，以提升产品的科技含量。

（二）营销创新

营销创新是服装品牌价值提升的关键。从基于消费者的品牌资产的观点，品牌的价值源于品牌在消费者中的知名度、偏好度和忠诚度，源于消费者对品牌积极丰富的联想。而要建立品牌知名度、偏好度和忠诚度，使消费者产生积极的品牌联想，关键是要确立品牌差异化的定位和形象，确定品牌提供给消费者的利益和价值，并通过整合营销传播手段将品牌形象、品牌利益和价值有效地传递给目标消费者，从而引起消费者的共鸣，在消费者心中建立强大的、独特的、差异化的品牌联想。

营销环境和消费者生活方式及偏好的变化，既是产品创新的动力，也是营销创新的源头。特别是随着目标消费者群的迁移和消费者生活方式的变化，要求服装企业重新审视原有的品牌定位和形象，对品牌进行重新定位和更新品牌形象。目标消费者群的迁移变化是服装品牌常常遇到的问题，因为大多数服装品牌的目标消费者都会限定在某一年龄范围内，实际上，服装品牌常以年龄作为细分市场的依据。这里带来的问题是，品牌刚创建时，面对的消费者会随着时间推移年龄变大，而不再适合品牌的产品风格，而符合年龄的消费者已不同于上一代消费者的偏好。也可以说服装品牌会因为消费者年龄的老化而出现老化的迹象，如牛仔服装品牌李维斯（Levi's），20世纪60年代面对的消费者是美国"二战"后出生的一代，他们年轻而叛逆，李维斯品牌的形象和个性很好地迎合那一代青少年的欲望。但进入 20 世纪 80 年代，"二战"后出生的一代已进入中年，而 80 年代出生的青少年人数减少且观念不同于其父辈，李维斯经历品牌挫折后，重新调整品牌的定位和形象，获得新的增长。李宁品牌几年前也面临着类似问题，李宁最初的消费者大多出生于 20 世纪 60～70 年代，李宁先生在体育竞赛中的出色成就，使李宁自然成为那一代推崇的偶像，当以其名字命名的运动品牌推出后，受到那一代人的欢迎。但时过境迁，"80 后""90 后"们已不能将李宁品牌与其个人的辉煌成就相联系，国际品牌的先进营销理念和极富象征性意义的产品受到青少年一代的热捧，于是李宁面向"90 后"重新定位品牌，试图挽回颓势。

营销创新还要求企业根据环境变化和技术进步，创新营销模式、营销渠道和传播策略，特别是互联网的发展，给传统服装品牌的营销模式带来巨大的挑战。线上线下的渠道和传播模式如何整合，如何通过口碑、社区网络、移动网络、微信等新的传播手段建立品牌知名度和偏好度成为传统服装品牌企业需要通过创新解决的问题。

（三）文化创新

文化创新是服装品牌价值提升的核心。品牌文化的核心内涵是品牌的理念、使命和愿景，是品牌能够带给消费者的精神价值，也是品牌资产的基石。品牌文化创新对企业而言是最具有挑战性的任务。与产品创新、营销创新不同的是文化创新有可能需要调整和改变品牌的核心诉求，使品牌定位和形象变得模糊，因而失去现有消费者的认同。因此，文化创新是一个持续渐变的过程，应尽可能保持品牌核心内涵的延续性，随着外部环境变化和企业发展的需要，通过品牌的重新定位、产品和形象的更新以及品牌使命和愿景的适当调整，使品牌的文化内涵更加丰富。

爱慕品牌在创建之初提出"以人为本，创造美好生活"的品牌理念，随着品牌的发展和实践，爱慕重新调整品牌使命，即"创造美、传递爱"，并提出"有爱，才有美好生活"的品牌口号。可以看出爱慕品牌文化核心内涵的创新，不仅延续创建之初的品牌诉求，而且使其内涵更加丰富，更易于被消费者理解和接受。

（四）管理创新

管理创新是服装品牌价值提升的保证。大多数服装品牌在发展之初，产品较为单一，市场规模有限，公司的组织管理结构简单，凡事都是老板亲力亲为。随着品牌发展的需要和市场规模的扩大，公司通过品牌延伸推出更多的新产品，不断丰富产品线，推出多个新品牌，实施多品牌战略，实力雄厚的公司既实施品牌延伸战略，也实施多品牌战略。面对种类繁多的延伸产品、多个品牌和复杂的市场环境，对公司的管理机制和体制提出新的挑战。如何建立资源配置合理、高效沟通和协作的管理体系成为企业必须面对的问题。管理创新就是公司为适应品牌发展的需要，必须不断调整和创新组织管理模式，有效配置各项资源，以更好地为消费者提供优质产品和服务，从而提升品牌价值。

第四章 服装产业竞争力提升之价值链增值

第一节　服装产业价值链增值能力评价指标构建

一、行业、企业、产品各周期的匹配对时尚产业价值增值的影响

时尚产业在发展的过程中，受经济周期（Business Cycle，BC）、行业生命周期（Industry Life Cycle，ILC）、企业生命周期（Enterprise Life Cycle，ELC）、产品生命周期（Product Life Cycle，PLC）的影响。通过对经济周期理论和行业、企业、产品生命周期理论的研究，阐述其互动关系。

（一）经济周期对产品价值增值的影响

在西方经济学领域，有关经济周期的研究一度十分普遍和深入，主要的研究成果集中在六个理论的发现，即纯货币理论、外部因素理论、投资过度理论、消费不足心理理论以及创新理论。经济周期的划分，按照西方经济学的观点，可根据周期的长短分为四类，分别是长周期、中长周期、中周期以及短周期。经济周期的研究方法，主要有景气指数法、商情调查法、经济计量模型和时间序列模型等。

以服装产业为代表的时尚产业受宏观经济情况的影响明显，经济发展良好时，消费者用于服装等时尚产品消费的支出多，对服装的质量、品牌也有更高的要求，市场需求旺盛；经济发展下行时，时尚消费品的支出降低，高档产品市场需求下降，由于中、高端女装的需求弹性比一般女装更大，因此其波动也更为明显。可以看出，服装消费具有随宏观经济周期性波动的特点。

经济周期扩张阶段，市场需求旺盛，资金周转加速，企业处于较为宽松有利的外部环境中，这时企业应加大产品研发与生产，扩大产品市场份额，获得超额利润。经济周期收缩阶段，企业应根据自身的发展水平及时做出战略调整，由于市场需求下降，商品的库存压力增加，商品订购销售受到影响，资金链风险增大，企业应及时降低产量，尽早降低库存，根据企业自身能力，包括资金、管理、运营与市场等，以较低的价格收购产品上下游企业以优化产业链，降低产品生产成本。

企业应积极提升自身的风险意识，通过对经济周期的预测与判断，针对变化的外部环境积极调整自身内部条件，改善资源结构，以充分利用和适应外部环境，评估自身盈利能力，创新产品，扩大市场占有率。在市场经济条件下，企业增强了对经济形势的关注。企业的经营状况是一个受多方环境影响的综合的经营形态，宏观的经济形势、企业所处市场状况以及企业自身内部的发展条件等都是其发展经营状况的影响因素。企业的经营者需要掌握足够的经济周期的相关知识，具有良好的行业经验和敏锐的市场嗅觉，能够根据不同的经济周期波动阶段，适时地做出准确的判断，及时做出对策反应，使企业能够在激烈的市场竞争环境中占得先机。

（二）行业生命周期对产品的影响

每个产业都会经历一个由成长到衰退的演变发展过程，这个过程即产业生命周期。行业的生命周期可以划分为起步（幼稚）期、成长期、成熟期、衰退期四个阶段。这四个阶段描述了行业从诞生到逐步发展成熟，并最终经过激烈的市场竞争逐步衰退，最后退出社会经济活动所经历的全过程。行业的生命周期考察的是为适应满足某一类消费者的某方面需求所产生的行业及发展规律，对行业内具体的产品情况，如产品的规格型号、产品的设计质量等问题不予细化考虑。企业通过对行业生命周期的了解，能够帮助自身根据行业目前状态来制订适当的战略。

①起步期：企业规模相对较小，产品或服务相对较新，产品类型、特点、性能和目标市场不断发展变化。在这一时期，企业处于新产品的探索阶段，产品的设计和生产技术工艺尚未发展成熟，企业用于投入设计研发的费用所占比重较高，利润空间狭小，但市场发展速度极快，增长势头强劲。这一时期的企业关注较多的是新产品对市场的抢占，投入大量精力在消费者的培养和新产品的推广等方面。这一时期，行业的门槛相对较低，企业处于前期的摸索阶段，需要收集大量的客户和行业市场信息，在制订其产品策略和市场策略时，需要大量借鉴其他现有行业，发挥空间很大。

②成长期：行业销售规模增长较快，业内企业以渠道扩张开辟新市场为主，企业各自为政，竞争并不充分，目前户外用品、家纺、童装和大众休闲行业都处于市场的成长阶段。高速成长期，行业销售规模快速增长，业内企业通过渠道扩张来抢占市场份额，市场竞争激烈，女鞋行业正处在这个阶段。

③成熟期：市场趋于成熟，市场规模增速放缓，业内企业由外延式数量的竞争向内生式价格竞争转变，提高市场占有率、抢占市场份额的同时，开始重视品牌的提升，市场竞争激烈，该阶段主要的细分行业为运动用品和女装。

④衰退期：行业生产力过剩，市场需求降低，替代品大量充斥市场，产品同质化严重，市场增长率严重下降，产品品种减少，此时该行业整体盈利能力降低，企业应快速进行产品开发，改变企业战略。在企业判断自身所处行业生命周期阶段时，分析者常采用收集几个方面的指标的方法进行判断。通过收集市场增长率、竞争者规模和数量、行业进出壁垒等指标来判断经济形势，通过收集产品品种、主要产品技术、产品技术革新等指标来判断行业产品，通过搜集消费者需求增长率、消费者购买行为等指标来判断行业市场状况。通过综合各方面指标，判断企业所处周期阶段，并及时做出策略调整。

服装行业属于产品驱动型行业，各细分行业发展都经历过从新市场的开拓向抢占市场份额的转变，以及从渠道扩张向品牌提升的转变，市场竞争随着行业发展越发激烈。

对我国服装产业而言，按照传统产业生命周期理论，目前我国纺织服装企业将面临退出产业链的风险。我国纺织服装产业发展时间短，发展过程中研发资金投入不足，主要以生产加工为主，大部分纺织服装企业在国际市场上并未形成高端的自主品牌及渠道掌控力，受我国人口、环境、利率等因素影响，目前低端制造环节的产业转移已现端倪，企业遭遇了制造环节被动外移，越南、柬埔寨等国的替代效应已然出现，而高端领域在国际市场上并未形成自主品牌及渠道掌控力，品牌及渠道短期内难以突破，因此，若将制造业被动转移出去，其实也就意味着退出。

但从另一个角度来看，客户群、消费能力、消费意愿是决定服装消费市场容量的三大要素。近年来，中国内需市场的崛起已成为国内企业穿越传统生命周期的最大机遇，消费能力提升及品牌意识崛起形成了大量需求，无论是大众服饰品牌还是奢侈品品牌，均将中国市场视为其未来最大的增量，我国纺织服装企业可在内需释放的同时，率先在国内实现价值链的升级，利用相对宽松的环境打造和提升自主品牌的知名度和美誉度。

行业生命周期在运用上有一定的局限性，因为生命周期曲线是一条经过抽象化了的典型曲线，各行业按照实际销售量绘制出来的曲线远不是这样光滑规整的。因此，有时要确定行业发展处于哪一阶段是困难的，识别不当，容易导致战略上的失误。而影响销售量变化的因素很多，关系复杂，整个经济中的周期性变化与某个行业的演变也不易区分开来，再者，有些行业的演变是由集中到分散，有的行业由分散到集中，无法用一个战略模式与之对应，因此，应将行业生命周期分析法与其他方法结合起来使用，才不至于陷入分析的片面性。

（三）企业生命周期对产品价值增值的影响

同其他生命周期理论一样，企业生命周期也基本可以划分为发展期、成长期、成熟期和衰退期四个阶段，不同阶段企业的发展态势描述了企业发展与成长的动态轨迹。通过对企业生命周期的研究，可定位企业在生命周期的位置，据此分析其特点及与之相适应，并能不断促其发展延续的特定组织结构形式，一旦优化发展模式，即可延长企业的生命周期，进行二次成长和二次创业，帮助企业实现自身的可持续发展。

企业生命周期理论的研究目的就在于试图为处于不同生命周期阶段的企业找到能够与其特点相适应，并能不断促其发展延续的特定组织结构形式，使企业可以从内部管理方面找到一个相对较优的模式来保持企业的发展能力，在每个生命周期阶段内充分发挥特色优势，进而延长企业的生命周期，帮助企业实现自身的可持续发展。

服装制造业由于其自身的产品周期相对于其他制造业来说要短得多，且通常情况下大宗的服装制造业年产量巨大，受到流行等市场因素的影响很大，产品设计对商品企划的依赖性很强，这些特点决定了服装的生产制造业具有相对分散的供应链体系。为节约成本，保证足够的利润空间，服装企业通常会将服装款式面料的设计研发、配辅料的原料供应、大货的生产加工以及商品的分销售卖分包到不同的上下游企业，服装品牌公司通常只要服务顾客，保证公司品牌资产的保值和增值，即可完成价值链上增值的主要控制，然而，这一部分恰恰是最难的也是利润最为丰厚的。相较于国内的服装品牌公司，服装的出口企业面临的行业技术规格和标准要求更为复杂和苛刻，相应的企业对技术生产人员和质检人员的要求也更具有专业性和经验性。出口日本和欧洲国家的企业遇到的贸易壁垒和货币汇率等众多因素的考验，利润空间的压缩使很多外贸类企业转而选择提供高品质的国内产品作为新的市场出路。上述特点对现在企业提高了要求，企业在实际运行的过程中，要不断评价自身运营能力、新产品开发能力、市场占有率等因素。在"快时尚"消费的今天，企业对供应链间的信息交换和过程控制要求越发严格，企业需要时刻保证产品资料信息的快速、准确、实时的沟通，产品开发的效率需要得到高效保证，产品质量需要实时创新，而产品开发成本则需要得到有效控制，这些都或多或少直接关系到服装企业的营业额和盈利能力，是企业在相关行业竞争中保持竞争优势的关键。

（四）产品生命周期对产品价值增值的影响

对于以产品为主的企业而言，企业的生命周期和产品的生命周期之间存在着天然的内在联系，企业的生命周期由企业所拥有的多个主要产品的生命周期构成，反过来，企业的生命周期又对产品的生命周期起到决定性作用。服装生产企业的产品质量和市场直接决定着企业的兴衰。产品的开发时间、经营时间以及效益紧缩时间均取决于企业的生命周期。处于生命周期不同阶段的企业面临不同的管理、研发、市场等问题，使相同的策略在企业不同成长阶段呈现出不同的管理效果。只有找到服装企业不同发展阶段的关键节点，并采取相对应的管理、研发、销售、市场等策略，才能保证企业生命的延长和产品价值持续增长。

对于时尚产品成长期，该阶段的生产技术趋于成熟，具有一定的优势，消费者基本认识或接受新开发的时尚产品。反映该阶段时尚产品价值增值的指标有市场占有率、产品销量等。

时尚产品在进入成熟期以后，产品的生产加工产量增大，销售市场趋于稳定。经过了成长期的市场开发和消费者培育，时尚产品的消费群体基本稳定，购买人数稳步增加，时尚市场需求趋于饱和。随着产品研发技术的成熟稳定，产品的生产进入标准化时期，生产工艺普及使得产品生产成本下降，产量增大，利润空间增大。对于时尚产品成熟期，该阶段经过一定时间的发展，生产技术已经成熟，批量生产达到适度规模。虽然经过兼并等手段，企业规模化效应使市场上企业的竞争对手减少，然而由于市场逐步呈现出的需求饱和状态，导致企业的竞争程度却在加剧，产品的市场占有率较高，企业的利润达到高峰。反映该阶段时尚产品价值增值的指标有企业规模、经营管理水平以及售后服务质量。

对于时尚产品进入了淘汰阶段的衰退期，产品已经高度标准化，市场上企业产品的同质化现象严重，同类替代产品逐步涌入市场加剧竞争，而同类替代产品的产品质量和性能逐步体现出竞争优势，加之价格上的竞争劣势逐步显现，产品的销售量急剧下降，利润空间挤压，甚至发生亏损。反映该阶段时尚产品价值增值的指标有生产成本、产品价格弹性以及产品滞销率。

衰退期过后，对于企业来讲，产品的竞争主要集中在价格上，企业会采用低价竞争，企业仍可获取最后的剩余价值；同时企业的战略会发生重大转变。其重点在产品的纵深领域，研发新产品、转向新产品的生产，以开始一个新的纵向产品生命周期。在该阶段，盈利不是主要目的，企业产品战略转型更重要。反映该阶段时尚产品价值增值的指标有研究与试验发展投入、人力资本投入以及产品转换成本。

企业 R&D 投入，即研究与试验发展（Research&Development）投入，是指企业投入新产品新技术的资金和人力、物力等资源，企业利用已有技术知识，开发产品的新技术功能和用途，并逐步实现以产业化市场化为目的的投入活动。企业的研发决定因素是创造和革新，这也是科学研究与试验发展所共有的决定因素。产品从测试阶段，到设计投产直到投入市场经历了大量的研发活动，这些活动大体可分为基础研究、应用研究和试验发展三种类型。

相比其他产品来说，服装的生命周期是极其有限的，是消费者引导型需求偏好发展、需求转移、最终需求消失的动态过程。产品进入或退出市场是消费者需求提出及转移所引发的，由此可知，纺织服装产品生命周期是受消费者需求偏好所支配的需求转移过程。不同需求偏好、不同需求强度、不同购买力的消费者组成整体消费市场，同一产品在不同细分市场中，产品生命周期是不同的，而整体市场的产品生命周期是由各细分市场的产品生命周期综合而成的一种广义的产品生命周期，这对于具体企业而言就缺少针对性，所以从营销意义上看，只有立足于细分市场，如一、二、三线城市及农村市场的合理定位，对某生产企业而言才能决定某一产品的生命周期。还有一个与产品生命周期有关的理念，即意见领袖（Opinion Leadership），指生活中那些第一个使用某款新产品的人，他们会对产品生命周期产生一定的影响，新产品通常由这些人试用之后才上市，然后进入大众消费市场。

（五）生命周期互动增值机理及企业增值策略路径分析

对于时尚产业来讲，市场产品的生命周期直接受社会时尚的影响。时尚是某一时期内，在某一社会群体或某一领域里，为大家所广泛接受且欢迎的风格。时尚产品生命周期，也称时尚周期，同其他产品生命周期一样，也经历从引入到成长、成熟最终衰退的四个时期。在时尚产品的引入期（也称独特阶段），时尚产品的接受和使用人群很少，通常为时尚领袖或时尚先锋人群所使用；进入时尚产品成长期（也称模仿阶段）后，产品接纳的人数随时间逐步增加，更多的时尚敏感人群尝试使用；而当时尚产品进入成熟期阶段（大量流行阶段），产品被广泛接受，出现大量的风格效仿；最终时尚产品进入衰退期（衰退阶段），大量的相同相似风格在市场上涌现，即所谓的"街款""街牌"，时尚消费者开始放弃现有风格，转而将注意力投向其他新兴风尚产品。

1.互动增值机理分析

时尚产业是采购商及消费者主导的产业，即所谓买家驱动（Buyer Driven）的价值链，强调对市场需求的适应性，以减少市场风险，强调对时尚流行的快速反应，对小批量多品种的柔性应对，因应市场需求而对生产物流做及时调整。减少全程供应链中在制品（WIP）和在售品（SKU）库存是关键，信息技术柔性化设备、精益组织是核心，降低三大成本（剩货、缺货和库存）是目标。因此，总的来看，社会市场环境是时尚产业发展的前提与基础，没有良好的社会市场环境，时尚产业很难快速传播、制造、营销进而影响价值增值；产业运营是时尚产业发展的关键环节，优秀的设计、强大的市场需求只有通过运营环节的推动才能实现价值；时尚品牌影响力是时尚产业发展的原动力，通过品牌塑造及消费者影响，时尚产业才能有别于传统行业，增强时尚产业的价值空间。

2. 企业增值策略

在产品的引入阶段，企业通过前期市场分析及新产品研发，将新产品投入市场，因产品的功能、性能、用途等因素没有被市场熟知，产品具有较高的边际利润，而潜在需求不明确，市场存在较高风险。此时，企业应将战略重点放在产品终端的市场营销环节，通过制订一系列营销策略，提升产品的知名度，在消费者中迅速扩大其影响力。在此阶段，企业应将其战略目标盯准潜在市场，通过商品组合促销等一系列价格手段，挖掘潜在消费需求。在逐步稳固消费者群体的基础上，通过其产品自身独特的功效和较好的质量，赢得更加广泛的口碑影响，在市场占有率上夺得绝对优势。在商品逐步得到认同之后，通过控制产品生产，在供需关系上夺得主动权，使部分消费者主动愿意高价购买。而当企业面临着市场的潜在竞争对手的时候，在产品引入期，需要采取高价快速策略，即通过采取高价策略，同时配合强势大量的广告宣传，通过一系列推销手段快速地将新产品推入市场，建立良好的品牌认知度和美誉度，抢占大块市场，在竞争还没有大量出现之前就能收回成本，获得利润。同时，企业还应加大电商与物流的运用，满足顾客购买需求，体现出小批量、高频率交货的特点，及时满足人们的购物心理需求。

进入成长期，时尚产品的潮流趋势来临，时尚消费者对时尚产品的接受程度加深，开始逐步购买和使用，企业的销售呈上升趋势，服装类产品的技术壁垒相对较弱，批量化生产简单，利润快速增加。同时，由于服装产业自身特点，设计抄袭容易实现，相关的法律法规保护相对难以贯彻，同类的竞争对手迅速增加，产品的替代品快速铺开，威胁企业的市场地位。企业如何在成长期保持竞争优势，加速扩大销售，稳住市场份额的增长势头，是各类服装企业所面临的难题。此外，面对瞬息万变的市场形势，服装企业需要及时把控生产速度，加强库存管理，应对复杂多变的市场环境做出及时有效的快速策略调整。

在经历了成长期的企业产品的大量销售，销售业绩的极速增长过程之后，随着流行趋势的普及，产品的购买人数仍在增加，产品市场趋于饱和，大量的同质产品占领市场，相似的产品功能设计和价格优势使产品的边际利润下降，而市场的潜在需求挖掘空间变小，产品进入成熟期。这一时期的服装企业，为了维持产品的销售利润，将更大的精力投入产品品牌的塑造营销，通过品牌资产的保值效应，达到减慢产品生命周期的目的。在产品成熟期的企业，为保证产品的边际收益，将品牌战略放到发展的首位，通过分析消费者市场，重新定位产品，在不同的细分市场上采取相应的营销策略组合，不断地根据市场的变化进行及时修正。与此同时，企业应做好产品的增值服务，通过引入信息化系统等硬件平台支持，完善客户管理体系，通过一系列针对性较强的顾客增值服务活动，提高顾客的忠诚度，避免一味地价格竞争。

随着产品衰退期的到来，大量的更具有竞争力的替代品涌入并占领市场，新产品逐步投放市场，消费环境的改变使消费者的消费习惯受到影响和改变，企业原有产品的销售额和利润快速减少。产品生产企业根据产品的制造和运营成本选择适时地结束产品的生产，产品的生命周期宣告结束，通过消化库存，产品最终完全在市场上消失。在产品的衰退期，企业应及时地转移战略重点，保持并延长现有产品寿命周期，通过价值分析，降低产品成本，以利于进一步降低产品价格，在一段时期内持续延长产品生命周期，实现利润的同时，企业需要将更多的精力投入新产品的开发和开辟新市场上。

企业的高速成长期的维持时间，通常与企业所在的行业、可能拓展的产品市场范围、整个经济周期、所在国家与地区的发展阶段都有密切的相关性。所以，企业的发展，首先应结合自身的特点，分析当前环境，把握当前经济形势，动态及时调整战略，研发产品、分析市场，从而走出自己独特发展之路，这就要求行业必须建立适用的服装产业价值增值评价体系。

二、服装产业价值增值绩效评价要素结构分析

时尚产业是传统产业一个重要的分支，是国民经济增长的一个重要组成成分。同时，时尚产业不仅具有传统产业的相关属性，又具备特殊性，其产业价值具备很强的增值空间。很多学者从不同角度对价值增值进行了研究，归纳下来主要有以下几种：产业运营角度、品牌角度和社会环境角度。

（一）产业运营角度的价值增值

服装材料供应商是企业产品供应链环节之一，供应商的议价能力会影响产品的竞争程度，当市场存在大量供应商而产品的替代品少时，同时，供应商所提供的产品同质化严重、竞争激烈、价格波动相对较小时，企业产品具备成本优势，这也是我国服装产业具备较强竞争力的原因之一。服装行业的消费者越来越注重品牌，产品的独特性及品质对消费者吸引力较强，消费者具备较强的议价能力。服装行业受政策影响小、进入壁垒低、市场需求大并长期存在，对潜在竞争者来讲，现在企业不会进行过多防御。替代品的替代能力整体较弱，服装市场的细分程度越来越深，服装的差异性明显，每个细分市场出现的种类不容易被其他系列所替代，不同民族、不同地域、不同职业的服装都保持独特性。但是由于进入壁垒较低，造成同行业的企业过多，竞争较为激烈，随着国际化的到来，国外生产设计企业的加入，加速了行业内企业的竞争，进一步逼迫企业进行技术升级、加大研发投入以提高企业盈利能力。

随着美国制造业生产率的提高，劳动力市场发生变化。近年来，美国的制造业劳动力的成本已呈现出明显的下滑趋势。相较于中国国内制造业人力资源的结构性短缺趋势以及资源压力的日益紧张和环境问题的逐步凸显，美国在能源上的优势明显。而对于生产率而言，在比较两国实际劳动力成本时，两国的差距也逐步缩减。这进一步说明了中国以往凭借廉价劳动力优势和以资源和环境为代价的制造业竞争优势正在逐步衰减。

结合上述研究及运营角度评价体系，面对当前局面，我国企业应调整发展战略，优化运营以提高产品增值能力。从研发创新和市场布局入手，从供、需两方面提升竞争力，增

加科技投入，在以创新为驱动力的产业发展环境下，重视科技人才的培养和运用，建立健全科研制度环境，加强知识产权保护意识，通过产品科技含量的提升来增加产品附加价值，调整制造业的市场布局，将更多力量用于开拓国内和周边市场的同时，进行市场细分和产品差异化生产。

（二）品牌视角下的价值增值

关于时尚产业价值增值，许多学者都从不同角度进行了阐述。大卫·A.艾克（David A.Aaker）于1991年，在前人研究的基础上，从品牌视角出发，提出了"五星"概念模型，用于品牌资产的描述与评价[1]。他从五个方面描述品牌资产的构成，认为品牌资产是由品牌知名度（Brand Awareness）、品牌辨识度（Perceived Brand Quality）、品牌联想度（Brand Association）、品牌忠诚度（Brand Loyalty）和其他品牌专有资产（Other Assets）五部分所组成，这五部分为创造价值的来源。大卫·A.艾克强调每一项品牌资产皆能为企业创造价值，但创造的价值不同，因此必须了解每项资产如何创造价值并赋予其相应的权重，以使产品价值得以增值。

随着品牌理论的发展，学者们逐步发现了解决品牌复杂性问题的新方法，即通过引入生态学理论，对品牌的发展环境和发展模式等问题进行解释。这一观点得到了大量学者的认同并逐步成为研究品牌理论的新视角。大卫·A.艾克在其研究中首次提出了"品牌群"概念，他将仿生学融入企业的品牌管理，将生态学的种群的概念与企业的品牌管理理论进行融合，从全新的视角理解品牌概念，认为品牌是一个企业品牌系统的概念，进一步在其研究基础上，又提出了企业进行"品牌领导"的新管理模式。

品牌资产来自品牌营销结果，该结果由品牌知名度和品牌形象构成的品牌知识决定。品牌价值是品牌在市场上所拥有的支配能力，资产的价值源自三个方面：提高市场绩效、强化品牌产品的寿命、价值增值潜力。

（三）社会环境视角下的价值增值

国际竞争力评价体系用来评价国际经济体的竞争实力，自1980年创立以来，得到世界范围内的广泛关注和支持，在概念界定、理论研究、数据统计和研究方法等各方面都取得了较大的发展和成果。当前全球最具权威的国际经济体竞争力排行发布机构是世界经济论坛（WEF）和瑞士洛桑国际管理发展学院（IMD）。通过比较二者的研究基础，发现它们的理论均是建立在新古典经济增长理论基础之上的，它们对国际竞争力做出了相似的界定，即认为国际竞争力是一个比较优势的概念，是一个经济体（一个国家或一个公司），在国际的市场竞争环境下，均衡地生产出比其竞争对手更多的财富能力。瑞士洛桑国际管理发展学院（IMD）发布的指数称为"世界竞争力指数"（World Competitiveness Index，WCI），世界经济论坛（WEF）的指数称为"全球竞争力指数"（Global Competitiveness Index，GCI）。前者指数强调四大因素对一国家或地区的竞争力环境的塑造影响，它们是

---

[1]　大卫·A.艾克.管理品牌资产［M］.北京：机械工业出版社，2019.

一个国家或地区的吸引力与开拓力、资产与流程、地缘性与全球性、个人风险承担与社会凝聚力。

一个国家或地区的财富创造主要是由企业完成的，因此企业的竞争力是一个经济体国际竞争力的基础。另外，一个经济体竞争力的提高应遵循十大黄金律：

①创造一个稳定和可预见的法制环境。

②形成一种灵活和有弹性的经济结构。

③投资传统的和技术性的基础设施。

④促进私人储蓄和国内投资。

⑤培育在国际市场上的开拓力以及对国际直接投资（FDI）的吸引力。

⑥重视政府的质量、办事速度以及透明度。

⑦稳定工资水平、生产率和税收之间的关系。

⑧降低工资差异、壮大中产阶级以稳定社会结构。

⑨大力教育投资，特别是中等教育以及劳动力的终生教育。

⑩平衡地缘经济和全球经济，以确保可持续性的财富创造，同时维护大众接受的价值体系。

企业要想提高竞争力，外部社会环境因素对其具有重要影响。

第二节　服装产业经营与产业链优化的价值增值

一、企业价值增值概述

传统的业主权论认为，股东作为企业的投资者是企业的最终所有者，所以企业应该是股东的，企业的价值体现在股东价值最大化。在业主权论下，收入表示为所有者权益的增加；费用则表示为所有者权益的减少。该理论在传统的财务会计实务中居于主导地位。在该理论下，价值增值被局限于股东收益，即传统意义上的利润。

增值也称增加价值或附加价值，就是把智力和技术结合起来，开发一定的资源、创造出产成品或劳务，从而在价值上获得的增益。增值的多少称为增值额。

我们可以从不同的角度来看待增值额。对一个产品来讲，它的增值额等于其流转的各个环节的增值总额；从一个企业的角度来看，增值额就是销售收入减去为取得收入的外购物资价值后的余额，它可以全面反映企业在一定时期内的经营成果。

以上观点都体现了一种投入产出的关系，将增值看作产出减去投入的一种增益。三种主要的经济效用增加了产品与服务的价值，它们是形态效用、地点效用和占有效用。

①形态效用：是指以制造、生产和组装来增加产品的价值。

②地点效用：是指物流活动通过把货物从生产地运送到消费地来增加产品的价值。

③占用效用：是与市场营销中的产品推销有关的一种效用。

按照这种观点，增值主要来自制造、物流和营销三大活动。

二、服装时尚企业评价指标体系建立

在对评价指标的理解和分析上，对各项指标进行调整与改进，得到以下九个指标作为纺织服装生产企业增值与盈利能力评价指标：产业发展基础实力、企业管理营运能力、企业文化、人力资源及利用率、自然资源开发能力、市场能力、国际化能力、时尚品牌影响力和科研生产创新能力。各指标的计算依据分别为资产总计、营业利润、管理费用、平均人数、累计用电、销售能力、累计出口、新产品销售收入和企业研发投入，而输出指标增值与盈利能力的计算依据为企业的盈利率。

纺织服装生产企业的增值与盈利能力、基础实力、营运能力、企业文化、人力资源及利用率、自然资源开发能力、市场能力、国际化能力、时尚品牌影响力和科研创新设计能力均有很高的关联度，且它们的关系应为非线性关系。

三、服装产业链优化的原则

（一）符合可持续性发展的要求

可持续性发展的本质是既要满足当前经济发展的需要，又要考虑未来经济发展的需要，不要以牺牲后代人的经济福利为代价来满足当代人的经济福利。它的核心问题是人类的经济活动与经济发展不能超过资源与环境的承载能力。因此，可持续发展十分注重经济活动和经济发展行为的生态和理性，尤其强调对资源与环境有利的经济行为应给予鼓励，反之则应给予惩罚，保证经济行为的可持续性，实现经济发展的眼前利益与长远利益、局部利益与全局利益、个别利益与共同利益有机结合，促使经济能够沿着健康轨道运行。

随着高新技术的运用和世界市场一体化的不断实现，可持续发展的不断深入人心，环境革命对纺织服装业影响不断扩大。消费市场掀起的"绿色消费"观念，使人们的消费取向也产生了很大的变化，"绿色纺织品""生态纺织品"将是今后纺织服装业发展的目标。高性能纺织材料的逐渐推广，也将为纺织服装业开辟一个崭新的发展空间。纺织服装业要实现可持续发展，必须充分利用纺织服装业在传统文化、劳动力资源、群体效应、先进设备、产销一体等方面的优势，同时将信息技术、纳米技术、微电子技术等高新技术引入传统的纺织服装业，提高纺织服装业产品质量档次，丰富产品种类，大幅提高纺织服装业的劳动生产率，降低生产成本，从而使纺织服装产业转向以丝绸行业为代表的技术、资金密集型产业。

（二）实现产业结构优化与资源结构相协调

资源是影响产业结构的基本要素，资源的类型、数量、质量及时空组合特征决定着产业结构的调整方向。资源结构与产业结构是一种相互作用、相互依存的关系。在考虑自然赋予的不可再生资源的同时，还要把眼光放在生产要素和区位条件上，从重点着眼自然资源转向综合考虑自然资源、经济资源和社会资源，并考虑技术水平、成本效益、环境局限以及对产业发展的影响，据此确定产业发展方向和资源开发规模，规划建设配套项目。

（三）实现有地方特色的优化，避免产业结构趋同

纺织服装业要保持较快的发展，其主导行业和支柱行业就必须有自己的独特优势，因此，从增强其竞争力的角度来说也应避免产业结构趋同。另外，产业结构优化若都是沿着高附加值、高利润产品方向进行，那么某些资源型城市和已有一定发展基础的其他城市相比就明显处于劣势。因此，充分调查市场、评估自身的优势、合理配置有限的资源是纺织服装业结构优化的前提。

（四）市场机制、企业主体和产业政策相结合

目前，纺织服装业结构优化与以往历次调整最大的区别之一是实现结构优化的机制已发生根本性变化。必须充分发挥市场对资源配置的基础性作用，以企业为主体，由企业按照国内外市场需求结构的变化，进行自主性生产结构调整。虽然产业结构优化调整仍要以宏观战略取向为依据，但其立足点是企业，必须落实到微观层次。这是增强产业竞争力的基础性条件，也是优化调整的内在逻辑和根本要求。

对于我国这个处于快速发展中的国家来说，作为传统支柱产业之一的纺织服装业正处在结构发生变动和经济体制转轨的重要时期，要按照专业化分工和产业集聚原则，形成产业内适度集中，企业间充分竞争，大企业为主导，大、中、小企业协调发展的格局和企业群体组织结构的优化。除了依靠优胜劣汰的市场机制外，仍离不开政府的宏观调控，需要产业政策有选择地在一些领域和方面发挥积极的指导作用。

四、服装企业价值增值的方法

价值管理已成为现代企业管理关注的核心问题，企业的活动是由一系列相互联系的价值活动构成的作业集合，一系列相互联系的企业活动背后必然存在以成本形式表示的"负价值链"。从产业价值链的角度来构建新的成本管理模式，就是要对伴随企业价值产生过程的成本产生过程进行管理。实现企业价值增值主要有以下两个途径。

（一）积极争取政府支持

首先，政府的支持是推行现代成本管理模式的前提，要从法律上规范企业成本范畴和主要成本项目支出的限制性原则，明确经营者违反成本法规所应负的法律责任，以强化国家对企业成本的间接监督，完善宏观成本调控体系。总之，只有从宏观决策机制导向入手，为企业降低成本、提高经济效益创造有利条件，才能从根本上全面加强成本管理。其次，现代成本管理是在提高企业竞争优势的同时进行的成本管理，不是仅靠会计人员即能完成的工作，它尤其需要企业领导的高度重视和积极参与，从企业竞争战略高度去看待成本问题，解决成本问题，这是成功应用这一先进原理的先决条件。战略成本管理模式作为成本管理的未来发展趋势，随着我国企业的生产技术水平不断提高，企业新的成本观念不断树

立，经营观念不断变化，再加上政府的大力扶持、企业领导的重视和积极参与，企业也会逐渐结合自身实际情况采纳推行战略，进行成本管理。

（二）树立现代成本管理模式的意识

在新时代背景下，企业传统的生产模式和管理模式发生了一系列变革，对企业的成本管理模式提出了新的要求。传统成本管理模式的特点是专注于生产成本的削减和控制，通过改进工艺、增加规模和大批量生产来达到减低成本的目的。目前来看，这种模式已经呈现出了严重的不足。单一成本动因的成本核算方法容易造成产量高、技术复杂度低的产品分担产量低、技术复杂度高的产品成本，多计生产量大而技术上不太复杂的产品的成本，成本指标不能真实反映不同产品生产耗费的真实情况。因此，现代化生产条件下的企业，无论从提高产品成本计算的正确性，还是从提高成本控制的有效性来看，都要求把成本核算的重点放在间接费用上，现代企业需要的是能够计量作业的成本制度，而不是只计量产量的成本制度，对成本核算模式做出革命性的变革势在必行。

第三节　大数据环境下服装企业价值链增值

一、大数据资源的获取与应用

（一）挖掘价值链增值所需数据

在服装企业运营过程中，数据的应用分析对规范企业运营管理有着极其重要的作用。企业通过对搜集的具有潜在商业价值的各项数据进行考量和分析，可以有效识别和掌握市场的动态变化规律以及各销售渠道的销售及库存信息，从而帮助企业有针对性地采取营销与采购策略。

由于数据种类繁多，企业在面临海量数据的情况下，就必须与其具体业务相结合，根据不同业务的管理需求去深度挖掘对该业务具有潜在商业价值的企业内外部数据信息，并对收集的这些数据信息进行分析与整合，最后再利用这些经过处理的数据信息实施服装企业价值链管理，帮助服装企业制定科学合理的经营决策。简言之，就是利用这些数据信息实现企业价值链增值。

（二）构建企业数据仓库系统

为满足企业战略决策分析的需要，通过构建数据仓库来储存企业长期从事事务的众多数据是一明智之举。数据仓库为企业实现商业智能化提供了数据基础，通过构建数据仓库可实现对企业众多数据的准确汇总以及分类储存，为企业有效提取数据价值提供极大的便捷。对于服装企业而言，由于其产品具有时尚性，而且生产的季节性较强，所以要求企业对市场具有准确的预测能力、快速的反应能力以及大量处理信息的能力。因此，构建面向事务的数据库系统在一定程度上能够帮助企业更高效率地进行采购、销售以及进行客户等方面的管理。服装企业数据仓库体系系统共分为数据源、数据存储与管理、数据分析和挖掘以及数据应用四大板块。

可作为构建数据仓库的数据源有许多，例如经过联机事物处理系统（OLTP 系统）处理的数据、企业外部数据以及企业拥有的各种文档等。这些数据被重新组织成面向主题的、形式一致的数据而存入数据仓库中。但由于这些数据来源形式繁杂，所以企业有必要利用数据提取、加载和转换（ELT 技术）对收集的数据进行抽取、转换，然后再加载到数据仓库中，这一过程也是整个项目中最需要花费时间的。最后企业需要利用在线分析处理技术（OLAP 技术）对这些存储在数据仓库中的数据进行分析和处理，以转换成对企业有价值的信息去支持企业的进一步应用。

（三）构建企业大数据综合服务平台

随着信息化的不断深入，服装产业大数据不断积累，成为一座蕴含巨大商业价值的"数据金矿"。因此，对于服装产业中的企业个体而言，有必要充分利用大数据技术去构建基于大数据的综合服务平台，以实现对服装大数据资源的整合应用。而且，通过构建大数据综合服务平台，打造以企业、客户、平台为主的"三位一体、相互协同"的综合服务模式，可进一步优化企业运营服务流程，为顾客或消费者提供更加丰富、更高质量的线上线下相结合的优质服务。

大数据平台体系架构需要统一规划组织平台各层次功能模块，使各模块之间层次结构明晰、功能划分合理、相互协同有效。因此，若按照平台体系功能的层次划分，平台体系架构可被划分为数据交换层、数据处理层、业务层、数据交互层和数据应用层等。

①数据交换层：该层次主要是对来自企业内外部不同数据源的数据进行采集，并将这些采集的数据加载交换到数据仓库系统中以供后期进行整合处理。

②数据处理层：平台对于数据的处理模式大体包括两类。一类是针对大批量静态数据进行处理的批量处理模式，针对这类数据，企业可先借助分布式文件系统（HDFS 系统）或者 Hadoop 数据库进行数据存储，再由 Hadoop 或 MapReduce 等模型对这些数据实施批量计算；另一类是针对动态数据的实时处理模式，企业可应用 Spark、Storm 以及其改进版 Trident Storm 等流处理框架来对其执行实时计算。

③业务层：平台对外提供多种服务，主要包括面向普通人群的通用型服务、面向特定人群的主题式服务、面向企业自身的信息服务、面向业务决策的数据服务以及开放型应用平台服务。

④数据交互层：平台对外提供服务的渠道，具体包括门户网站、呼叫中心、移动终端以及平台接入 API 等。

⑤数据应用层：平台提供的数据主要应用于企业自身的业务支撑。另外，对于平台上的日志数据以及临时获取的其他数据也应密切关注，这样可确保平台的安全运行。

二、大数据下运用内部价值链改进模型促进价值链增值

（一）改进企业基本职能活动

基本职能活动是指企业在履行其基本管理职能时所发生的诸如财务管理、生产管理等在内的诸多活动。企业在实施这些活动时都避免不了与各种财务和非财务数据的接触，如果无法凭借先进技术手段对其进行相应处理和有效应用，企业最终都会被社会所淘汰。

因此，在进行基本职能活动的管理时，企业可重点从两方面进行。首先，企业应当运用流行的大数据技术对各种数据进行筛选、整合以及在线分析和处理，从而将这些数据及时转化为可供决策者使用的有效信息。同时再增设专管部门负责对所有的财务数据以及非财务数据进行管理，并根据需要配备相应的数据统计分析员，以及时将关键数据信息传递给企业管理层。其次，为适应时代发展趋势，财务人员必须加紧由财务专才向业务全才转型，不仅要掌握自身专业领域的相关理论知识，还需要就专业领域外的其他方面的知识进行贯通，只有全面提升综合能力素质，才可为大数据技术在财务管理中的高效应用提供更加专业的技术支持。

（二）实现人力资源数据化管理

数据信息技术的发展为人力资源的工作带来了更大的机遇和挑战，也让人力资源管理工作逐步趋于数据化。对现代企业来讲，如何运用时代所赋予的大数据技术提升企业管理水平、促进企业战略执行，是人力资源实现数据化管理过程中应当解决的一个重要事项。

人力资源要实施数据化管理，需要公司全局来响应，因为这项工作并不仅是人事部一个部门的事情，它必然会牵扯其他部门，对其他部门工作产生或大或小的影响，所以要进行人力资源的数据化管理，必然需要公司上下层人员都具备数据化管理理念。再者，由于数据种类杂多，所以数据化管理需要先收集并汇总众多有潜在价值的数据信息，再依据相关指标从中筛选出关键信息来支撑企业的决策制定。

总体而言，实施人力资源数据化管理是一个长期性的工作，在短期内较难看出其成效，而且在这个过程中，其数据掌握得越多，数据化管理就越完善。虽然人力资源数据化管理会使其工作更加趋于理性与科学，而且它的最终目标也是为支撑业务部门和企业总体的战略决策，以帮助提升企业管理水平，但在实际操作中，数据化管理要取得最大成效依然需要与艺术化管理相结合。

（三）合理规划企业生产经营活动

在新经济发展时期，现代服装企业要想维持其原有的市场支配地位或者保持其绝对的市场竞争优势，就必须协调好技术、设备以及资金等方面的关系，着重培育企业核心技能。如果依然采取传统运营管理模式，片面追求"大而全"或者"小而全"的运营流程，就必然需要在技术、设备、资金等方面进行大量的投资，这不仅会使企业的经营管理成本大幅上升，同时也会削减企业在增值率较高的产品设计、品牌推广、产品营销等方面的核心竞

争力。服装企业要想突破这一发展瓶颈，就必须实施虚拟经营战略，尝试将其增值率较低的生产优势转化为增值率较高的市场优势。基于此，服装企业可通过运用 OEM 代工方式将增值率较低或者业务能力不足的部分外包出去，借助联盟企业的优势实现外部专业化资源的整合，并将因此节约的资金投入报酬率高、经济效益明显的价值链环节上。

服装企业虚拟经营战略的实施主要是针对生产与销售两个环节。在产品生产环节上，服装企业可基于 OEM 代工方式将产品生产业务外包出去。在选择代工伙伴时，企业需要综合考虑代工厂家的资质信誉、生产技术实力、生产规模等多种因素，尽可能选择资质信誉高且技术实力雄厚的企业作为其合作对象，同时为保证产品质量，服装企业还应考虑对 OEM 合作伙伴的 ISO9000 质量认证标准体系的审核，并委派质量检验（QC）人员进行全程现场监督。

三、大数据下运用横向价值链改进模型促进价值链增值

（一）拟定产品价格与数量

在一个产业中，由于企业间相互作用力的存在，当一个企业的产品价格及产量发生变动时，往往会导致其他企业产生共鸣，引发其他企业在这基础上进行有关产品策略的调整，使得市场在价格及产量上建立的均衡点被打破，并逐渐地趋于一个新的平衡点。换言之，一个产业中存在着一种自我调节的动态平衡模式，企业有必要密切关注市场变化以及时采取相应措施。

（二）指明产品生产设计的方向

横向价值链分析有助于企业了解自身与竞争对手之间在产品、技术以及服务等方面存在的差异性，再结合企业经营目标以及市场需求，可以有效地帮助企业确定其产品及技术等的生产和开发方向。如果在这一过程中，企业能够最大限度地利用通过横向价值链分析所识别的这种产品或者服务上的差异性，或者通过横向价值链分析所创造出的更为消费者所接受的差异性，那么企业因此而执行的相应决策将极大地利于企业取得并保持竞争优势，从而大力推动企业经营目标的实现。

（三）确定采购与销售的渠道和方式

在产品销售环节上，为尽快走向市场，服装企业可采取直营与加盟连锁经营双渠道模式进行产品营销。即企业可通过特许权的转让，给各个加盟商店面指定自己的管理人员，并同时规定其相关的服务标准体系，使加盟商能够享受统一的形象、统一的货源配置以及统一的广告宣传等诸多特权。这样在保证各加盟商利润的基础上，也可做好服装企业的品牌宣传，最终实现服装企业与加盟商之间的双赢。

四、大数据下运用纵向价值链改进模型促进价值链增值

（一）强化供应链集成控制

集成化供应链管理是一种通过控制财务资源、信息资源、物资资源以及人力资源，集

供应商、制造商、经销商、零售商以及最终用户于一体的，且需要借助销售网络将最终产品运送到客户手上的一种功能网链结构管理模式。要实现供应链集成管理，首先需要综合考虑各种因素，选择合适的合作对象建立跨企业联盟，其次需要在建立的合作联盟关系基础上实施企业战略采购、制订企业集成计划并同时对企业联盟整体进行业务流程重组，以实现企业价值链增值的目的。

1. 建立跨企业联盟

企业在选择合作伙伴时，必须考虑其实际运营状况，深度结合其经营目标所属类型。如果企业是长期合作，并期望合作伙伴拥有较高的竞争力以及对企业价值增值影响较大的话，则可选择战略型合作伙伴；如果企业是基于短期合作或者是为满足某一短期市场需求而进行企业联盟，为保证成本的最小化，则可选择普通类型合作伙伴；而如果企业欲要进行中期合作，则需要根据竞争力以及对企业增值影响程度的不同，在竞争、技术类型合作伙伴与有影响力类型的合作伙伴之间进行不同类型的策略性选择，其中，如果企业需要合作伙伴对其价值创造具有一定程度的影响作用，并且要求部分信息共享的话，便可考虑选择有影响力类型的合作伙伴。

2. 实施业务流程重组

首先，企业在进行业务流程重组时必须以客户为中心，同时要把业务流程设为改善或者优化的关键点。其次，企业需要重新对业务处理的核心过程进行全方位的思考与设计，以显著改善企业的物流速度、产品质量以及客户服务等多项关键性能，从而满足市场中不同客户对质量、速度以及服务等方面的需求。

3. 制订企业集成计划

供应链上各企业间是相互间协作的动态联盟型企业，在供应链环境下，各企业必须将彼此视作一个整体，并由核心企业作为龙头企业，通过采取特定方法将参与供应链的各企业有效组织起来，以此促进整个供应链的资源优化，实现企业低成本高效率的运营模式，并及时有效地对市场需求做出快速反应。

（二）开展价值链成本核算

纵向价值链上的成本核算主要是对企业在采购以及销售两个环节上产生的成本进行核算。企业在采购环节产生的成本主要包括原材料的采购价格、基本作业成本和额外作业成本三部分。基本作业成本是指企业支付材料款以及在订购、运输以及检查材料等活动中产生的成本，额外作业成本是指由采购材料缺陷所引起的企业成本的增加。在采购环节上，企业可通过作业成本法计算出不同供应商的总成本，并通过比较分析来识别并创造可降低成本的契机；销售环节上的成本主要包括与销售相关的基本作业成本和额外作业成本两类，基本作业成本是指企业针对广告、销售、订单处理等活动而产生的成本，额外作业成本是指由于顾客自身原因造成的损失成本等。

由于当前国内外市场变化风云莫测，导致许多企业难以及时、准确地掌握所关注的诸多重要成本信息，但大数据技术的出现则可以很好地解决这一难题。借助大数据技术，企业可实现对大量形式多样的市场数据的全面搜集和深度分析，而关键问题便在于企业可以多大程度地应用大数据技术。在解决了数据收集问题之后，企业可对价值链整体进行细分，再将所发生的各项成本费用归集，最后对价值链的各环节产生的成本进行计算汇总，这样便可清楚地了解价值链上哪一环节耗费较多，从而采取进一步措施去加以改进。

（三）合理确定战略联盟企业间转移价格

联盟企业间相互提供产品和服务所采用的一种结算价格便是价值链上企业间内部转移价格，通过制定合理的转移价格有助于维持联盟企业间关系的长久稳定，促进各企业间的长期合作。

转移价格的形式主要有三种，即市场价格、以成本为基础的价格以及协议价格。其中市场价格适用于处于完全竞争条件下的市场环境中，但目前由于市场信息的不完全对称，所以以市场为基础对联盟企业间的商品或服务进行定价还存在诸多的阻碍，而且有些产品也不存在可供参考的市场价格；对于以成本为基础的价格，其应用起来便较为简单，具体定价方法有完全成本法及成本加成法等，但这种定价方式使用时需要制定相关标准成本，且在制定过程中很容易出现偏差；最后为协议价格，这种价格形式以双方意愿达成一致为前提，而且将供需各方利益均考虑在内，如果应用得当，将会对整个联盟的合作发挥重大作用。

（四）实施差异化营销战略

在消费选择复杂多样的商业社会，服装企业必须抓住大数据所带来的机遇，利用大数据去实现企业产品的精准营销。企业要实现精准营销，可借助大数据技术中的推荐系统工具来满足客户的个性化需求。

推荐系统的本质是建立客户与产品间的联系。首先服装企业可对客户的历史数据进行相应分析，这些历史数据既包括客户特征，也包括产品本身特征。通过分析发现客户潜在的消费倾向，找到客户的个性化需求，从而有针对性地为客户推荐符合其需求的产品。在这过程中可应用到的推荐方法包括基于统计的推荐、基于内容的推荐、专家推荐以及协同过滤推荐等，其中应用最早也是应用最为成功的是协同过滤推荐，它通常是利用消费者的历史数据来计算他们在产品喜好上的差距，然后利用喜好程度相近的消费者对产品所做出的评价信息来预测目标消费者对特定产品的心仪程度，最后根据这一喜好程度对目标消费者进行产品推荐。

第五章　服装产业竞争力提升之市场势力构建

第一节　国际分工与产业国际市场势力研究

一、国际分工研究进展

由于贸易是在分工条件下随着剩余产品的出现而出现的，因此，贸易理论的演进过程也就是分工理论范式的演进过程。概括地说，国际贸易理论发展大致经历了三个主要阶段。

①传统贸易理论：具体包括以绝对优势理论和比较优势理论为代表的古典贸易理论阶段和以要素禀赋理论为代表的新古典贸易理论阶段。

②新贸易理论：以保罗·R. 克鲁格曼（Paul R. Krugman）的国际贸易理论为代表的新贸易理论阶段。

③产品内分工贸易理论：以产品内分工和要素流动为特点的产品内分工贸易理论阶段。

与此相适应，国际分工理论经历了产业间分工理论、产业内分工理论和产品内分工理论三个发展阶段。

（一）传统贸易理论对产业间分工的研究

一种比较普遍的观点认为对国际贸易问题的系统研究始于重商主义时期，但国际贸易理论的形成以亚当·斯密（Adam Smith，1776）"绝对成本论"的提出为标志。亚当·斯密指出推动经济增长的最根本原因是劳动分工的深化和演进，而这又取决于市场范围的扩大❶。当市场范围扩大到一国之外时，国际分工和贸易就产生了。亚当·斯密认为国际贸易分工的基础是各国商品之间存在绝对成本差异，而造成这种绝对成本差异的主要原因是各国劳动生产率的差异，由于劳动力是生产的唯一投入要素，劳动生产率高的国家生产的绝对成本较低。

根据亚当·斯密的理论，各国通过专业化生产本国劳动生产率较高的产品可以提高产出，获得总产量增加、消费水平提高和节约劳动时间的利益。通过交换，两国可消费产品的种类和数量可增多，即产生了贸易利益。亚当·斯密的绝对成本说在国际贸易学史上第一次论证了贸易互利性原理，克服了重商主义者认为国际贸易只是对单方面有利的片面看法，参与贸易的各国不再是"非赢即输"，而是可以实现"双赢"。

绝对成本理论回答了国际贸易产生的动因问题，但它无法回答，当一个国家在任何产品的生产上都没有绝对成本优势时，这个国家能否参与国际分工，国际贸易还会不会发生？大卫·李嘉图（David Ricardo，1817）提出的比较成本理论（又称"比较优势理论"）解答了这一问题。

大卫·李嘉图所指的比较优势是不同国家生产同一产品的机会成本的差异，劳动是唯

---

❶ 汪斌，董赞. 从古典到新古典经济学的专业化分工理论与当代产业集群的演进 [J]. 学术月刊，2005（2）：9.

一的生产要素，比较优势源于各国劳动生产率的差异，即各国的生产函数是不同的，生产技术外生给定，生产的规模报酬不变，市场结构完全竞争。不论一个国家的经济力量强大与否，技术水平是否先进，都能找到自己具有相对优势的地方，其关键在于"比较"，即"两优择重、两劣取轻"。该理论将贸易互利性原理一般化和普遍化，说明贸易总能够带给各国福利的增进，缺陷是它只考虑单一要素——劳动力对贸易分工的影响，而没有考察诸如资本、技术和自然资源等其他要素对贸易分工的影响。

戈特哈德·贝蒂·俄林（BERTIL OHLIN）以生产要素自然禀赋（各国生产要素的拥有状况）为立论基础，用多生产要素理论代替大卫·李嘉图的单一生产要素理论，探讨了国际贸易产生的深层次原因，该理论被称为新古典贸易理论（简称 H-O 模型），H-O 模型是现代国际贸易分工理论的基石。❶戈特哈德·贝蒂·俄林归纳了国际贸易产生的两个条件：其一是产品价格的绝对差别是国际贸易的直接原因，当这种价格差别超过两国之间的运输费用时，商品会自动地由价格低廉的一方运往价格高昂的一方；其二，生产要素的价格差别影响商品的生产成本，各国按照生产成本最低化的原则决定生产要素的投入量，具体来说，在生产中大量使用因相对丰裕而价格便宜的要素，较少使用因相对稀缺而价格昂贵的要素。H-0 理论成立的一个暗含假定是各个国家单位生产要素的生产效率是相同的，即各国生产函数相同，将贸易产生的原因归为生产要素投入量的相对差别，含有该国丰富要素资源的产品被出口，含有稀缺要素资源的产品被进口。

（二）新贸易理论对产业内分工的研究

1951 年，经济学家华西里·列昂惕夫（Wassily Leontief）利用美国 1947 年的贸易数据对 H-O 理论进行经验检验时发现，美国出口的商品是"劳动密集型产品"，而进口的是"资本密集型产品"，这与 H-O 模型的结论刚好相反，这一发现又称"列昂惕夫之谜"（Leontief Paradox），它的发现对传统比较优势理论提出了重大挑战。此后，包括华西里·列昂惕夫本人在内的许多经济学家都在 H-O 模型的框架内对这一问题展开了研究，以期对经验数据进行分析和协调，这些分析包括自然资源论、人力资本论等，但各种解释都莫衷一是。与此同时，以保罗·R.克鲁格曼为代表的经济学家放松了传统比较优势理论规模报酬不变、完全竞争市场的假设，研究了规模报酬递增、不完全竞争市场条件下的国际贸易，由此形成"新贸易理论"。该理论与传统贸易理论的一个重要区别是，前者研究的主要是产业间贸易（Inter-industry Trade），即一国进口和出口的产品属于不同的产业部门；而新贸易理论研究的主要是产业内贸易（Intra-industry Trade），即一国出口同时又进口属于同一产业部门的制成品。

1.需求偏好、产品差异与产业内分工

传统比较优势理论隐含地假定需求给定，它们对比较优势的分析都是从供给方面入手。彼得·林德特（Peter Linder）曾说："只有供给而没有需求就像半把剪刀或孤掌难鸣一样，

---

❶ 亚当·斯密.国民财富的性质和原因的研究［M］.孙羽，译.北京：中国社会出版社，1999.

很难说明全貌……"❶彼得·林德特最先注意到需求偏好在贸易模式中的作用，提出了收入相似贸易理论。他认为需求结构是引起工业制成品生产和贸易的基础，两国的收入水平越接近，它们的需求结构就越相似，两国间潜在的贸易量就越大，产品差别化在这类贸易中具有重要作用。产品的差异程度越高，可替代性就越小，需求价格弹性越低，其结果是厂商可以在一定程度上控制产品的价格（获得一定的市场势力）。

2. 规模经济与产业内分工

迪克西特－斯蒂格利茨模型（Dixit–Stiglitz Model，简称 D-S 模型）认为，市场扩大可以折中生产的规模经济和消费多样化之间的冲突，达到某种垄断竞争均衡，使得消费者的净福利最大化❷。保罗·R. 克鲁格曼首先将 D-S 模型应用于国际贸易理论的研究之中，建立了以规模经济为基础的贸易理论模型❸。在规模经济范围内，伴随着产量的增加，生产的平均成本趋于下降，生产规模较大的国家就拥有成本上的比较优势，这时候规模经济取代要素禀赋的差异成为推动国际贸易的主要原因，即比较优势可以后天创造。某个国家由于偶然的原因或历史因素率先进入某个行业并且占领世界市场，只要它达到了一定的经济规模（即生产规模落入报酬递增的范围），就可以获得成本优势，并依靠这一优势阻止潜在竞争对手的进入，即便它已经失去了成本优势，高昂的进入成本仍然可以将其竞争对手阻挡在外，维持其出口地位。

（三）全球价值链理论对产品内分工的研究

当代国际分工体系的一个重要特征是在传统的产业内和产业间分工之外，出现了一种新的分工类型，即产品内分工（Intra-product Specialization）。产品内分工和贸易理论是现代主流贸易理论的重点研究方向，它是经济全球化背景下国际分工发展的一种新的方式和机制，其理论渊源可以追溯到传统国际贸易理论中的"阶段生产模型"（Staged Production Model）和"中间产品贸易"（Intermediate Product Trade）。

传统贸易理论假定产品市场完全竞争，产品生产全过程在一个国家完成，这种建立在古典、原子式市场结构基础上的贸易理论无法对现代产品内分工问题做出有说服力的解释。要从理论上概括和解释产品内分工，必须把分析分工的基本对象从产品推进到工序层面，提出新的理论概念和分析框架，全球价值链理论的出现填补了这一空缺。全球价值链理论关注分散化国际生产的内在运行机制和空间配置；产品内国际分工则主要从经济学角度关注分散化国际生产的成因、贸易表现等"宏观"特征。从理论发展上看，全球价值链与产品内国际分工是"分散化国际生产"现象在不同学科领域的映射，是同一经济现象的"一体两面"。

1985 年，迈克尔·E. 波特（Michael E.Porter）在其著作《竞争优势》中首次提出了

❶ 彼得·林德特. 国际经济学［M］. 范国鹰，陈生军，陈捷，等，译. 北京：经济科学出版社，1992.

❷ 王涵宇，邵海军，安虎森. 垄断竞争和最优的产品多样化［J］. 延边大学学报，社会科学版，2005，38（3）：9.

❸ 保罗·R. 克鲁格曼，罗宾·韦尔斯，凯瑟琳·格雷迪. 克鲁格曼经济学原理［M］. 赵英军，译. 北京：中国人民大学出版社，2018.

价值链概念。价值链（Value Chain）是厂商内部和厂商之间为生产最终交易的产品（或服务）所经历的价值增值过程，包括设计和产品开发、原材料采购、中间产品投入和营销程序，一直到最终的客户服务的所有阶段。价值链包括价值活动和利润，价值活动可分为基本活动（生产、营销、运输和售后服务等）和支持性活动（原材料供应、技术、人力资源和财务等）两部分[1]。

20世纪90年代中期，一些国外学者以价值链理论为中心，结合商品链和投入—产出等研究思路提出了全球商品链理论（Global Commodity Chain，GCC），在此基础上建立了全球价值链理论（Global Value Chain，GVC）。所谓全球价值链是指为实现商品或服务价值而连接生产、销售、回收处理等过程的全球性跨企业网络组织，涉及从原料采集和运输、半成品和成品的生产和分销，直至最终消费和回收处理的整个过程，它包括所有参与者和生产销售等活动的组织及其价值、利润分配。如果说传统国际分工的边界是产业的话，产品内分工的边界则在于价值链。

产品内分工的基本内容是将产品生产过程的不同工序和区段以及不同零部件在空间上分散化地展开到不同国家和经济体之间，每个国家专业化于产品价值链的特定环节进行生产。产品内分工将比较优势深化到最终产品生产过程中的每一个生产链节，在这一过程中，"价值链"会随着新的可供"发掘"的比较优势被"发现"而不断"裂化"，"产品"首先被裂化为诸多的"流程"，而"流程"又被裂化为更小的"工序"，这些围绕着最终产品生产的，分散在各地的工序、区段和环节串成的跨越国界的价值链条就是全球价值链。

传统贸易理论虽然解释的是最终产品的分工和贸易模式，但产品内分工并没有超出现有国际贸易理论的解释范畴，现有国际贸易理论完全能解释产品内分工的原因、结构和与之相关的国际贸易的结构和福利分配问题。比较优势和规模经济仍然是产品内分工的重要基础。

按要素密集度的不同，我们将价值链的各环节（工序）区分为劳动密集环节、资本密集环节、技术密集环节三种。通常情况下，不同国家的要素禀赋不同，从而要素的相对价格不同，各国依据自身的要素特点选择自己具有比较优势的环节，或是将生产工序分散到其他国家以满足不同工序的最佳规模要求，这种分散化生产带来的成本节约和生产效率的提高是产品内分工得以迅速发展的根本原因。

规模经济（Economy of Scale）的实质是产出规模与单位产品成本之间存在反向关系，反映在图形上是一条先降后升的U形曲线，平均成本随产量增加而下降的区段对应规模经济，平均成本随产量增加而增加的区段对应着规模不经济，平均成本最低时的产量水平对应有效规模（Efficient Scale）。

以往的贸易理论隐含地假定产品各加工环节（工序）的有效规模相等。最终产品生产的不同区段的有效规模不一定相同，产品内分工可以将不同有效规模的生产区段分离并安

---

[1] 迈克尔·E.波特，著.竞争优势［M］.陈小悦，译.北京：华夏出版社，2005.

排到不同空间场合进行，最大限度地享有规模经济带来的成本节约，使总成本降低，资源的配置效率提高，从而发挥规模经济的优势。

产品内分工主要受以下因素影响：生产过程不同工序、区段、环节的空间可分离性、不同生产工序的要素投入比例的差异、不同生产工序有效规模的差异、中间产品的交易成本、中间产品的运输成本。用产品内分工强度来表示发生产品内分工的比例和可能性，前三项因素对分工强度有正向影响，后两项因素对分工强度有负向影响。本质上说，决定产品内分工强度的是产品内分工带来的收益和成本的相对大小，即边际成本和边际收益的比较，边际收益和边际成本相等时，产品内分工强度最优。

二、产业国际市场势力研究进展

在早期研究中，市场势力是作为竞争的对立面出现的，市场势力被认为是存在垄断的证据。市场势力理论研究经历了一个从企业市场势力向产业国际市场势力深化的过程，其内涵从企业获取垄断溢价的能力变化为产业在国际竞争中对价格和利润的支配能力。

（一）市场势力的内涵、来源和测度

微观经济学认为市场势力（Market Power）就是垄断势力（Monopoly Power），就经济学意义而言，指的是一种在不完全竞争条件下提高价格、限制产量的能力。关于市场势力的定义，理论界存在多种定义方法，但多围绕定价和垄断势力展开。《现代经济辞典》中将"市场势力"定义为"市场的参加者（卖方或买方）影响与控制市场上产品价格和供给数量的能力"。概括地说，市场势力是单个或一组联合厂商掌握的能影响商品价格和市场份额或其他市场参与者的能力，其核心是定价能力，具备市场势力的厂商可以将价格提高到完全竞争水平之上，而不会带来大部分销售额的丧失，它体现了厂商对市场的把握和控制。如果在位厂商能够引导其他厂商成为其价格策略的追随者，或是通过合法途径（如生产能力扩张和垂直兼并等）将潜在进入者阻挡在市场之外，该厂商就具有市场势力。依据厂商拥有的市场势力的时间长短，将市场势力区分为长期市场势力和短期市场势力，短期意味着在 2 ~ 3 年内厂商可能拥有影响其他厂商和市场参与者的能力，但是在长期，随着其他生产厂商的生产能力的扩张、潜在进入者的进入或者是大的销售商通过垂直兼并进入生产领域，这种市场势力都会受到削弱。竞争对手的壮大、新厂商的进入或者其他限制厂商运用市场势力行为的发展所需的时间长短就决定了短期或长期市场势力的类型。

微观经济学假定，厂商的目标是追求利润最大化，为了实现上述目标，厂商倾向于把产量，定在边际成本等于边际收益的水平，然后根据需求曲线来确定价格。实际中，厂商的定价能力与具体的市场结构有关。在完全竞争的市场上，所有企业都是价格的接受者，价格由供给和需求共同决定，竞争性厂商调整其产量直到其边际成本等于价格，由于厂商不具备定价能力，因而不存在所谓的市场势力，即市场势力的存在以不完全竞争的市场结构为基础。市场势力包括企业层次的市场势力和产业层次的市场势力，市场需求弹性、市场中的厂商数量以及厂商之间的相互作用是市场势力的三个决定因素。

　　除微观经济学外，产业组织理论对市场势力的研究较多。产业组织理论认为市场势力只存在于不完全竞争市场，其源于不完全竞争的市场结构下价格对边际成本的偏离，因此可以对市场势力进行结构分析。产业组织理论所讨论的市场结构主要包括市场集中度、产品差异、进入壁垒和规模经济四个方面的内容，其分析主要遵循市场结构—市场行为—市场绩效的框架。

　　市场结构是指市场中各个主体之间形成的市场关系及其表现形式，主要包括卖方之间、买方之间、买卖双方以及他们与市场潜在进入者之间在交易、利益分配等方面存在的竞争关系。在完全竞争市场中，企业只能获得平均利润，不存在所谓的市场势力；在垄断竞争市场中，企业凭借产品差别可以形成一定程度的垄断，企业凭借其垄断势力（即市场势力）可以将价格定在边际成本之上，价格大于边际成本的溢价部分即企业的超额利润。与完全竞争相比，在不完全竞争市场上，产品的产量低而价格高，即市场势力造成了一种社会成本。因此，判断市场势力是否存在成为反托拉斯调查（反垄断调查）的重要内容。

　　产业组织理论认为市场势力源于产品差异、市场集中、进入壁垒和规模经济几个方面。市场势力来源于结构性的进入壁垒和类似卖方集中等产业特征，上述特征导致竞争者之间对其相互依存性的认识，从而降低了竞争的程度。产品差异指的是一个产业内部，相互竞争的企业所生产的产品之间所具有的不完全替代的特性。产品差异的来源有多种，可以是质量、款式、颜色、区位、时间、适用性等。一般地，产品差异可以分为水平差异、垂直差异和信息性差异三个维度。水平差异通常指质量相同的情况下，由于款式、颜色、包装等外观特性的不同带来的差异；最典型的垂直差异则是产品的质量上的差异；信息性差异主要源于广告等给消费者带来的关于产品的存在、销售地点和价格等方面的信息。进入壁垒从新企业进入市场的角度考察了该产业内原有企业和新进入企业的竞争关系，以及由此带来的市场结构的调整和变化，进入壁垒主要有结构性壁垒、策略性壁垒和制度性壁垒三种形式。规模经济也是形成市场势力的重要来源。行业集中度、基尼系数、赫芬达尔指数等反映市场竞争程度和结构的指标常被用作判断企业是否具有市场势力的指标，利润率指标有时也被作为判定市场势力存在的辅助指标。

　　国际贸易理论并没有直接论述市场势力，但我们可以从中找到与市场势力相关的内容和部分。古典和新古典国际贸易理论建立在完全竞争和规模收益不变的假定之上，认为国际贸易更倾向于发生在资源要素禀赋不同的国家。随着资源要素禀赋相似国家间贸易量占世界贸易总量的比重逐年增加，传统贸易理论不能对此做出解释；而新经济的出现也使传统理论的规模收益不变的假定受到挑战。新贸易理论建立在不完全竞争和规模报酬递增基础上，通常包括规模收益递增的贸易理论、不完全竞争贸易理论、重叠需求贸易理论、技术差距贸易理论和产品生命周期理论。书中运用现代产业组织理论对产业内分工和贸易问题进行了系统的论述，建立了以规模经济和产品差异为基础的垄断竞争国际分工与贸易理论模型。新贸易理论关于垄断竞争和规模经济的分析都蕴含着市场势力的思想，在垄断竞争的市场结构中，参与竞争的厂商所生产的产品是不完全替代的，即各自具有某种程度的垄断势力,因而其具备一定的价格决定能力,即市场势力。

根据定义,市场势力总是表现为一定程度的价格加成能力,即将价格定在高于边际成本之上的能力,具备上述能力就意味着企业或产业具备了市场势力,从现有研究来看,对市场势力的衡量也多是围绕价格进行。具体来看,主要有三种衡量的方法。

1. 利润率

在完全竞争市场上,企业参与市场竞争只能获得平均利润,在不完全竞争市场上,企业可以凭借其市场势力获得高于平均利润的超额利润,因而可以借助利润率指标来反映不同企业所具有的市场势力的大小。

利润率有多种形式,如销售利润率和资本金利润率等,销售利润率反映了企业每元销售收入所获得的利润,它是在企业整体范围内,反映企业生产经营活动的有效性,其计算公式为:销售利润率 =(税后利润率 + 利息支出)/ 销售收入净额 × 100%,其计算的是会计利润,不涉及机会成本。

2. 贝恩指数

贝恩指数(Bain Index)也是借助利润率指标来确定市场势力的大小,它采用的是经济利润。贝恩指数所揭示的是可能的市场势力而不是对市场势力的直接计量。

3. 勒纳指数

阿贝·勒纳(A.Lerner)使用价格和边际成本的差额与价格的比率(即勒纳指数,Lerner Index)来测算市场势力,勒纳指数是度量市场势力的基本指标,它衡量了价格偏离边际成本的程度。勒纳指数法具有简单、直观的特点,但由于边际成本的数据通常不可获得,该方法通常只能作为测度市场势力的理论方法。新实证产业组织理论(NEIO)的出现解决了边际成本数据无法获得的难题,它通过计量手段间接测算市场势力,避免了对会计(边际)成本数据的要求。

(二)产业国际市场势力研究的兴起

产业国际市场势力的研究始于一些学者对浮动汇率制度下汇率变动对真实经济变量(如价格、利润等)影响的考察,这一时期的研究将产业国际市场势力和产业国际竞争力等同起来。各国产业的国际竞争力会因为各国贸易和管理政策、市场大小、接近原料供应来源的程度等因素的不同而不同,他们将汇率因素纳入计量模型,用价格—边际成本加成来表示产业的国际竞争程度,并通过计量方法估算了产业的国际市场势力。

国际市场势力研究的最新进展是引入了全球价值链理论的有关内容。价值链理论指出产品价格是由价值链上各环节的价值增值共同决定的,在产品内国际分工体系下,片段化生产(Fragmentation of Production)使产品的各生产环节可以在全球范围内配置,选择在成本最低的地方进行生产,当代产品已经越来越多地表现为一种"万国产品"。因此,产业国际市场势力不仅表现为各国国内产业对最终产品的定价能力,还表现在产品内分工的不同环节上以及各个参与国在利润分配上的相对状况。

在全球商品链（Global Commodity Chain，GCC）中占据主导地位的链节，如购买者驱动型价值链中的大型零售商、中间商、品牌制造商和生产者驱动型价值链中的大型跨国生产商（他们在整个生产网络起组织协调作用，通过投资的方式形成生产供应链的垂直分工体系），在利润分配上占据有利地位。购买者驱动的全球价值链的大部分价值增值流向了市场销售和品牌化等流通领域。

价值链的治理模式与市场势力之间存在着紧密的联系，在资源动用形成网络的过程中，网络中的个体之间可能产生不对等的权力关系。全球价值链的治理结构不但会影响发展中国家制造商进入发达国家产品市场的难易程度和发展中国家产业国际竞争力的提高，还会影响利润在价值链上不同环节的分配，准层级型和层级型价值链中存在着购买方对供应方的控制。

不少国外学者对产业国际市场势力进行了实证研究。研究发现，竞争有助于降低市场势力，在国际竞争性行业中，企业的市场势力一般较低。市场势力和企业规模之间的关系则比传统认为的正相关关系复杂得多。新实证产业组织理论（NEIO）是一种通过计量手段间接测算市场势力的方法，它虽然避免了对会计成本数据的要求，但模型本身存在的假设条件过多和数据约束等问题使该方法的推广受到限制，其估计方法主要有两种。

1. 价格—边际成本指数模型：Hall 模型

Hall（1988）在研究市场结构和宏观经济关系时，将价格—边际成本指数作为市场势力衡量指标，推导出产业层次市场势力的测度模型，并测算了美国的 50 种产品的市场势力。Hall 模型的基本假设如下。

①产业可以是不断变化的，但在一定时期内该国该产业的资本投入是不变的，并且劳动是唯一要素投入。

②存在技术进步，技术进步对生产力的发展存在一定的影响。

③由于国家间政策的变化（如关税和非关税的变化）可能影响各国的产出，使各国的对外贸易发生重大变化，假定在考察期间内，各国贸易政策不存在重大变化。

④产业内各个企业是团结的，它们共同行使产业的市场势力，相当于整个产业有一个"领头人"，帮助产业内所有企业行使市场势力。

2. 剩余需求弹性模型：Goldberg 和 Knetter 模型 ❶

根据微观经济学原理，在产品市场上，一个企业所面临的实际需求等于市场总需求减去对其他企业产品的需求（包括所有现实的和对潜在竞争企业的需求）。Baker 和 Bresnahan（1988）提出了一种利用剩余需求弹性估算企业市场势力的方法，Goldberg 和 Knetter（1999）将 Sullivan（1985）的模型加以改进并对 Baker 和 Bresnahan（1988）的方法加以拓展，将汇率因素引入上述模型，得出在一般条件下（产品差异和垄断市场结构以外）出口产业市场势力的测度模型。

---

❶ 宁俊. 服装产业链理论与实践 [M]. 北京：中国纺织出版社，2007.

假定在产品国际市场，消费者将一个国家生产的同类产品视为可完全替代，不同国家生产的产品则不具备这种特性，由此可以把一个国家内部生产同类产品的厂商进行简单汇总，即认为国际市场上的竞争是在国家层次上展开的。本国企业在出口市场上面临的剩余需求等于出口市场的总需求与竞争企业对出口市场的总供给之差。Goldberg 和 Knetter（1999）将本国同类产品的出口企业看成一个整体，用它所面临的剩余需求弹性的大小来表示本国出口产业所面临的外部竞争的激烈程度，剩余需求弹性在数值上等于出口产业的国际市场势力。

Goldberg 和 Knetter（1999）利用该模型具体测算了美国瓦楞纸产业和德国啤酒产业的国际市场势力，估算出来的结果与用其他的竞争力指标得到的结论一致，证实了将该方法用于研究国际市场上的竞争是可行的。Nardis 和 Pensa（2004）采用 Goldberg 和 Knetter（1999）的模型研究了意大利纺织、服装、鞋子等传统出口产业的国际市场势力，发现在绝大多数出口目标市场上，意大利企业都享有一定程度的市场势力，竞争力也较强。

（三）产品内分工下的产业国际市场势力研究

产业国际市场势力是一国企业通过对产品价格和利润分配的影响和控制所体现出来的某种支配力量，它是市场势力的深化和拓展。产品内分工的发展为其注入了新的内涵，当前学术界对产业国际市场势力的研究大都从全球价值链视角展开，研究决定各国在价值链上各环节之间配置的因素以及贸易比较利益在各环节之间的分配。以全球价值链理论作为分析工具的现实基础是产品内国际分工。

从产业全球化角度看，产品内国际分工的出现和广泛开展使得一国的竞争优势不再局限于最终产品和某个特定产业，各个国家可以根据自己的竞争优势专业化于全球价值链上的某一具体环节，产业国际市场势力的表现形式也因此发生变化，表现为各国产业在价值链上的相对地位和它们在利润分配上的相对状况。

近年来，国内学者也开始研究国际市场势力。文嫱、曾刚（2004）指出在跨国公司主导的全球价值链中，市场势力表现为跨国公司对当地配套企业升级的控制❶。刘志彪（2007）研究发现，在被俘获关系的价值链上，买方势力的存在会阻碍中国企业向功能升级的推进❷。

张小蒂、朱勤（2007）研究了全球价值链中企业创新与国际市场势力的互动❸，指出市场势力是企业通过对产品价格的影响与控制所体现出的某种市场支配力量，包括企业的经营控制、市场渠道控制、产业的组织化程度与企业联盟等，创新的强正外部性能带来社会

---

❶ 文嫱，曾刚. 嵌入全球价值链的地方产业集群发展——地方建筑陶瓷产业集群研究［J］. 中国工业经济，2004（6）：36–42.

❷ 刘志彪. 全球价值链中我国外向型经济战略的提升——以长三角地区为例［J］. 复印报刊资料（工业经济），2007（3）：28–36.

❸ 张小蒂，朱勤. 全球价值链中我国企业创新与市场势力构建的良性互动［J］. 中国社会科学文摘，2007（4）：108–110.

总体福利的增进。市场势力可以防止模仿对企业创新利润的损害，市场势力与创新之间具有耦合互动的共生关系，市场势力为创新提供内生的动力机制、赢利机制和再投入保障机制，这种互动有助于提升我国企业在国际分工中的地位，获取较多的主导权或比较利益。

第二节　以要素为基础的国际分工

一、要素的类型和特点

要素（又称生产要素）是生产某种商品或劳务的必要投入物。现代西方经济学中的要素一般指土地、资本、劳动和企业家才能四个要素。土地包括矿藏、森林等各种自然资源；资本包括建筑物、机器设备等一切人造的生产辅助物；劳动包括生产商品或劳务时所使用的人的全部体力和脑力；企业家才能包括组织其他三要素进行生产的能力、大胆革新和勇于承担风险的精神。四种生产要素的报酬分别是地租、利息、工资和利润。如果把生产要素概念从微观的生产过程扩大到宏观的经济运行，那么所有决定和影响经济过程的有形、无形因素均可以作为要素。广义经济要素是经济全球化下由于要素流动和外溢而对一国经济发展有直接和间接促进的因素，技术、知识、市场制度、环境、一国的企业家及企业家精神乃至企业经营中的国际销售渠道、国际经营管理、全球经营网络等都包括在内，各经济要素呈现动态的单向质量演进过程。

迈克尔·E.波特在其著作《国家竞争优势》中从多个角度对生产要素进行了分类和论述[1]。生产要素大致有五类。

①人力资源：即工作量和技术能力、人力成本（含管理阶层），根据其所从事的工作的复杂程度和技术要求的高低，人力资源又可以分成不同的层次。

②天然资源：它包含先天资源的充沛与否、质量优劣、土地价格、水力、矿藏、林产、水力发电、渔场及其他有形资源，气候与国家的地理位置、面积。

③知识资源：知识资源存在于大学、政府研究机构、私立研究单位、政府统计部门、商业与科学期刊、市场研究报告与资料库、行业协会及其他来源，一个国家在科学、技术和市场知识上的发展，关系到该国产业、产品和劳务的表现。

④资本资源：即每个国家可运用的金融资本和资金总额。

⑤基础设施：运输设施、通信系统、邮政和快递、付款、转账、健康保健等都属于基础设施的范畴，它们的形态、质量和使用成本都会影响竞争。

依据生产要素的专用性，迈克尔·E.波特将要素区分为一般性生产要素和专业型生产要素两类，一般性生产要素（Generalized Factor）可用于任何产业，如公路和通信系统等基础设施，它们能提供最基本的优势，但这些优势可能在许多国家存在，无法保证该国在

---

❶ 迈克尔·E.波特.国家竞争优势［M］.李明轩，邱如美，译.北京：华夏出版社，2002.

和其他国家竞争时具有相对优势。专业性生产要素（Specialized Factor）的使用大多限制在某个特定产业内，如技术型人力、先进的基础设施和专业知识等，专业性生产要素对产业持续竞争性优势的获得具有决定性意义，它们往往要求更多的投资，投资目标明确，投资风险也较高。

迈克尔·E.波特又将生产要素分成初级生产要素（Basic Factor）和高级生产要素（Advanced Factor）两类，前者包括天然资源、气候、地理位置、非技术工人和半技术人工、融资等，后者包括现代化通信基础设施、高等教育人力（如电脑工程师和科学家）以及大学研究所等。初级要素和高级要素的区别在于初级要素是被动继承的，或只需简单的私人及社会投资就能拥有；而高级要素需要在人力和资本上大量而持续的投资，它们往往表现出专业化的倾向。一个国家的生产要素中只有极少数是先天得来的优势，绝大多数必须通过长期技术开发得来，而每种生产要素所需的投资并不一样。对农业或者是技能要求不高、技术已经普及的产业，初级生产要素仍具有一定的重要性，但由于对这类要素的需求减少，供给却相对增加，它们对企业和国家竞争力的作用已越来越小。一个国家想要建立起产业持久的、强大的竞争优势，必须发展高级生产要素和专业性生产要素，它们的可获得性和先进程度在某种意义上决定了竞争优势的质量和命运。尽管如此，初级要素仍然是高级要素的基础。例如，技术和半技术工人的数量与素质是创造科学家高级生产要素不可或缺的基础。

二、价值链上下游分工模式的决定

传统贸易理论假定要素是静态的，要素的数量和质量外生给定，要获得更高的开放收益就必须依靠外来的力量增加要素的供应。经济全球化的基本特征是要素的国际流动，开放经济通过要素流入或流出实现了各种生产要素在本国的组合，这种要素流动表现出以下特点：第一，要素流动方向（包括要素的部门流向和国别流向）从单方向流动转变为多方向互逆流动。第二，要素流动的速度各异，这与要素的性质有关，具体表现为高流动性要素向低流动性要素、无形要素向有形要素的"集聚"和"组合"。第三，要素流动的国家性质难以区分，以多国多要素组合生产最终产品。

产品内分工使国际劳动分工呈现不平衡发展趋势。纵向上，表现为分离出不同的层次，各国根据自身的比较优势发展合适的工种和层次。横向上，则是劳动分工在国际上的不平衡发展，处在较低分工层次上的劳动的横向差别减少，资产专用性低，这一层次国际分工的进入壁垒低，以发展中国家为主；处在较高层次的劳动差别扩大并日益专门化，进入壁垒和退出壁垒较高，以发达国家为主。

DFS模型是研究多种产品情况下的比较优势的代表。Hummels，Ishii和Yi（2001）提出了一个两阶段生产模型，该模型假定生产的第二阶段所使用的投入品为进口的中间产品，这种生产的垂直分离和中间产品的进出口大大地扩大了国际贸易的规模。

三、价值链上下游的收益分配

"比较利益"的全称是国际贸易比较利益（简称贸易利益），又称对外贸易比较利益或外贸比较利益，比较利益产生和存在的直接原因是国家之间或地区之间的劳动分工和商品交换，其深层原因则是先天的资源禀赋和后天的科技和知识进步与飞跃所引起的劳动生产率的差异。贸易理论普遍认为一个国家只要根据本国比较优势的结构参与国际分工和贸易，和无贸易时相比，总能获得国内福利的增加，即贸易能带来更多的比较利益。传统分工中，最终产品生产的全过程在一个国家内部完成，与之相关的收益完全由该国占有。

21世纪国际生产分工中，国际生产网络以特定产品（服务）的价值增值为纽带，各国企业在价值链的不同生产经营环节分工，形成基于"环节"和"链"的分工，在这种分工中，进出口诸方整合全球各种生产要素，并获得与自己分工地位相适应的利益。产品内分工以要素为基础，分工深入产品的工序、区段层面，必须经由多个国家的生产协作才能完成最终产品的生产，在不同的国家进行的各区段（工序）都可能有价值增值，在这种生产方式下，最终产品贸易利益不能真实反映各参与国的实际贸易收益，贸易收益也不由最终产品出口国完全享有，而是在参与分工的多个国家之间分配。

国际分工发展历史表明，经济效益的获取通常与先进生产力或生产方式相联系，它们在很大程度上取决于新的生产要素和要素的质量优势，新的生产要素由于其稀缺性表现出较高的要素报酬收益，而较高的要素质量加速了经济的进步。要素的国际流动并不改变要素的所有权属性，要素的所有权属性决定了一个国家的真实竞争优势和开放收益。要素流动及其稀缺程度是决定全球化经济利益分配的基础，各国参与国际合作要素的相对稀缺程度决定了相对利益的大小。

产品内分工中，价值链上、下游厂商生产的顺利进行取决于上游市场供给和下游市场需求的均衡，上、下游厂商收益的高低决定了它们所在市场的厂商数量，这是因为厂商数量的多少直接影响到价值链上、下游所在市场的市场结构，进而厂商的价格边际成本加成比例（即厂商的市场势力）也受到影响。决定各生产环节的市场结构从而决定各生产环节的市场势力的因素主要包括以下四个方面：

①市场规模和最低有效规模：不同链节受生产的技术特点限制，最低有效规模不一定相同，市场规模和最低有效规模的相互作用决定了该环节可以容纳的企业数量，市场结构由此决定。

②要素稀缺性：不同环节对生产要素投入的要求一般不同，其密集使用生产要素的稀缺程度将最终影响其市场结构。垄断稀缺要素的企业可以垄断该生产环节，获得垄断利润。

③企业的核心竞争力：位于价值链上竞争性环节的企业通常处于从属地位，缺乏对价值链的控制力，获得的利润较低；企业位于垄断环节的情况则正好相反，它们居于控制地位，获得的利润也较高。

④市场经济的基本竞争规则——进入壁垒的高低：进入壁垒最高的环节或区段通常是

对价值链整体运行最具有影响和支配力的环节或区段，占据这些区段的厂商通常会在收益分配上处于有利地位。

第三节　全球价值链的治理与升级

一、全球价值链的动力机制

全球价值链的动力机制立足于产品内国际分工的运行，产品内国际分工的任何新变化、新动向都会影响价值链的动力机制。根据产品特点和链上参与各方相对地位的不同，提出了全球价值链的二元动力机制说，即生产者驱动型（Producer-driven）和购买者驱动型（Buyer-driven），价值链各环节在空间上的分离、重组和正常运行是在生产者或者购买者推动下完成的。

生产者驱动型价值链以产业资本为原动力，强调技术的研究与发展、生产工艺的改进和产品的更新换代，生产者可以通过投资推动市场需求，形成本地生产供应链的垂直分工体系，产业垂直一体化可以强化规模经济效应，加强厂房基础设施等硬件投资，因此变得更有利可图。生产者驱动型价值链大多存在于汽车、航空、半导体等技术、资本密集型产业或一些新兴制造业，在这类价值链中，跨国公司通过全球市场网络组织商品的生产、销售、外包或海外投资等活动。

购买者驱动型价值链以商业资本为原动力，拥有品牌优势和国内销售渠道的发达国家企业通过全球采购和OEM生产等组织起跨国商品流通网络，形成强大的市场需求，通过拓展销售渠道获得范围经济，它较多地存在于法律上相互独立的企业之间，其产品相对简单，在劳动密集型、消费品工业（如服装产业）中比较普遍，在这些产品的生产中，创新多存在于产品设计和营销环节，而非制造中的技术诀窍。购买者驱动型价值链中大型零售商、品牌授权公司和贸易代理公司等跨国公司控制着全球生产网络。这些全球购买者通常不拥有自己的工厂，巨额的购买量使得他们对供应商有巨大的影响力，可以决定其所销售的产品是什么，以及怎么样、在何时、何地、由谁生产。极端的情况是，全球购买者可以凭借其市场权利从主要供应商那里获得价格减让（Price Concessions），而供应商需要将更多工厂迁往低成本地区，或是努力从自己的上游供应商处获得价格减让。

二、全球价值链的治理

"治理"（Goverance）不仅包括强制人们服从的正式制度和规则，也包括符合自愿原则的非正式的制度安排。已有研究表明，"治理"是协调链上企业之间关系的制度机制，既涉及公共部门，也包括私人部门，它不是正式的制度，而是一个持续的互动过程。所谓治理结构，即价值链各环节之间的相互关系，链上某些成员发挥主导作用，对其他环节进行统一的组织和协调，由此形成不同程度和类型的治理结构。从生产组织角度看，治理就是指链条上的一些企业的活动会对链条上的其他企业的行为产生影响。各个价值环节的具体治理模式对于整个价值链的治理模式具有重要意义。

依据交易复杂程度、识别交易能力和供应能力三个变量，提出了一个比较全面地反映全球价值链治理关系的分析模式，按照高、中、低三个程度推导出全球价值链的五种治理模式：市场型（Market）、等级型（Hierarchy，又称层级型）、关系型（Relational Value Chains）、模块型（Modular Value Chains）和领导型（Captive Value Chains，又称俘获型）。五种治理模式中，关系型、模块型、市场型这三种治理模式介于市场型和等级型之间，都属于网络型，企业间的关系是能力的互补，不存在控制与被控制的关系，企业的升级不受限制，分配格局也较为平等，在发展中国家不多见。购买者驱动型价值链倾向于采用这三种治理形式。

全球价值链的治理结构对发展中国家的意义在于：一方面影响到发展中国家制造商进入发达国家产品市场的难易程度，另一方面还影响到发展中国家产业国际竞争力的提高和利润在价值链上不同环节的分配。

价值链理论指出生产经营活动的全过程是一个环环相扣的"价值链条"，它主要包括：研究开发、生产制造、成品装配、市场营销、售后服务等环节。我们可以将上述环节大致区分成三类：技术环节（研究开发）、生产环节（生产、组装）和市场环节（品牌、市场营销及售后服务）。

构成产业全球价值链条的众多"价值环节"中，并非每个"价值环节"都创造等量价值，即价值链内部具有价值等级体系特征。全球价值链体系结构并非一成不变，不同价值链节分工地位的稳定性存在差异，它是由该链节进入壁垒的差异决定的。在等级体系中，创造高附加值的价值环节一般是全球价值链上的核心环节，它们是价值链的治理者，这些领导型企业承担着产业功能整合和协调、控制分散在全球不同地区的诸多经济活动的功能，整个价值链条的全球治理规则围绕这些核心环节展开；创造低价值的环节往往是价值链中的被治理者（被领导者）。

研发设计、品牌和销售渠道等无形竞争力是治理能力的重要来源，要求具备无形竞争力的价值环节一般都有较高的进入门槛，其回报率也较高。一般来说，处于这些"战略环节"的厂商数量较少，因此其地位相对稳定。被治理者从事治理者规定的生产加工等有形事务，这些"非战略环节"门槛较低，回报率也较低。由于进入壁垒较低、厂商较多，竞争往往比较激烈，尤其是那些处于容易被复制环节的厂商，其地位较易波动。

识别价值链的治理者可以帮助我们确定价值链的高附加值环节，要保持全球产业竞争优势，关键是抓住这些高附加值的战略环节。全球价值链对市场销售份额和利润率等指标的重视程度弱化，强调增值份额、利润份额、核心技术和品牌等指标，反映了全球价值链理论对产业的动态升级和技术、品牌等高级要素的重视。

三、全球价值链上的产业升级

关于产业升级，国际上主要分为两大学派：一派关注核心竞争力，主要表现在企业为最终消费者提供所需价值的能力，企业相对独特的竞争策略和企业核心竞争力难以复制、进入门槛高；另一派关注企业的动态能力，从长期来看，企业利润不能通过控制市场获得，而必须依靠企业的动态能力。在分析价值链的治理模式的基础上，提出了四种层次的价值链升级模式：工艺升级（Process Upgrading），即通过对生产体系进行重组或采用新技术来提高生产效率，使自己的产品比竞争对手更有吸引力；产品升级（Product Upgrading），即依靠提高产品档次、不断开发新品种、不断推出新功能和新款式并以更好的质量、更低的价格和对手进行竞争；功能升级（Functional Upgrading），即从制造环节向设计和营销等利润丰厚的环节升级；链的升级（Inter-sectoral Upgrading），指从一条价值链跨越到另一条更有效率的价值链的升级

一些国内学者也研究了全球价值链中的升级问题。黄永明等人（2006）认为，全球价值链框架下的升级是指处于价值链中的企业借助价值链，获取技术进步和市场联系从而提高竞争力，向能带来较高收入的经济活动转移的一个动态过程 [1]。全球价值链的升级过程是指企业在全球价值链上的创新带来的获取附加值能力的提升，具体可分为四种类型：工艺创新、产品创新、功能创新和价值链创新，它是通过价值链上的企业在链接方式、制度安排等方面的创新活动来实现价值增值，其内涵不同于一般意义上的"产业结构优化和升级"。刘志彪（2007）区分了四种不同的产业升级形式：工艺升级，通过重新组织生产体系，或者通过引入更优越的技术，使投入产出转换变得更有效率；产品升级，采用更为复杂的产品生产线（可以用单位产品价值增加的形式来反映）；功能升级，获取价值链中的新功能（或者放弃某些功能），以便增加活动的全部功能；部门间升级，用在特殊价值链的功能中获得的知识，转向不同部门的生产。上述三种关于产业升级分类方法的表述尽管有所不同，但它们在本质上是相通的。

四、要素质量演进、升级与产业国际市场势力

价值链中的每个企业都身处"逆水行舟、不进则退"的竞争环境中。在全球价值链的众多"价值环节"中，并非每个环节创造的价值都相等，某些特定的价值环节可以创造较高的附加值，而某些辅助或支撑环节几乎不创造价值，创造高附加值的环节具有更高的分工地位，其产业国际市场势力也更强。产品内国际分工条件下，产业升级沿着"企业能力提升—产业升级"的轨迹展开。企业能力提升表现为企业由产业价值链上的低附加值环节向高附加值环节、由非战略环节向战略控制环节的提升。

特定行业最具竞争力的国家占据具有垄断地位的战略环节，提供着价值链上最多的价

---

❶ 黄永明. 全球价值链治理与产业集群升级国外文献研究综述［J］.北京工商大学学报（社会科学版），2006（2）：6–10.

值增量；具有一定竞争力的国家占据不完全竞争环节，提供一定的价值量；而在价值链中不具国际竞争力的国家，只能占据价值链中完全竞争环节，在价值链中提供很小的价值增量。在以产业附加值高低为划分依据的全球价值链条中，有的国家处于全球价值链的高端地位，而有些国家处于全球最底端产业链条的最低层次，处于价值链高端的产业具有更强的市场势力，在利润分配上更有利。

经济全球化的基本特点是要素的全球流动。要素的流动首先带来的就是要素禀赋结构的改变，同时，要素流动还将带来国际分工的新变化和新格局。从产业分工的微笑曲线可知，企业若要在整体上形成竞争优势，就需要把价值链的不同环节配置到该环节生产成本最低的国家或地区去完成，该国在此环节的成本最低是该国要素优势的表现，但这可能意味着该国从这种价值链分工中得到的要素收益也最低。因此，需要认真分析要素流动条件下由于要素结构的改变所带来的各国分配收益的非均衡现象。

邹全胜（2007）对开放经济条件下的要素的性质进行了较为全面的分析，指出要素在生产过程中所起的作用包括数量和质量两个方面，在数量上应强调高级要素的规模集聚效应，从大量、丰富的低级要素禀赋转移到稀缺的高级要素，这是一种要素间的分析；在质量上，同一要素存在不同的质量层次，要素质量的提升和转化，即通过要素从低级质量阶梯向高级质量阶梯的跃升，提高要素的报酬（收益）。这两个方面都可以通过要素外溢和培育来达成。

第四节　我国服装产业的竞争力分析

一、国内出口市场过度竞争

当代国际服装贸易的基本格局可以概括为三个"三"：三大消费市场，即美国、欧盟和日本；三大制造中心，即亚洲、加勒比海地区和地中海地区；三大贸易圈，即北美、欧洲和亚洲贸易圈。世界服装出口市场的供给地相对集中，市场集中度较高，以单一国家来衡量，中国的市场份额最大，2012 年这一比例达到 37.8%。从理论上说，我国服装出口企业应该具备一定的市场定价能力。

但是，深入我国服装出口爆炸式增长的背后就会发现，我国有大量企业从事服装出口，企业之间处于竞争的阶段，难以建立起在国际市场上竞争时所需的优势和定价能力。

出口企业数量多、规模小，使得单个企业难以获得大到足以影响市场价格的市场份额，服装产品价格由市场总供求决定，即中国服装产业基于企业层面的市场势力缺乏。首先，企业规模小，不具备将有限的产品差异加以区别和专门推销并转化为垄断力量的能力；其次，企业的研发能力和资本积累能力薄弱，自主创新和品牌建设等高端要求对原发性的中小出口企业来说高不可攀；最后，简单平移国内低质低价策略的国际市场挤占路子越走越窄，贸易摩擦和反倾销调查事件频频暴发，产品的国际市场认同度和影响力微乎其微。企业是产业的微观基础，我国服装产业在国际服装出口市场的市场份额虽然较高，但由于缺乏微观基础，服装产业的组织程度松散，出口企业之间的恶性竞争屡屡发生，使得中国服装产业的国际市场势力较弱。

二、国际分工地位弱

服装业是纺织工业的最下游产业，也是纺织工业中加工层次最多的产业。服装产品全球价值链涉及的范围较广，包括原材料（棉花、化纤）加工、纺织品（面料）生产、成衣制造及市场营销等环节。

服装产品全球价值链是典型的购买方驱动型价值链，上游的设计、研发和下游的营销环节相对于中间的制造环节，可以获得更为丰厚的利润，这类价值链中大型零售商、中间商和品牌制造商通过在多个国家设立分散化的生产网络，在整个产品链中居主要地位。由于价值链各链节地位的不平等，占主导地位的链节可以利用其优势扩大在收益分配中的比重。

20 世纪 50 年代以前，服装生产从研发到生产再到营销的整个流程通常由一个企业单独完成。随着技术的成熟和劳动力成本的变化，世界纺织服装生产经历了三次转移：20 世纪 50 ~ 60 年代早期，从北美和西欧国家到日本的第一次转移；20 世纪 60 ~ 80 年代，从日本到中国香港和中国台湾地区以及韩国的第二次转移；20 世纪 80 ~ 90 年代中期，从中国香港和中国台湾地区以及韩国向其他亚洲国家以及拉丁美洲一些国家的第三次转移。不同于前两次转移，第三次转移的一个显著特点是服装生产流程的片段化，各国企业开始根据自身比较优势，专业化分工于价值链的某一个或某几个环节，形成了全球化合作生产的产品内国际分工模式。

服装全球价值链中的利润以各种租金的方式存在，如技术租、组织租、品牌租和关系租等。发达国家如意大利、法国等凭借在研发设计和品牌渠道方面的优势牢牢占据着高利润环节，技术租、组织租、品牌租大多被这些国家的买家和领导厂商获得。服装全球价值链的生产环节进入壁垒低，中国、土耳其、印度、墨西哥等发展中国家纷纷进入这一环节，形成了高度竞争和分散的全球工厂体系。发达国家跨国公司凭借在品牌和批发、零售网络等方面的优势，牢牢控制着价值链中的面料开发、服装设计和品牌营销等高附加值环节，相当一部分企业将生产基地转移到劳动力成本更低的东南亚国家，而将设计开发、品牌营销及生产协作工作保留在企业内部。由此形成以欧美和日本等发达国家企业为第一级，中国香港和中国台湾地区等新兴工业化国家或地区的企业为第二级，广大发展中国家企业为第三级的等级分工体系，每一级企业的收入依次递减。

改革开放后，广东省凭借毗邻港澳地区的优势，率先承接了从日本、中国台湾地区和中国香港等地转移出来的服装加工业务，此后蔓延到浙江、福建、江苏、山东等沿海省份，来料加工、来样加工、补偿贸易等加工贸易方式在这些省份蓬勃发展，成为国内服装企业参与国际产业分工和交换的重要形式，而传统意义上的纯粹"本国产品"贸易越来越少。我国目前的服装出口中，来料加工和来样加工分别占到了 50% 和 30% 以上，自主品牌服装只占全部出口服装的 10% 左右，出口服装的 60% 以上是衬衫、长裤、睡衣等大类、常规商品，这种以加工贸易为主的出口方式和"缺设计、少品牌"的状况直接导致我国服装产业的国际分工地位低，服装产业的国际市场势力因此较低。

三、初级要素依赖

我国出口服装价廉物美，我们能以最优惠的价格生产出各种档次的服装。一个国家的真正竞争优势主要依靠的是投资创造出来的高级要素（Advanced Factor），而非天然的初级要素（Primary Factor）。我国劳动力资源丰富，每年有大量农村剩余劳动力进入就业市场，农村转移出来的这部分新增劳动力不仅数量庞大，数以千万计，而且通常只具备较低的知识和技能水平，服装产业为他们提供了大量的低技能就业机会。

服装产业是传统劳动密集型产业，它密集使用的大部分是初级劳动力，他们往往不需要经过培训或是经过简单培训就可以上岗。在服装产业的国际分工中，我国企业主要从事价值链中的劳动密集型生产环节，这种国际代工（OEM）方式是我国制造业在参与国际竞争中内生的自然选择，但由于只是简单地利用了劳动力要素，劳动力要素的质量和效率并未提高，对品牌和设计、营销等关键环节控制力的缺乏，限制了我国服装企业的获利能力和升级。

由于国内原材料价格和劳动力成本不断上涨，我国纺织出口企业的竞争力严重下降。近年来，国内劳动生产要素尤其是人工成本不断上升，加上各种其他因素，企业经营压力大、利润空间大幅压缩。目前，东部地区企业工人月工资已远远高于东南亚国家，中国在劳动成本方面早已无优势可言。印度、越南、巴基斯坦等国家的用工成本只相当于中国的 38%，原料成本相当于 70%，纺织出口报价比我国约低 10%。受此影响，欧美采购商开始在印度、孟加拉国、越南、巴基斯坦等国家寻找生产成本较低的供货商，"订单转移"情况加剧。国内服装企业要想生存发展，只能在内部管理、设备改造、人才培养、产品研发和创新、产业链整合、提高产品质量、改善售后服务等方面下功夫，提升自己的竞争力。

第六章　服装产业竞争力提升之国际化战略

第一节　国家层面产业国际竞争力影响因素分析

一、宏观理论基础——"双钻石"国家竞争优势理论

本书在前章节介绍了迈克尔·E.波特国家竞争优势理论。该理论将国家竞争力的各种影响因素整合到统一的理论体系中，然而，其最大缺陷是没有考虑到跨国经济活动对国家产业竞争力的影响，随着经济全球化程度不断提高，跨国经济活动成为影响国家产业国际竞争力的重要因素。拉格曼和德克鲁兹（Lagmann 和 De Cruz，1991）研究认为，迈克尔·E.波特的国家竞争优势理论模型不适用于加拿大这种受美国经济影响显著的国家，美国通过贸易和投资对加拿大产业国际竞争力的影响甚至不亚于加拿大本国的各种资源和能力，这意味着加拿大的产业竞争力将受到本国和美国两个钻石因素的影响。拉格曼和维伯克（Rugman 和 Verbeke，1993）指出，一些国家的跨国企业可能高度依赖某个或一群较大的东道国市场，此时东道国和母国在全球竞争优势来源中的区别将变得更加模糊，迈克尔·E.波特的国家竞争优势模型过于强调竞争优势的本国特征，不适用于国际生产分割程度较高的经济体 ❶。

邓宁（Dunning，1993）研究认为，将注意力局限于国内资源和能力是对国家产业竞争力决定因素的一种误导，波特模型低估了跨国经济活动对国家产业竞争力的影响。邓宁将跨国经济活动作为第三种外部因素引入国家竞争优势模型中。赵和穆恩（Cho 和 Moon，2000）则认为在经济全球化背景下，跨国经济活动应作为内生因素引入国家竞争优势模型；在上述研究基础上，穆恩、拉格曼和维伯克（2006）通过构建"双钻石"模型将国家产业竞争优势定义为一国特定产业在国际市场竞争环境下长期保持价值增值活动的企业能力，这种能力既来自本国企业，也包括外商投资企业。"双钻石"模型由"全球钻石"和"国内钻石"组成 ❷。其中，"全球钻石"在一定时期内形状是固定的，但"国内钻石"的形状由国家的大小和竞争力决定。两者之间用虚线表示的钻石即为"国际钻石"，表示考虑跨国经济活动影响以后的国家竞争力，其形状由国内和全球钻石模型中的各种参数共同决定。在"双钻石"模型中，跨国经济活动既包括本国吸引境外直接投资，也包括本国对外直接投资。由此可见，波特单钻石模型和"双钻石"模型之间最重要的区别就是后者考虑了跨国经济活动对国家产业竞争力的影响。

二、钻石模型的变量选择与分析

（一）钻石模型的被解释变量

钻石模型的被解释变量即为国家产业国际竞争力，迈克尔·E.波特（1990）认为，国家层面的竞争力概念最合适的指标是国家生产率，尽管他同时将产品出口和外向型国际投

---

❶ 冯金华.经济全球化和国家竞争优势——贸易、效率和适度自由化［M］.上海：上海财经大学出版社，2008.

❷ 张丽平.产业升级与国家竞争优势［M］.北京：北京师范大学出版社，2012.

资（FDI）作为国家竞争力的衡量指标；穆恩、拉格曼和维伯克认为，波特模型中产品出口和外向型国际投资更适合作为解释变量，本书主要研究纺织品服装产业国际竞争力，将人均 GDP、单位能耗产出比等衡量国家宏观经济指标作为被解释变量并不合适，借鉴穆恩、拉格曼和维伯克（2006）将国家产业竞争优势定义为"一国创造价值增值活动的企业能力"这一观点，本书将基于增加值计算的显示性比较优势指数（RCA 指数）作为中国纺织品服装产业国际竞争力的评价指标。

（二）钻石模型的解释变量

基于"双钻石"模型的国家竞争优势理论既包含国内的因素变量，也包含国际因素变量，以下分别从要素条件、需求条件、相关支持产业、企业战略、结构与竞争、机遇与政府政策等方面引入相关解释变量。

1. 要素条件

（1）国内要素条件

波特（1990）将国内要素条件区分为基本要素条件和高级要素条件，基本要素包括自然资源、气候、地理位置、非熟练劳动、借贷资本；高级要素包括信息基础设施以及高素质人才。库尔思（Kurth，1990）、克鲁克韦尔（Crookell，1987）、弗里曼特尔（Freemantle，1996）等将制造业工资作为基本要素条件。受上述研究启发，本书根据世界经济论坛（WEF）撰写的历年《全球竞争力报告》给出的遣散成本（Redundancy Costs）以及借款的便利程度（Ease of Access to Loans）两项指标作为基本要素。波特（Porter，1990）、塔西（Tassey，1990）、弗里曼特尔（Freemantle，1996）均发现要素成本与产业国际竞争力成反比；在高级要素条件方面，吴和林（Wu 和 Lin，2000）、刘阳和许新芳（2006）等将每1000 人的研发人员占比、国内研发支出占 GDP 比重等指标作为高级要素条件[1]。本书则以高等教育入学率指标表示国内高级要素条件。

（2）国际要素条件

考虑跨国经济活动的影响，国际要素条件主要通过内向型或外向型国际投资获取。随着工资水平的提升，劳动密集型产业将逐渐向低收入国家转移，此时必须通过吸引发达国家的国际投资来推动研发和技术合作，以继续保持并提升本国的要素条件。穆恩、拉格曼和维伯克（2006）、刘阳和许新芳（2006）等将人均对外直接投资（Average Outbound FDI Percapita）作为国际基本要素条件，将人均吸引外国直接投资（Average Inbound FDI Percapita）作为国际高级要素条件。借鉴上述研究，本书用对外直接投资（FDI）和技术转移（Technology Transfer）指标表示国际要素条件。

2. 需求条件

（1）国内需求条件

波特（1990）在国家竞争优势理论中将国内需求条件区分为需求规模和需求复杂度两

---

[1] 叶茂升. 全球价值链分工与产业国际竞争力基于中国纺织品服装产业的实证研究［M］. 北京：人民出版社，2018.

个方面。庞大的国内需求市场将刺激企业更新技术，且无须担心投资过剩问题；另外，当居民收入水平越高时，消费者对产品质量和性能也会相应提出更高要求，这将迫使企业不断加大研发投入，提升产品品质，更加注重消费者定制化的差异性需求。赵和穆恩（2008）认为，受教育水平决定消费者对商品需求的复杂度，因此本书将用国内市场规模（Domestic Market Size）表示国内基本需求条件，将 WEF 的消费者成熟度（Buyer Sophistication）作为国内复杂需求的测算指标。

（2）国际需求条件

在经济全球化背景下，国际市场与国内市场同等重要，特别是中国纺织品服装产业出口的国际市场份额超过 30%。因此，在研究中国纺织品服装产业国际竞争力时，不能忽视国际市场需求条件的影响。穆恩、拉格曼和维伯克（2006）采用出口依存度和出口分散度来表示国际需求条件，本书借鉴其研究思路，采用商品出口依存度和进口依存度表示国际需求条件对国家产业国际竞争力的影响。

3. 相关支持产业

（1）相关国内支持产业

波特（1990）指出，企业的上游和下游相关产业及其他支持性行业，比如银行业、金融、能源、交通和通信等行业对国家竞争力的发展至关重要。刘和宋（Liu 和 Song，1997）认为，发达的基础设施强有力地支持了中国经济的高速增长。罗斯纳（Roessnger，1996）等总结了社会经济和技术基础设施是两个最重要的国家竞争力指标。在瑞士洛桑国际管理学院（IMD）的全球竞争力指标体系中，能源生产率是基本的基础设施指标，而电信投资、固定电话用户、移动电话用户、计算机用户、宽带用户等则被认为是重要的技术基础设施。本书将公路设施质量（Quality of Roads）、电力供应设施质量（Quality of Electricity Supply）等指标作为表示基本的基础设施条件，将个人互联网用户数量（Individuals Using Internet）作为表示高级的基础设施条件。

（2）相关国际支持产业

国际支持产业是在全球价值链（GVC）分工中与本国企业通过前向关联或后向关联形成协同互补关系的跨国间企业网络。弗兰斯曼和田中（Fransman 和 Tanaka，1995）、莱克斯（Lex，1995）、刘阳和许新芳（2006）认为跟一流的海外供应商合作能够提升本国企业的国际竞争力水平。一方面，海外供应商能够引入新方法、新技术和新机遇；另一方面，本国市场能够为海外供应商研发新产品带来新理念、新信息以及新视角。借鉴相关研究，本书选择航空基础设施质量（Quality of Airtransport Infrastmcture）指标来衡量相关国际支持产业的发展状况。❶

4. 企业战略、结构与竞争

（1）本国企业战略、结构与竞争

波特（Porter，1990）指出，良性的国内市场竞争对于一国建立和保持产业国际竞争

---

❶ 崔焕金. 全球价值链分工与中国产业结构演化研究 [M]. 长春：东北师范大学出版社，2015.

优势尤为重要，竞争企业的建立、组织、管理均构成国家竞争力的重要组成部分；图马拉（Tummala，2000）等认为，成本优势是市场竞争的关键；穆恩、拉格曼和维伯克（2006）则指出，一国能否给予外国企业"国民待遇"是确保本国市场充分自由竞争的基础。借鉴相关研究，本书认为市场集群（State of Cluster Development）可以在很大程度上反映本国产业的组织结构和竞争环境，因而以产业集群发展水平（State of Cluster Development）反映企业国内战略、结构与竞争决策。

（2）企业国际战略、结构和竞争

一国要谋求长期、可持续的全球竞争优势，就必须加强创新竞争和研发整合。图马拉（2000）等指出本国或海外的技术创新活动对企业获取更先进的技术和管理经验以及持续进行产业升级的意义重大。穆恩、拉格曼和维伯克（2006）将国内市场对外国产品的开放度（Openness to Foreign Products）作为国际竞争战略的评价指标。刘阳和许新芳（2006）以国家技术贸易收入的比例作为衡量国际经营战略指标。借鉴相关研究，本书以研究与试验发展（R&D）投入水平来反映企业的国际经营策略。

5. 机遇与政府政策

一般而言，"机遇"是外生给定的变量，这一变量往往具有偶发性、不可控或不可预测等特征，通常无须纳入模型中。而有关政府政策，比如政府补贴、教育以及金融市场政策等均会影响一国生产要素市场，有关产品标准规则的制定将影响需求，而金融、税收和反垄断法等政策又与企业战略、竞争等息息相关。由于政策变量的影响已经被钻石模型中其他变量所吸收，因而也无须加入模型中。

（三）纺织品服装中间产品的国际竞争力影响因素分析

1. 要素条件

遣散成本与纺织品服装中间投入品的国际竞争力呈显著负相关，且回归系数大于上游原材料产品，表明中间产品部门对劳动力成本更为敏感；融资便利性与中间产品国际竞争力正相关，且通过了变量的显著性检验；高等教育入学率也对中间投入品的国际竞争力产生了显著影响；与上游原材料产品不同，国际投资所推动的技术创新对中间产品国际竞争力产生了显著的积极作用，这也从侧面表明发展中国家通过吸引国际投资能够推动本国产业从价值链下游环节逐步向价值链上游升级。

从要素条件各个变量的影响程度来看，遣散成本超过了融资便利指标成为纺织品服装中间产品国际竞争力最重要的影响因素，表明中间产品环节的价值链分工对劳动要素价格变动更加敏感。

2. 需求条件

国内市场规模仍然是纺织品服装中间产品国际竞争力最为重要的影响因素之一，与上游原材料产品类似，采用 CA 为被解释变量的回归模型系数远远大于 RCA 模型，表明国内市场规模越大时，越有利于本国纺织品服装中间产品向国际市场扩张；消费者成熟度对中间投入品国际竞争力影响有正有负，且均没有通过显著性检验，表明消费者购买决策对于中间投入品的国际竞争力影响有限；出口依存度和进口依存度对中间产品国际竞争力的影响与对上游原材料的影响类似，表明无论是上游原材料产品还是中间投入品，国际竞争力必须建立在提升本国附加值基础之上，通过"大进大出"的加工贸易对提升产业国际竞争力贡献作用效果有限。

3. 相关支持产业

公路设施质量、个人互联网用户量以及航空基础设施质量等要素对纺织品服装中间投入品国际竞争力产生了显著的积极影响，电力供应设施质量总体上影响效应为正，但没有通过显著性检验。值得注意的是，相关支持产业中，互联网用户量对纺织品服装中间产品国际竞争力产生了显著的积极作用，说明距离终端市场越近的价值链环节对消费者行为变量反应越敏感。总体而言，公路设施质量和航空基础设施质量仍然是相关支持产业中最为重要的影响因素。

4. 企业战略、结构与竞争

产业集群发展水平仍然是纺织品服装中间产品国际竞争力最为重要的影响因素。然而，企业研究与试验发展投入尽管回归系数为正值，但没有通过模型的显著性检验，说明企业 R&D 投入对纺织品服装中间产品部门的重要性大幅降低，再结合对外直接投资和技术转移对纺织品服装中间产品国际竞争力影响显著为正，这从侧面反映中间产品部门的先进技术可以不需要大量原创性的研究与试验发展投入，通过吸收国际投资和技术转移可以达到事半功倍的效果。

总结纺织品服装中间产品国际竞争力影响因素，从回归系数以及变量显著性两方面来判断，遣散成本、融资便利性、国际投资技术转移、国内市场规模、公路设施质量、个人互联网用户量、航空基础设施以及产业集群水平等因素成为重要的影响变量。

（四）纺织品服装不同价值链分工环节产业国际竞争力影响因素总结

本书借助迈克尔·E.波特国家竞争优势的"双钻石"模型，从国内外要素条件、需求条件、相关支持产业、企业战略、结构与竞争层面引入可量化的解释变量指标对纺织品服装上游原材料、中间产品以及下游最终产品价值链环节的国际竞争力分别进行实证分析，发现不同价值链分工环节国际竞争力影响因素存在较大差异，总体上呈现出以下几个方面的特点。

①遣散成本、融资便利性、国内市场规模、产业集群规模等因素对纺织品服装上游原材料、中间产品以及下游最终产品的国际竞争力均产生显著的正面效应，且回归系数值都比较大，说明上述因素对整个纺织品服装产业发展均至关重要。

②高等教育入学率、企业的研究与试验发展投入以及航空基础设施质量等变量对上游原材料产品国际竞争力的贡献更为显著，但是随着价值链分工向下游环节延伸，高素质创新人才以及技术研发投入对中间产品和最终产品环节的国际竞争力贡献呈现出边际递减效应。表明高级要素对知识和技术密集型的全球价值链上游分工环节竞争力贡献更加突出，而在下游最终产品部门却难以找到"用武之地"。

③国际投资技术转移、消费者成熟度以及个人互联网用户量等变量对接近需求终端的价值链下游部门国际竞争力的影响更显著，说明越是位于价值链下游的分工环节，对需求终端的消费者购买行为反应越敏感；但在要素供给层面，由于纺织品服装下游价值链环节的技术已经成熟，通过国际投资技术转移吸收要比投入大量资金进行原创性研发的效率更高。因此，在纺织品服装价值链下游分工环节具着竞争优势的国家应该通过国际投资大力引入上游国家更多的先进技术，并积极响应终端市场的消费者需求，从而赢得在全球价值链下游分工环节的国际竞争优势，并逐步向价值链上游分工环节积极渗透；而在上游价值链分工环节具有国际竞争优势的国家应该更多聚焦于技术研发与产品创新，并尽可能保持与价值链下游国家之间的"技术梯度"，从而通过出口高附加值的原材料产品最大限度地获取纺织品服装全球价值链分工剩余利润。

第二节 企业层面产业国际竞争力影响因素分析

一、微观理论基础

对企业微观竞争力的影响因素和实证研究一直是学术界探讨的热点问题，大量文献企图探索对企业竞争力具有普遍解释力的理论框架。梅里兹（Melitz，2003）等的异质性企业理论将生产率作为一个核心变量来解释企业出口行为的选择，发现只有生产率最高的企业才会选择出口，生产率较低的企业选择国内销售，而生产率最低的企业会退出市场。企业选择在国内销售还是出口由零利润临界生产率决定，当企业现实生产率高于临界生产率时，则出口变得有利可图 [1]。梅里兹进一步发现，当市场进入的固定成本越高，零利润临界生产率这一市场准入门槛也相应提高，最终能够在市场中生存的企业数量就越少，而市场垄断租金相应就越丰厚。在开放经济条件下，异质性企业理论认为市场均衡的在位企业数量（市场垄断程度）与企业的平均利润率、国内市场进入的固定成本、进入出口市场的固定成本、企业成功出口的概率、出口目标国家数量以及企业出口产品的替代弹性成反比，与出口国家的经济规模成正比。

在威廉姆森（Williamson，1979）、格罗斯曼和哈特（Grossman 和 Hart，1986）以及波尔·安特拉斯（Pol Antras，2003、2004、2013）等研究企业边界理论的学者看来，企业生产效率不仅决定出口行为，而且决定着企业的产权结构 [2]。与异质性企业观点类似，企业边界理论认为市场进入的固定成本导致了企业之间生产效率的差异，而生产率差异又决定了企业出口的模式和产权结构安排在不同的固定成本约束下，价值链中企业合作的最优产权结构和最优区位决策与企业技术效率参数高度相关；安特拉斯和赫尔普曼（Antras 和 Helpman，2004）

[1] 胡静寅. 国际经济学 [M]. 北京：机械工业出版社，2017.

[2] 王洋. 企业边界理论的研究基于科斯思想的演变与发展［M］. 北京：经济科学出版社，2009.

对跨国企业的边界进行了系统的归纳，在总部密度足够高的产业，当市场达到均衡时，技术效率最低的总部服务企业会退出市场；技术效率次低的选择国内外包，然后随着技术效率逐渐提高，依次选择国内一体化、国际外包和国际一体化。企业边界理论还总结出价值链分工体系内企业生产率差异的根本原因来自企业资产的独特性，当某种"独特"资产对整个价值链体系的附加值创造贡献越大时，拥有这种"独特"资产的企业生产率越高，在价值链分工中处于控制和支配地位。除了企业自身的"独特"资产对竞争力产生决定性影响之外，市场的融资约束，供应商之间的竞争程度也是企业竞争力重要的外部影响因素。

二、企业层面产业国际竞争力影响因素分析

第一，企业总资产与 DEA 效率值、DEA-Malmquist 指数等企业竞争力指标均显著正相关。表明纺织服装企业资产规模越大，其生产率水平越高。从我国纺织服装上市公司的实际情况看，尽管行业总体存在产能过剩现象，但就单个企业而言规模却偏小。

第二，企业研发投入与企业 DEA 效率值 SDEA-Malmquist 指数等竞争力指标也显著正相关。企业研究与试验发展投入只对上游原材料产品的产业国际竞争力起到显著性的促进作用，而在中间产品和下游最终产品的价值链环节，企业研究与试验发展投入对产业国际竞争力影响呈现边际效应递减。对上市公司的微观数据分析发现，DEA 效率较高的企业研究与试验发展投入对其盈利贡献程度最大，而亏损企业能够投入研究与试验发展活动的资源非常有限，通过研究与试验发展活动来提升企业竞争力明显"力不从心"。考虑到本书研究的样本主要是盈利能力较强的上市公司，因此，研究结论与前文并不矛盾。价值链中，中游、下游企业之所以出现研究与试验发展活动对产业竞争力影响不显著，主要原因是企业研究与试验发展活动投入不足。

第三，人均资本与企业 DEA 效率值、DEA-Malmquist 指数等竞争力指标均显著正相关。表明纺织服装企业资本密度越高，企业经营绩效越好。资本投入对企业效率的影响主要体现在以下两个方面：首先，企业用于技术创新和设备改造的资本投入，能实现对劳动的替代从而缓解成本上涨压力，同时提升产品档次，满足高端市场需求；其次，通过高密度资本投入培育并夯实企业在产品研发、设计以及销售渠道等方面的"软实力"，从而顺利实现向产业链"微笑曲线"两端渗透。从企业 DEA 模型的非效率来源分析，也证实了人均资本含量对提高中国纺织服装企业国际竞争力的重要意义，目前很多企业存在大量冗余员工就是纺织服装企业生产率低下的一个主要诱因。

第四，公司实际控制人的持股比例与企业 DEA 效率值、Malmquist 指数等竞争力指标均显著正相关。但迄今为止，针对股权结构与公司绩效关系的研究仍没有形成统一的观点。伯利和米恩斯（Berle 和 Means）在 1932 年合著的《现代公司与私有财产》一书中对美国公司产权结构的研究认为，美国公司普遍存在股权结构分散的情况，该现象随后被许多学者用来作为产权分散有利于提高公司绩效的证据[1]。但后来的理论研究发现，大股东持股比

---

❶ 刘凡，刘允斌．产权经济学［M］．武汉：湖北人民出版社，2002.

例提高有利于激励股东对职业经理人的监管，从而降低公司治理的代理成本，提高企业经营效率。

第五，企业品牌价值、实际控制人学历背景对企业竞争力也产生显著性正面影响，尤其是服装企业上述变量的影响更为明显。作为典型的时尚产业，服装企业产品的价值在很大程度上取决于品牌价值，而公司实际控制人的学历背景越高，企业品牌意识也会越强，这从两个变量之间较高的相关系数也可以得到进一步验证。

第六，员工工资企业 DEA 效率值、DEA-Malmquist 指数等竞争力指标均显著正相关。工资上涨能够促进企业生产率提升，这意味着薪酬水平对于企业竞争力是一把"双刃剑"，当企业生产率较高，能够承受高工资成本压力时，薪酬待遇提升有利于实现员工激励，从而对企业生产率形成正向反馈机制；而当企业因生产率低下无法承受高工资的成本压力时，低于行业平均水平的薪酬待遇又会挫伤员工的积极性，从而形成"螺旋式"的负向反馈机制。

第七，企业利息支出、企业税收负担以及人民币汇率升值等变量与企业 DEA 效率值、DEA-Malmquist 指数等竞争力指标均显著负相关，回归结果基本符合现实预期，说明金融市场融资成本上升、政府税收负担加重以及人民币汇率升值都会导致企业竞争力下降。该结论与大量实证研究中发现我国上市公司债务治理低效或无效的结论相吻合。当前，我国金融市场发展相对滞后，企业"融资难、融资贵"问题仍然没有得到有效解决，纺织服装企业由于利润微薄且市场竞争度高，市场抗风险能力较弱，往往很难从银行获得信贷支持。近年来，温州等地部分纺织服装企业纷纷倒闭，主要原因就是企业遭遇银行"抽贷"或者受到同行间"相互担保"牵连而被动陷入债务风波，融资环境恶化加之人民币汇率持续升值造成了大量中小型纺织服装企业纷纷破产倒闭。

第三节　提升中国纺织服装产业国际竞争力的总体目标

一、努力建设纺织服装科技强国

建设纺织服装科技强国需要努力提高科技创新能力，构建科技创新体系。在中国纺织工业联合会的指导下，纺织服装行业争取在包括基础研究、纤维材料、纺纱织造染整、产业用技术纺织品、服装及家用纺织品、节能环保与循环技术、纺织机械、信息化技术、标准研究、行业创新体系等方面取得技术突破和应用推广。实施淘汰落后产能与改造革新传统技术齐头并进战略，并将自主创新与引进消化吸收和开展国际合作相结合，与时俱进，努力提高产业科技含量，依靠先进技术、创新生活方式，提高产业国际竞争力水平。

二、加快建设纺织服装品牌强国

建设纺织服装品牌强国就是要构建"质量、创新、快速反应、社会责任"四位一体的价值体系。其中，质量是品牌的生命，创新是品牌的灵魂，通过市场快速响应来打造品牌市场活力，通过恪守社会责任树立品牌社会道德；将科技创新视为塑造品牌形象的基石，将品牌文化建设放在更加突出的战略地位，注重品牌创意设计、营销文化创新等品牌内涵核心竞争力的提升，注重技术美、社会美、自然美等品牌创意元素的相互结合；积极培养品牌文化生态，建立和完善品牌文化的制度体系和管理体系。

三、大力建设纺织服装可持续发展强国

建设纺织服装可持续发展强国必须构建政府、企业、行业协会以及消费者四位一体的纺织业可持续发展能力体系。政府需要建立可持续发展思想，加强宏观调控与监督；行业协会负责可持续发展规划，发挥行业桥梁和自律作用；企业成为推动可持续发展的主体，通过观念创新、组织创新、管理创新、技术创新，积极落实可持续发展战略；消费者是可持续发展战略的受益者和评判者，要倡导可持续消费观，将高品质、低成本以及环境友好型纺织服装产品融入主流的消费观念中。积极从"低碳、绿色、循环"三种新的经济形态发力，努力转变发展方式，以国家确定的约束性指标以及相应的国际标准为基准，加大技术攻关和技术改造，淘汰高耗能、高排放、高污染的落后生产能力，积极推进纺织服装产业可持续发展。

四、稳步推进纺织服装人才强国

建设纺织服装人才强国是实现纺织服装科技强国、品牌强国、可持续发展强国的根本保证，是纺织服装强国建设的第一资源。建设纺织服装人才强国需要健全人才培养的体制机制，树立"尊重知识、尊重人才、尊重创新"的人才环境，充分利用高等院校和科研院所的优质人才资源，构建高素质创新人才培养基地，同时充分挖掘资源，建立"多层次、跨学科、宽领域"的复合型人才培养体系。力争在较短的时间内，培养一批行业技术领军人才，塑造一批国际国内知名品牌企业家领军人物，资助一批行业重大科技攻关项目的专家学者，造就一批引领行业设计时尚潮流的设计大师，最终建立一支规模适度、素质优良、结构合理、活力旺盛的纺织服装产业人才队伍。

第四节　政府宏观政策和企业微观措施

一、政府宏观政策

（一）劳动力市场政策

从国家层面来看，企业解雇工人的遣散成本越高时，越不利于产业国际竞争力的提升。而以中国纺织服装上市公司为样本的研究发现，企业员工工资的上涨与企业效率成正比，这说明劳动力要素成本对于增强纺织服装产业国际竞争力是一把"双刃剑"。当企业缺乏

效率时，过高的用工成本会导致生产运营更加困难，进一步削弱企业的竞争力；而当企业效率较高、盈利状况较好时，高工资可以实现更有效的员工激励，从而对企业竞争力产生"正反馈"效应。因此，劳动力成本的调整不能采取"一刀切"的政策，应该给予企业更多自由决策的权力。

当前我国经济进入"新常态"。一方面，国际市场需求萎缩与国内经济增长周期性调整叠加，纺织服装产业面临着较大的"去库存"压力，过高的劳动力成本将打压产品的国际市场竞争力；另一方面，随着我国逐渐进入中等收入水平国家行列，消费者需求逐渐趋向个性化和多元化方向，对品牌和设计的要求越来越高，低端产品的需求增长动力不足。面对日益多样化的消费需求，政府劳动力市场政策必须保持足够的灵活性，让处于不同竞争力水平的企业都能够找到适合自己生存和发展的空间。因此，应该进一步完善劳动力市场机制，坚持"有所为，有所不为"的原则。

1. 在"有所为"方面

第一，要加大社会保障支付的政府承担比例，适当降低企业和个人缴费负担。当前我国社会保障体系日益健全，社保基金覆盖范围逐渐扩大，但是企业和个人缴费负担过重，我国纺织服装产业本身的利润空间已经非常有限，过重的社保缴费负担挤压企业技术改进和设备更新的资金投入，不利于产业国际竞争力的提升。

第二，要逐步推进户籍制度改革，尽可能去除劳动力跨区域流动的制度障碍，增加劳动力市场供给的弹性。当前我国沿海地区纺织服装企业出现大量的"招工难，用工荒"问题，主要源于农村"打工族"在住房、子女入学、医疗以及养老保险等方面遭遇了与户籍制度相挂钩的政策歧视。随着沿海地区生活成本的大幅提高，进城务工对缺乏基本社会保障的农村就业人口的吸引力在不断下降。因此，应该通过完善户籍制度改革，取消城乡二元劳动力市场分割和区域分割，保障农村进城务工人员的基本社会福利，才能有效缓解纺织服装这类劳动密集型产业的"招工难"问题。

第三，要实施更加积极的人力资本投资政策，将政府保障支出用途由消极的生活救助转变为积极的教育和培训补贴。我国"招工难"和"用工荒"现象并存的主要原因是大量低技术劳动力供给无法满足企业创新驱动发展模式对高素质劳动力需求不断增长的需要。政府要加大对职业教育和技能培训方面的支出，增加从事研发活动以及拥有熟练技术的劳动者人口比例，为我国纺织服装产业由"成本优势"驱动向"产品差异化优势"驱动的发展方式转变提供人才保障。

2. 在"有所不为"方面

第一，要减少政府对企业经营管理的过度干预，进一步扩大企业在制定用工和薪酬政策方面的自主权。虽然固定期限劳动合同以及最低工资保障制度的陆续出台，对保障劳动者权益起到积极作用。然而，上述政策也损害了企业对用工的自由裁决权，特别是当遭遇经营困境时，过于刚性的用工和薪酬政策降低了企业对控制成本的回旋余地。

第二，应充分发挥工会组织在协调劳资关系中的积极作用。《中华人民共和国劳动合同法》中明确赋予工会组织在企业制定、修改以及决定有关涉及劳动者切身利益的政策时，代表员工与企业积极协商的权利。但现实中许多企业工会组织形同虚设，完全丧失了保障企业员工利益的功能和作用。进而不得不依靠政府"看得见的手"来规范企业的用工行为。然而，现实中企业往往比政府距离市场更近，对于市场信息的掌握更充分，通过市场"看不见的手"对劳动力市场进行调控可能效率更高。因此，应该强化工会组织的作用和职能，通过企业内部协商代替政府设定的"红线"，更有利于企业竞争力的提升。

第三，实施社会保障的公共责任和个人责任间的新平衡。一般而言，社会保障体系应该由公共保障、职业保障以及私人保障三大系统构成，而我国职业保障和私人保障功能发展相对滞后，过度依赖公共社会保障的社保制度，导致公共保障基金"入不敷出"，同时也限制了职业保障和私人保障部门的发展。政府应该适当降低公共社会保障水平，允许和大力发展基于个人和职业的社会保障体系，进一步优化和完善我国社会保障结构。

（二）金融市场政策

第一，推进金融机构的市场化改革，放宽民间金融机构、产品、市场的准入门槛，鼓励各类金融机构加大对资金周转需求较大的中小型纺织服装企业的融资支持，充分发挥民间金融机构特别是互联网金融在收集企业信息和风险控制等方面的独特优势，利用大数据、云计算等新技术手段甄别市场风险，提升金融机构对纺织服装企业的金融服务能力。

第二，逐步推进利率的市场化改革，允许金融机构针对企业的盈利水平和风险承受能力实施差异化的资金定价策略。纺织服装产业生产周期短，对流动性资金融资需求量大，但金融机构由于受基准利率限制，往往不愿意将资金贷给这类高风险企业，利率市场化有利于通过贷款风险溢价来补偿和化解违约风险，有效解决纺织服装企业融资渠道不畅的问题。

第三，要培育和建立多层次资本市场，完善企业金融服务体系。逐步通过公开上市、定向增发以及发行债券等多种方式有效降低企业融资成本。另外，需要制定专门针对中小型纺织服装企业融资的优惠政策，比如为企业贷款提供政府融资担保；引入风险投资基金、产业扶持基金等；由政府牵头与民间机构、行业协会等社会团体共同出资建立中小型企业创新基金，为纺织服装企业设备升级和技术改造提供资金支持。

（三）需求市场政策

一个国家要发展产业竞争优势，需要与国内市场需求相匹配。对于纺织服装产业而言，市场规模越大，消费者需求品质越高。因此，企业创新投入才能获得高额投资溢价，进而形成企业积极投入创新—诱发大规模市场需求—形成高额投资回报—企业继续扩大创新的良性循环，本书通过实证研究更进一步验证了国内市场规模与消费者复杂度等需求因素对提升纺织服装产业国际竞争力的积极作用。就政府政策而言，应该从扩大市场广度和深度两个方面着力扩大国内市场需求。

第一，应该通过加快建立国内统一大市场来拓展市场广度。当前，我国地方政府之间基于行政管辖权的政策差异性较大，国内市场在地方行政权力的垄断干预下长期处于分散割裂状态，地区间贸易和物流成本居高不下。相关研究表明，我国省际贸易壁垒的等价关税高达 51.8%，昂贵的运输成本和地方保护主义阻碍纺织服装企业在地区间充分竞争，产品的区域化特征明显，难以形成具有全国影响力的企业品牌。因此，相关政府部门必须完善相关政策法规，为建立统一大市场和反行政垄断提供法律依据。与此同时，成立专门的政府部门对地区之间各自为政、以邻为壑等地方保护主义行为加大监督和处罚力度。

第二，市场需求政策更重要的目标是影响产业需求质量而非单纯的市场需求总量。就扩大市场深度而言，政府需要加快收入分配制度改革，努力提高居民收入和购买力水平。同时要鼓励和引导企业进行供给侧的结构调整，淘汰落后产能，更新产品和服务提供方式，以"小批量、个性化"的柔性生产响应市场需求的快速变化。另外，要运用信息技术和网络营销手段激发消费者购买热情，将市场潜在购买力转化为现实购买力。

第三，要降低国外纺织服装产品进入我国市场的贸易壁垒，制定鼓励国内企业和外资企业公平竞争的市场环境。服装产业作为现代时尚产业，在产品设计、流行趋势、新材料研发以及营销渠道创新等方面瞬息万变，只有消除国内市场的贸易保护，鼓励企业自由竞争，才能保证本国需求能够紧跟国际市场的变化，让本国消费者能够第一时间获取国际市场信息，做到货比三家，优中选优。而苛刻的客户需求又反过来迫使企业更新产品设计、提升产品质量、完善售后服务，从而形成可持续的产业竞争优势。

（四）产业集群政策

专业产业集群通过地理空间集聚和企业产权分离形成既相互竞争又彼此合作的生产网络体系，促进商品、技术、服务和人员等生产要素在集群内的交流和互动，共同推进产业集群生态的持续创新。国家的产业竞争优势不只存在于产业内部，也表现在产业集群上，而政府在培育和强化产业集群方面也扮演着重要的角色，政府产业集群政策主要包括以下三方面。

第一，政府首先应该加强集群内企业的协同合作。相关职能部门和行业协会要通过举办纺织服装产业发展论坛、召开座谈会以及组织行业技能培训等多种方式促进集群内企业的相互交流，就制约行业发展的共性问题积极沟通。当企业处于一个强大的、信息通畅、互动频繁的产业集群内部时，才能培育出与国际竞争对手相抗衡的实力。因此，政府的政策应该能够推动客户、供应商以及相关产业齐头并进，不断巩固和完善国内纺织服装产业集群的钻石体系。

第二，要加大集群内产业园区建设。产业园区是集群创新的孵化器，政府在园区建设方面应该加强基础设施、机构组织、人才引进以及生活配套设施的建设。另外，要重点引进与产业集群相配套的生产性服务部门，包括：工业设计、技术设计、软件开发、工程仿真等科技服务部门；国际物流、保税仓库、租赁、认证以及人力资源等制造服务部门；金融、法律、税务、财务、广告、会展等商务服务部门；餐饮、住宿、交通、通信等后勤服务部门。通过现代生产性服务业与传统纺织服装制造业的融合与协同，使后者不仅拥有先进的生产系统，而且具备与之匹配的技术创新系统、管理创新系统以及市场创新系统。

第三，要注重对产业集群创新要素的积极培育。政府要营造有利于创新的商业环境以及自由竞争的市场氛围，鼓励高校、科研院所与集群企业之间展开"产学研"合作，加大对集群内企业研发投入和知识转移的支持力度，通过集群内自主创新和集群外协同创新相结合，不断提升中国纺织服装产业的国际竞争水平。

（五）外商投资政策

在全球价值链分工背景下，企业通过学习模仿以及对市场需求快速响应也能形成竞争优势，中国作为纺织服装产业国际竞争的后来者，与发达国家企业存在显著的技术差距。本书通过实证研究表明，只有上游原材料分工环节对原创性的科学研究与试验发展活动依赖性较高，而处在中间产品和下游最终产品分工环节的企业通过技术转移方式实现技术进步的效率更高。因此，政府应该鼓励跨国公司对华投资和技术转移，具体政策应包括。

第一，制定一系列鼓励跨国公司对华技术转移的优惠政策，加强外资企业科学研究与试验发展部门与本国纺织服装企业的知识交流和技术合作，利用外资优化我国纺织服装产业布局，积极引导外商投资企业向高技术、高生产率的纺织服装上游价值链环节投资。当前，我国纺织服装产业的发展"瓶颈"主要集中在化纤制造、纺织机械以及高端面料加工等领域，应该通过吸引外商投资，缩小我国在该领域与发达国家先进技术的差距。

第二，要重点引入大型纺织服装品牌运营商、跨国零售商等"价值链"核心环节的外资企业，力争与本国上游、下游配套企业形成合力，通过产业前向关联与后向关联产生技术外溢效应，提升本国纺织服装企业技术能力和管理水平。地方政府应该结合各地的资源优势和有利条件，因地制宜制定引资政策，消除地区性的市场准入壁垒，形成以价值链"领导"企业为核心的产业集群，扩大规模经济优势。

第三，要着力提高本国纺织服装企业对外资技术的学习和吸收能力，对企业在技术引进吸收方面的资金、设备、人才投入提供税收优惠和财政补贴，同时鼓励本土纺织服装企业与高校、科研院所合作成立技术研发中心，提高技术引进吸收和转化应用效率。

第四，要营造公平的竞争环境，加强知识产权保护力度，本土企业技术引进必须通过公开市场渠道，以遵守商业契约的合法手段获取，对于恶意侵犯其他企业知识产权的不法行为，要加大打击处罚力度，营造有利于外资企业技术转让与本国企业技术吸收的"双赢"外部环境。

（六）产业转移政策

自 2008 年美国"次贷"风波爆发以来，随着我国东部地区土地资源逐渐稀缺、劳动力成本不断上涨以及环境规制日趋严格，中西部地区纺织服装产业的后发优势更加明显。另外，越南等劳动力成本更低的东南亚国家对国际纺织服装产业的吸引力正在逐渐增强。因此，我国沿海省份纺织服装产业正面临"向西内迁"或"向东外迁"等产业转移难题。针对东部地区纺织服装产业的转移压力，政府部门的产业转移政策应包括以下三个方面。

第一，东部地区政府应积极引导本地纺织服装集群企业将劳动密集型生产环节向中西部有序转移，同时出台优惠政策，鼓励转移企业在东部地区建立研发设计以及品牌营销中心，充分利用东部在人力资源以及高端市场需求等方面的潜在优势，通过制度创新、技术创新、管理创新以及营销创新等手段大力发展总部经济，将东部发达地区打造成为国内纺织服装研发中心、时尚品牌中心以及管理运营中心。

第二，中西部地区政府应积极配合东部"价值链领导企业"进行产业转移，并围绕这些核心企业构建特色纺织服装产业集群。在配套政策上，既要实施优惠税收政策有效降低企业投资成本，更要加大配套基础设施建设力度，完善公共服务职能，使转移企业"进得来、留得住、做得大"。可考虑通过规划专业工业园区作为产业转移的集群基地，并配套建立学校、医院等公共服务部门，有条件的地区还可以划拨土地用于园区企业廉租房和保障房建设。通过建立一整套完善的公共服务体系使转移产业能够有效"植入"当地经济发展，成为加快推动中西部地区城镇化进程的重要"引擎"。

第三，在中央政府层面，应加强顶层设计，从纺织服装产业总体发展战略出发，按照提高产业效率、优化生态环境以及推进区域协调发展等原则，对纺织服装产业转移进行科学规划。在政策协调方面，应遏制东部和中西部地方政府各自为政、无序竞争，通过改革财税分成制度、完善地方政府考核机制，积极推进东部地区和中西部地区纺织服装产业在人员、资金和信息等方面的自由流动，形成生产基地在"中西部"，研发和品牌营销中心在"东部"的"双赢"格局。与此同时，要对从东部地区转移出来的高污染、高能耗以及高排放的纺织服装企业实施全程重点跟踪监控制度，严禁企业将"污染西迁"。

（七）产业国际化政策

在经济全球化时代，中国纺织服装产业只有积极参与国际市场竞争才能保持并不断提升产业竞争优势。全球价值链分工背景下的国际市场竞争包括贸易和投资两个方面。因此，政府实施产业国际化政策应注意以下四点。

第一，实施有序出口的宏观协调与管理政策。中国纺织服装出口主要凭借低成本的价格优势占领国际市场，但是过低的出口价格又往往诱发进口国的贸易制裁。特别是当短期内针对特定市场出口增长过快时，容易遭遇进口国的反倾销制裁。面对日益严峻的国际竞争环境，政府部门应该将监管前置，为企业提供有关国际市场行情的准确信息，引导企业分散出口，避免扎堆；行业协会以及政府相关职能部门要实时监督企业是否存在恶性倾销行为，建立预警机制，切实做到为纺织服装企业拓展国际市场保驾护航。

第二，严格执行与国际市场接轨的纺织服装出口技术与环保标准，完善劳工标准立法。当前，针对中国纺织服装产品的绿色贸易壁垒已经对企业出口构成严重威胁。绿色贸易壁垒的大量盛行既有我国出口产品技术不达标的原因，也与全球贸易保护主义重新抬头紧密相关。鉴于此，政府部门需要加快国内相关产品标准与检验标准和国际先进标准对接，通过完善环境认证制度，签订双边或多边互认协定，有效减少绿色贸易摩擦；对于不合理的贸易保护壁垒，相关部门应积极推动政府间谈判协商，通过签订贸易协定等方式有效解决双边贸易摩擦。

第三，转变外贸增长方式，积极开拓新兴市场。政府相关部门应提高行业技术标准，坚决淘汰落后产能，促进中国纺织服装产业向质量效益型增长方式转变；与此同时，实施多元化出口战略，借助国家"一带一路"倡议的东风，加快对中欧、东欧以及南亚等新兴发展中国家和地区市场的开发；通过完善基础设施建设，积极发展国际多式联运，有效节省物流时间、降低物流成本；推动双边和多边的自由贸易协商，便利通关手续，提升我国纺织服装出口产品在新兴市场的国际竞争力水平。

第四，加大对国内纺织服装企业走出去的服务和支持力度。首先，为企业海外投资提供强有力的资金支持，比如设立海外投资银行以提供贷款或融资担保；其次，为纺织服装企业海外投资提供商业信息、政策咨询以及人才培训等配套服务，增强企业应对东道国政策变化和市场风险的能力；最后，与东道国政府签订国际投资保护协定，避免国际双重征税，同时发展半官方的境外商会组织，在本国纺织服装投资企业与东道国政府之间建立沟通机制。

二、企业微观措施

（一）强化企业价值链治理与产业升级

第一，企业需积极培育产品设计、研发、营销以及品牌运营等非生产性价值链环节的国际竞争力。在俘获型全球价值链分工模式下，由于我国企业从低端加工环节开始嵌入国际分工体系，缺乏对上述非生产性价值链环节的现实需求，因而，从某种程度上讲，参与俘获型全球价值链分工活动本身加速挤出了企业对产品设计、研发、营销以及品牌运营等高附加值价值链环节的投入。因此，我国纺织服装企业不能单纯依附于跨国企业买家主导的俘获型全球价值链分工体系，必须通过参与分工，一方面努力实现产品流程和工艺升级，另一方面利用分工形成的资本积累和技术储备加速向全球价值链分工两端高附加值环节积极渗透。

第二，积极构建以本国市场需求为导向的国内价值链分工（NVC）体系。在跨国企业主导的俘获型全球价值链分工模式中，我国纺织服装企业只能局限于低附加值的出口加工业务，缺乏向高端价值链环节渗透的需求土壤；另外，只要企业尝试进行任何可能威胁到在位"链主"控制地位的价值链升级活动，都会遭遇来自后者的打压和抵制。因此，沿着俘获型全球价值链既有路径很难实现我国纺织服装企业的产业升级目标。相反地，当以国内市场需求为导向时，企业不必按照跨国企业指令进行生产，而是更加贴近本国消费者，将参与俘获型全球价值链分工所积累的技术和资本用于发展满足本国消费者需求偏好的民族自主品牌，更有可能提升企业在产品设计、研发、营销以及品牌运营等非生产性价值链环节的国际竞争实力。

第三，以国内价值链为依托，积极参与全球竞争，争取最终与发达国家跨国企业形成均衡型的全球价值链分工关系。在本国企业主导的国内价值链分工体系中，上游、下游企业之间容易形成较为稳固的利益同盟关系，更有利于采用柔性化生产技术满足本国消费者的个性化需求。因此，我国纺织服装行业龙头企业应该加快整合产业上游、下游资源，强化产品设计和研发创新，积极推进由国内核心领导企业主导的国内价值链分工体系的建立。首先，行业龙头企业需要注重制造服务化，将过去单一的生产制造模式向产销一体化复合型模式转变，通过提升营销服务水平推进制造环节升级；其次，要实现生产智能化，通过信息技术对生产过程的全程渗透，形成快速、高效的生产模块；最后，要尝试组织网络化，通过全球生产网络系统优化资源配置，实现全球产业链、营销网络与国内价值链之间的高效衔接与整合。总之，一旦国内纺织服装领导企业取得产业发展主动权，培育出自主研发能力和品牌管理能力，也就获得了参与全球市场竞争的基础能力，有利于最终与全球价值链上游跨国企业建立诸如关系型、模块型或者市场型等势力对比更为均衡的国际分工关系。

（二）加快企业技术研发创新

第一，纺织服装龙头企业应该加大对上游环节研发投入，力争在制约行业技术创新能力的关键装备和核心零部件等重点领域有所突破。当前我国在高性能纺织机械、功能性差异化纤维成套工艺技术装备、新型非织造布成套设备、印染工艺参数的数字化检测与控制系统等重点装备领域仍然存在技术短板。从日本等发达国家纺织服装产业技术升级的历史经验看，从下游低附加值和劳动密集型价值链环节向上游高性能纤维、产业用纺织品领域拓展，并最终打造世界流行时尚品牌，是一条可行的价值链升级路径。因此，我国纺织服装企业应加强人才培养和研发投入，通过与高校和科研院所开展"产、学、研"合作，力争在高性能纺织机械、高新技术纤维生产成套设备、产业用纺织品以及生态化染整技术等价值链核心环节取得技术突破。

第二，对于不具备研发新产品实力的纺织服装企业而言，应该在现有生产设备基础上加快技术更新，重点推进生产信息化、物流信息化以及管理决策信息化三大系统整合，改进工艺流程、优化物流系统、提升决策效率，通过技术改造，实现纺织服装产业由传统要素驱动的粗放型增长模式，向依靠技术进步和全要素生产率驱动的集约化增长方式转变。例如，在生产环节加快普及服装计算机辅助制造（CAM）以及自动化制造系统（FMS）的应用，利用自动化立体仓库技术建立物流配送中心，大力推广计算机集成制造（C1MS）等技术手段，利用现代高科技给纺织服装传统装备插上自动化和信息化"翅膀"，大幅提高生产效率，改进产品质量，通过技术改造升级，不断向中高端细分市场延伸渗透。

第三，企业要构建技术创新体系，积极整合利用全球创新资源。首先，要形成"尊重知识、尊重人才、尊重创新"的企业文化，建设学习型企业，注重员工创新意识和创新能力的培养，建设具有全球竞争力的创新人才队伍；其次，要树立面向市场需求的协同创新思想，建立以企业为主体，以市场需求为导向，产学研密切合作的技术创新体系；再次，要推进纺织科学技术与其他学科的交叉融合，特别是与信息科学技术、生命科学技术以及现代材料科学的渗透融合，形成纺织服装产业新的增长点；最后，要拓展全球视野，加强国际交流合作，积极引进发达国家先进的技术设备，提升我国纺织服装产业科技创新能力和消化吸收能力。

第四，运用互联网思维加快企业生产模式创新。随着互联网在商业领域的广泛应用，以"大生产＋大零售＋大品牌＋大物流"为代表的工业 B2C 模式正在向以消费者为中心的高效率、低成本、精准互动的个性化营销模式转变，"多品种、小批量、快翻新"的柔性化生产更符合消费者日益增长的个性化需求。面对消费市场的结构性变化，美国、日本等国家的纺织服装企业已经完成了价值链重组的变革，成为零售商与生产商无缝协作的典范。中国纺织服装企业必须加快"触网"速度，在思考方式、行动逻辑以及响应效率等方面跟上市场需求的快速变化，通过互联网营销模式创新"倒逼"企业由大规模生产向柔性化制造转型。

（三）扩大企业经营规模

第一，通过资本运营扩大企业规模。当前我国纺织服装企业规模难以做大做强，主要原因是企业通过资本市场融资进展缓慢。自 2011 年以来，包括朗姿、舒朗、威丝曼、维格娜丝、淑女屋等多家服装企业冲刺 A 股 IPO，但除了朗姿外，其他几家相继被否。另外，近年来在所有上市的纺织服装企业中，赴海外融资的国内企业数量已经占到近一半比重。因此，业绩优良的纺织服装企业应该逐步拓宽融资渠道，积极筹划海外上市，合理利用国内和国际两个市场，通过积极的资本运作，实现企业规模的迅速扩张。

第二，利用跨国并购扩大企业规模。对于中国企业来讲，还有取得现成的销售渠道、躲避欧美贸易壁垒（反倾销措施、配额限制）、利用欧美的高水平劳动力等目的。中国纺织服装企业应该学习借鉴成功经验，通过并购重组，扩大企业产品规模和品牌种类，切入多个产品细分市场，以规模经济优势提升企业国际市场竞争力。

第三，保持企业能力与规模边界同步扩张。企业产权理论认为，企业规模扩张会导致外部市场交易成本不断降低和内部管理成本逐渐上升。因此，当企业在边界扩张过程中所节约的外部交易成本刚好能够弥补企业内部增加的管理成本时，就实现了最优的规模边界。这意味着在不变的内部管理成本条件下，资源整合能力越强的企业实现的最优规模往往越大。从我国纺织服装上市企业竞争力实证研究结果看，当企业规模越大时，通常管理过程越规范，运营效率和盈利能力也更强。因此，我国纺织服装企业在规模扩张过程中，一定要注重企业文化和能力建设，构建现代企业管理制度，建立有效的经营者绩效考核与薪酬体系，完善企业内部和外部治理机制，实现纺织服装企业规模扩张与治理能力提升的协调发展。

（四）提升企业品牌形象

第一，注重品牌意识和品牌文化建设。在全球价值链分工时代，企业要想在激烈的市场竞争中脱颖而出，首先，必须增强品牌意识，要将品牌创新理念贯彻到企业经营管理活动中，积极培养专业化的品牌管理人才，视品牌为产品的生命和灵魂；其次，要高度重视品牌文化的塑造，赋予品牌更丰富的文化内涵，将"无文化，不品牌"作为品牌创新的座右铭。从民族传统文化中寻找灵感，形成品牌与民族文化的共振效应。

第二，通过制定产品质量标准和主导时尚流行趋势提升纺织服装品牌影响力。首先，在生产制造环节，产品质量标准是塑造品牌形象的物质基础，也是企业自主创新的制高点，体现着品牌的技术水平和创新能力，谁掌握了产品质量标准的制定权，谁就会成为品牌质量评价的标杆；其次，在市场营销环节，缔造时尚流行趋势是建立品牌形象的上层建筑，谁能主导时尚流行趋势，谁就能影响品牌研发设计的未来走势，成为时尚创意的主导者和市场潮流的引领者。因此，中国纺织服装企业应该将制定产品质量标准和主导市场流行趋势作为重塑品牌形象的两条主线。在主导质量标准话语权方面，应该以科技研发创新为保障，以质量管理体系创新为基础，以信息化技术应用为手段，以社会责任管理为依托。在主导时尚话语权方面，应该加强对流行趋势研究，提供定期化、商业化、权威化的流行时尚趋势报告；依托创意产业园区建设，构建创意品牌的服务型孵化体系，推进时尚创意产业的市场化应用；构建跨界整合的时尚创意联盟等。总之，企业要通过对质量标准话语权和时尚创意主导权的控制，从硬实力和软实力两个层面提升纺织服装企业品牌竞争力。

第三，实施多元化的品牌发展战略。首先，要在保持品牌独立性和自主性基础上进一步拓展品牌空间，通过纵向并购打通产业链，实现品牌向上游、下游环节延伸；其次，通过横向并购在细分市场形成高、中、低端层次的品牌梯度，针对不同细分市场实施差异化的品牌定位策略；最后，要加速品牌"触网"，构建"海陆空一体化"的品牌营销格局。所谓"海"就是面向海外的技术引进和原材料采购，"陆"就是指生产物流加工基地、传统直营商店以及加盟店等生产与营销实体；"空"就是电子商务一体化的营销网络体系。要借助互联网技术把过去单一的线下营销渠道逐渐演变为线上线下联动的立体化多元营销模式，将不同品牌、价格、面料、设计的纺织服装产品从传统实体商店引入虚拟网络空间，实现产品制造与消费者"零距离"互动，提升产品个性化设计和柔性化生产能力，并借助网络社交平台实现品牌口碑的快速传播。

（五）优化产品结构和地区布局

第一，对于主要承接海外订单的小型外贸代工企业，转型升级最优策略是根据上游买家的指令选择生产基地和生产工艺，且在地理位置上尽量与上游买家保持接近。主要原因是这类企业缺乏向高附加值价值链环节攀升所必需的基础能力，它们通常容易对国外上游买家形成强烈的依附关系。因此，这类企业的当务之急是继续保持出口加工环节的比较成本优势。为了不被孟加拉国和越南等收入水平更低的发展中国家竞争对手所取代，它们只能持续强化"在位"优势——在满足上游买家苛刻的产品质量前提下，仍然保持极低的生产成本。在产品升级方面，应该重点聚焦生产工艺和生产流程的改进，以便更好地服务于国外上游买家的采购要求，维持并巩固在现有全球价值链分工中的地位。

第二，对于同时切入国内价值链和全球价值链体系的纺织服装企业，比如雅戈尔、报喜鸟等国内知名品牌，转型升级的最优策略是充分利用国际和国内两个市场，兼顾高端和中低端等多品类产品研发。由于这类企业一方面拥有自主品牌，在国内价值链体系中处于主导地位；另一方面，还为国外高端品牌提供贴牌代工服务，已经在全球价值链部分核心环节形成了一定程度的国际竞争力。因此，在拓展国际市场业务方面，应该继续强化该类企业被国外买家所倚重的规模化集成优势，通过供应链系统优化提高响应国外买家需求的反应速度，提高产品个性化和柔性化生产能力；在满足国内市场需求方面，要将服务于国外买家过程中所形成的有关产品研发、设计以及运营管理等方面的能力应用于国内价值链系统的建立。通过完善国内供应链体系，开发满足高、中、低不同消费层次产品的需求。

在产业区位选择方面，该类企业需要实施更加复杂化的产业布局。一方面，为了满足海外买家以及国内高端市场的差异化产品需求，企业需要强化对设计、研发以及品牌运营等高附加值价值链环节的资本投入。因而，高端产品的生产基地仍然需要保留在那些已经形成了完整供应链体系的发达地区。另一方面，对于满足国内中、低端市场的产品需求，企业需要加大对时尚创意和品牌运营方面的资本投入，结合国内消费者的个性化偏好，研发出更符合本国消费者习惯和审美标准的本土化产品。因此，针对这一部分的市场需求，企业可以将生产基地转移至要素成本更低的中西部地区，而将研发和品牌运营环节依然保留在沿海发达地区。

第三，对于本国在部分生产工艺环节已经处于国际领先地位的全球价值链核心企业，产业转型升级的重点是"高举高打"。集中主要"火力"将企业优势资源投入技术和人才最为密集的沿海发达地区，其产品研发应围绕国家有关纺织服装产业创新的重点领域以及制约行业发展的关键技术环节来展开。作为行业创新驱动的领导者，这类企业主要使命是提升我国纺织服装产业在高技术和高附加值含量的上游装备制造、纤维生产以及产业用纺织品等领域的前沿技术水平。在产品研发创新方面，企业应紧跟国家产业规划方向和世界纺织业技术发展趋势，积极申报国家针对重点技术领域的科研项目资助，加强与高校、科研院所的交流合作，引进吸收国外最新的领先技术成果，力争缩小我国纺织服装产业与发达国家在上游核心价值链环节的技术差距。

（六）推进企业海外市场扩张

中国纺织品服装产业在全球价值链分工中所处地位决定了企业必须继续加大对外开放力度。一方面要积极引进发达国家企业先进生产技术和管理经验，洋为中用，解决我国在关键设备和技术领域的供给短板，缩小与国外同行的技术差距；另一方面必须积极拓展海外市场，将我国"价廉质优"的纺织服装产品推向国际市场。

第一，通过国际贸易渠道推进海外市场扩张。首先，在贸易方式层面，我国纺织服装企业必须从传统低附加值的加工贸易模式向高附加值的一般贸易模式转变。尽管从贸易总量指标来看，中国纺织服装产业在全球市场具有绝对的竞争优势。然而，这种优势主要是建立在基于国内低成本环境的加工贸易方面。随着我国要素价格逐年增长，这种粗放型的海外扩张方式由于越南、孟加拉国等收入更低的发展中国家涌入全球价值链生产代工环节而变得越发难以持续，因而必须将我国纺织服装企业贸易扩张转向主要依靠附加值更高的一般贸易增长模式上来，通过对价值链上游产品的进口替代，延长国内企业参与国际分工的价值链片段，增加出口产品的国内增加值。其次，在贸易流向层面，一方面，由于我国向发达国家纺织服装出口已接近饱和，市场份额增长的空间相对有限；另一方面，对越南、泰国、印度尼西亚以及孟加拉国等发展中国家的产品出口增长潜力依然巨大，因此，应该进一步分散产品出口的目标市场，减少对发达国家的过度依赖。最后，在贸易产品结构层面，既要出口"Made in China"的产品，更要出口"Brand Form China"的产品。应该大力推进高质量、高附加值的自主品牌纺织服装产品出口，不断扩大我国纺织服装品牌在海外市场的影响力。

第二，通过国际投资渠道推进海外市场扩张。首先，企业需要借助海外投资将国内过剩的生产能力转移出去。选择并购或绿地投资方式在孟加拉国、越南等收入水平更低的发展中国家建立生产加工基地，利用当地廉价的要素资源进一步巩固我国企业在纺织服装生产环节的比较成本优势，不断扩大产品的国际市场份额。其次，企业需要通过向发达国家进行逆向投资，并购国外竞争同行先进的设计、研发和营销资产，一方面引进发达国家企业先进技术提升我国产品质量；另一方面在当地建立营销渠道，逐步实现对发达国家市场的积极渗透。

第三，通过贸易和投资的混合模式推进海外市场扩张。借助国家"一带一路"倡议的实施，企业可以进一步创新海外市场拓展模式，构建对"一带一路"倡议沿线国家集"援助、投资、贸易"一体化的国际合作新思路。我国纺织服装上、下游企业可以组成海外投资联盟，与东道国相关企业建立合资公司，在当地投资建设纺织服装产业园区，提供集成式的投融资服务。不仅在东道国投资纺织服装制造企业，而且以产业园区运营收益为融资担保，大力推进当地交通、电力、用水等基础设施建设的发展。既可以带动我国纺织服装上游装备制造等相关企业的产品出口，还可以获取丰厚的海外投资收益。

（七）熟悉国际市场竞争规则

第一，企业要重视对我国纺织服装出口威胁最为严重的反倾销、反补贴以及保障措施等非关税壁垒的研究。首先，注意国际市场行情变化，掌握出口目标国相关企业发展的实际状况，避免因短时期内针对单一市场出口激增而引起进口国竞争企业和贸易管理部门的警觉。其次，加强对贸易规则的学习，一旦遭遇倾销或出口补贴等指控，应该立即配合相关部门的调查，并积极应诉，尽量将贸易制裁的不利影响降到最低程度。最后，要提升我国纺织服装产品出口技术含量和附加值水平，改变过度依赖低价竞争的策略，有条件的企业可以采取贸易与投资并重的产品出口模式，"化危为机"，对进口国相关企业进行股权投资，与之形成命运共同体，或者在产品遭遇"封杀"前尽快将生产基地转移至与潜在出口国签订有自由贸易协定的国家和地区，降低遭遇制裁的风险。

第二，企业需要积极应对技术贸易壁垒、绿色贸易壁垒以及企业社会责任等新型贸易保护措施。由于世界贸易组织有关协议并没有否认上述新型贸易保护措施存在的合理性和必要性，一些发达国家凭借在技术标准、环境标准、质量认证以及劳工标准等方面的优势，对来自中国等发展中国家的纺织服装进口产品使用苛刻的技术和环保制度，并且要求出口企业认真履行社会道德责任标准。这些新型非关税措施打着保护环境、保护人类健康以及维护劳动者权益等"正义"口号，以达到限制进口的真实目的。因此，我国纺织服装企业必须一方面加强对 ISO 9000、ISO 14000、SA 8000 等国际标准体系的研究，积极争取相关标准的合格认证，取得对相关国家的出口资质；另一方面要加快技术创新和设备改造升级，在低碳纺织、绿色纺织、资源循环纺织等方面取得突破，提升我国纺织服装产业可持续发展水平。

第三，要密切关注各国政府之间签订的国际协议有可能对我国纺织服装出口产生的潜在影响，尤其需要重点研究我国主要的纺织服装贸易伙伴国出台的相关政策以及与其他国家签订的各种贸易协定。我国企业必须未雨绸缪，提前制订应对预案，尽量将不利影响降至最低程度。

第七章 服装产业竞争力提升之销售创新

第一节　服装设计创新与服装销售

一、服装设计对市场销售的重要性

服装设计是一项商业化的艺术产物，它具有较强的综合性和实用性。服装设计只有受到大众的欢迎，才能在销售中获得更多消费者的喜欢，继而形成良性的发展循环，促使服装企业的经济效益、文化效益得到提升。

从服装设计的内在属性上看，服装设计从样图到制板、生产、成品，设计风格和市场销售之间存在着重要的联系。因此，设计师在服装设计上不仅需要凝练艺术价值，更要体现出较高的经济价值。要想了解服装设计作品的价值底蕴，服装企业就要立足市场发展走向，从销售的方向上，去探寻服装产品的内在价值。

（一）服装设计与市场经济因素的链接关系

从根本上说，服装设计是一种商品，在开展商品交易的过程中，服装设计师必须要结合自身的实际情况，遵循它的本质规律进行设计。一件好的服装作品不仅要在 T 台上光芒四射，也要在穿着者的身上，体现出美观性和艺术性。反观当前很多设计师，在 T 台上能够大获成功，但是在实际投放市场上却并不受欢迎。这是因为服装设计师过于注重服装的艺术化塑造，忽视了消费群体的审美需求。

在社会的飞速发展中，人们的需求越加多种多样，并呈现出了多元化、个性化、定制化的发展成效。服装设计师要想让自己的作品能够成功推入市场，就必须要结合消费者不同的消费习惯、不同的文化层次和不同的审美观念，从"实质需求""形式需求"和"消费需求"等方面入手，把服装设计作品延伸为一种商业产品，在具体的设计包装中相互链接，满足消费者的需求，符合现代市场的运行规律和发展走向。

（二）服装设计与市场舞台的依存关系

服装行业的本身充满了挑战性和竞争性，在推陈出新的过程中，涌现出不同的艺术风潮。对于服装设计师来说，要想使自己设计的作品更好地融入更大的市场舞台，就必须要立足民族的优秀文化基础，探寻国际服装发展的脉络，创造出富有艺术特点的服装作品。在市场舞台的自身演变下，不同的文化思潮、政治环境、历史条件都会对同时代服装设计产生重要的影响。

当前，人们的物质条件更加充裕，消费者在购买一件衣服的时候，除了实际的穿着需要，还有精神上的需要。这种缘起于内心的精神需求要求服装设计师必须站在一定的高度，找准设计作品所具备的消费群体，在迎合市场舞台发展演变的过程中，使服装设计能够不断以新的面貌出现，加强服装设计师对服装产品的综合把握。

从上述分析上，我们能看出服装设计和市场舞台的依存关系是设计师需要重视的一项重要因素。如何找寻艺术设计和市场需求的平衡点，也成为摆在广大服装设计师面前的重要任务。

（三）服装设计与消费群体的契合关系

根据网站上的一组统计数据显示，受我国地域经济消费水平的影响，不同地区消费者在进行服装消费的时候，所重点考虑和参照的因素有很大的区别。例如，以广州、深圳为代表的华南地区服装市场，对于衣着的潮流性更加注重，从销售业绩上看，该地区对于新品牌的接纳和吸收度较高；以北京、天津为中心的华北地区服装市场，消费定位则主要偏向品牌的配套性，对于服装品牌的忠诚度较高；以沈阳、大连为中心的东北地区服装市场，在服装品牌需求上，往往更注重服装的代表性。此外，从消费渠道上看，不同的服装设计作品在创设之中，应该考虑到具体的经营、包装、运输等因素，在高档专柜、商场、超市、连锁店等不同的场所，所设定的设计款式和生产成本都会有所区别。以此满足消费者对于服装产品更多的需求。这对设计师来说，必须要了解设计作品最终批量生产后，所形成的销售链条，从而使服装能够满足更多人的需求。

（四）服装设计与企业风格的融合关系

对于设计师来说，他们往往是服务于某些服装设计企业或是自己研发创立服装设计工作室。这也要求设计师要根据自己的认知和分析，去定位自身的设计理念和设计风格。无论是在服装作品的颜色搭配、服饰概念、材质肌理还是品牌形象上，都要形成一定的共鸣，切不可过于追求服装设计作品的多样性，防止因为设计手法的无序使消费者产生厌倦心理。在品牌风格上，无论是典雅、成熟、活泼还是内敛，所形成的服装风格都应和企业自身的定位相互融合，使服装设计作品从设计研发到商品展陈上，形成一定的规范和一致性，从而使消费者在有序的销售环境下感受到服装设计的艺术美感。

二、服装设计与交互设计的融合

（一）新媒体平台艺术设计的交互特点

1.建构"虚拟"的信息呈现与交互途径

人接收各种信息时通常会用眼睛和耳朵看和听最直观的部分。先有一个初步的认知，再结合一些理性的思考，从事物的本质上分析信息后形成一个清晰的形象。人在欣赏一件艺术品时，先是在视听上的感受，在简单的行为鉴赏下，再加上潜在意识中的想象，在印象的思考上经过理性的分析，判断这部作品更深刻的意义，包括作者的内心。艺术创作者结合视觉和听觉，才能塑造独特的艺术。因此，在艺术创作中，见闻是必不可少的手段，无论是假想艺术还是一般的艺术品都需要"视"和"听"，这个过程意义非凡。

数字化技术的高速发展和网络功能显著，虚拟艺术创作具有很大的扩展性，为艺术的交互和多媒体带来了更大的空间。这时，虚拟艺术依赖传统绘画与影视艺术，通过交互媒体重新构筑新的形式，实现了结合传统和时代技术的新鲜活力。在这种情况下，新技术是传统艺术的生命力，通过传统的视听在虚拟艺术和广大的受访者之间建立桥梁，能够在人们面前更好地展示虚拟艺术。

首先，基于视觉元素的信息呈现与交互显示器上显示的视觉体验是虚拟艺术的主要表现形式。虚拟艺术是在交互过程中使用的视觉语言，会参考电影艺术的视觉语言，还会参考新的表达方法和数字化技术。不同的是，新的艺术类型显示出鲜明的个性特征。在这个新兴的艺术特别是虚拟艺术中，交互的艺术视觉语言的研究具有重要的理论意义，还具备艺术实践中的指导作用。

视觉语言主要指使用文字以外的视觉印象，借助一般的虚拟设备的条件来传达信息和感情的语言方法。视觉语言传达的信息通常是人类通过眼睛直接得到的直觉印象，也就是说，外部世界的状态和形象，一般都是以图形、线、颜色、照片、影像、动画的片段形式来表现的。这些都是视觉语言的典型艺术。在人类美化生活的同时，视觉语言丰富着视觉艺术创造的形态，所有的艺术语言会共享其中的信息。

其次，基于听觉元素的信息呈现与交互听觉是视觉以外的人类感官中的重要直觉。复杂的语言是最原始的呐喊，自然中的声音是重要的来源，这是听觉获取信息的重要途径。在声音的主体下，进行信息的传递的艺术形式就是听觉艺术。在互动艺术中，听觉和视觉信息都有着绝大的篇幅。在交互艺术的表现中，视觉语言和听觉语言是相辅的，这大大提高了作品的表现力，增加了作品的立体感。但很多时候，听觉和视觉是不同的。对人来说，除了视觉要素以外，声音是最重要的信息源。

艺术作品的分类非常灵活，并没有稳定的表现。在构思和创造过程中，其他展示形式也有很大不同。在电影中，视觉和听觉可以直接传达感官的感受，而故事的多样化制作内容则会根据创作过程中基本规则的形式不同产生不同的叙述方式和表现。另外，在互动艺术作品中，作品的类型有非常大的差异，语音要素是借助内容和形式呈现的。

最后，基于触觉元素的信息呈现与交互除视觉和听觉外，触觉、嗅觉、味觉都是人类从外界获取信息的方法，其中触觉包含疼痛感、压感、冷热感等。在目前科学技术的前提下，借助触觉表达艺术信息是可行的。绘画艺术是以视觉为中心的艺术，音乐艺术是以听觉为中心的艺术，电影是综合性的艺术。在传统艺术中，只有用雕刻艺术的触觉来传达艺术信息，但是在虚拟艺术的设计中，触感的重要性大幅提高了。所以，要去找一条途径，提高手感和反馈的传感器的精度，把研究虚拟艺术作为整个过程中的重要命题。

与传统艺术相比，假想艺术也表现出了新特征。虚拟艺术在单纯的视觉和听觉的效果下，摆脱不了"虚幻的图像"的概念。双方的互动组合不管多么到位和精确，其图像的质量、重量、速度等属性使人无法直接感受到，依靠这些虚拟产品属性，人体接触到时"种类设备"会产生影响，可以产生与真实的物体接触时一样的感觉。

目前而言，触觉因素的虚拟艺术虽不太普遍，但有着比较理想的前景。对创业者来说，这一领域的技术是其创作过程的先进工具。随着技术的不断发展，像这样的艺术作品会如同雨后春笋般一夜之间暴增。

2. 新媒体艺术背景下展示设计的新特征

在新媒体技术不断发展的今天，展示行业也有了新的发展机会。

现代新型展示馆掌握了新媒体技术的基本原理和方法，展示空间、舞蹈、设计中的光、形状、颜色、视频等。比如，日本爱知世博会的英国馆，以"自然"为设计主题，艺术家采用在自然中最为常见且有代表性的叶子作为贯穿整个展示空间的主题元素，起到了视觉联系作用，增强了展示中的视觉线索。可见，可以用展品的特殊性、公司符号、外形特点等相关内容作为设计元素，将这些主题元素融汇在整个展示空间中，营造出一个内容主题明显、统一整体的印象。

空间艺术展示品在空间和人之间建立起相互作用，最重要的就是空间气氛的强调，与观众产生共鸣。虚拟现实的展示可以吸引观众的不仅是技术性的手段，而是根据时间和空间的环境表现来切换，通过人类的生物感觉进行全方位的感官体验。

随着展示方式的变化，进入网络时代，观众可以欣赏的方式也在变化。在忙碌的日常生活中，如果有空闲时间，可以去艺术展览参观、到新的艺术博物馆参观……这种活动真正实现了和文物的"零距离"接触，让观众也能参与其中。互联网的展示为文化财产安全提供了更好的保障，通过触摸屏控制，自由调整观察的角度，对展示内容直观了解，从而使展品的文化艺术魅力被深切地感受到。

在现代展示设计中，新媒体艺术越来越广泛，平面展示的传统方式逐渐被打破，主要采用光的影子、动画效果来表现设计。新媒体技术将最大限度地发挥出这种优点，这种技术方法也是设计师致力寻找的。

除文字、声音等因素外，新媒体技术手段更加多样化，在展示空间里，收集和虚拟场景的模拟，从版面、照明等协调一致，做到整体关系的全方位表达，让欣赏者更好地接受。比如，在德国汉诺威举办的世博会中的健康未来馆，其在展示空间中处处营造了水波视觉效果并且伴随水波声效，让欣赏者可以自由放松地沉浸在水的滋润中，从而引发人们对自身心理和生理的感受，表达重视自身身体健康状况的重要性。为了打造出这样逼真的视觉环境，主办方运用了 168 台投影设备，通过其协调布置才完成，这种新媒体技术也成了营造空间的重要道具。

新媒体技术是现代展示设计的一种新手段，设计师借用新媒体技术对展品进行艺术表达，这种新的表达手段更加具有互动性，比如新开发的视频软件、网页新媒体软件等。另外，新媒体技术的快速发展还能让欣赏者在网上也能观看展览展示，也可以参与展示内容的互动和项目体验，并且能够获得远程回应的效果，这种效果比可视电话更方便、快捷，更能体验新媒体技术的互动性能。

（二）服装品牌在数字媒体平台中的展示设计

20 世纪 80 年代，数字媒体开始在人们的生活中渐渐萌芽。随着科学技术的快速发展，数字媒体借助其自身的双向传播性，实现艺术思维双向互动的桥梁作用，因此被广泛地运用到生活中的不同领域，其中包括艺术领域之中。因为数字媒体基于计算机平台，现在的计算机使用人群基数庞大，更多人的参与会让其产生无法估计的结果，这是数字媒体方便传输特点的一个必然结果，从这种无法预料的结果之中可以激活更多的多样性和差异性结果，从而更好地激发观众的好奇心，吸引大众的直接参与，这是比传统展示更具吸引力的方面。而静态的服装需要用动态效果加以表现，动静结合，运用数字媒体艺术和技术手段所表达的服装效果更加富有生机。

数字媒体艺术在现阶段最常见的是时尚品牌展示和服装品牌的传播。数字媒体把新时代的科学技术与现代媒体结合起来，这是科学技术发展的必然产物，也是服装品牌展示设计不断向前发展的重要特性，如综合性、互动性、虚拟性、商业性和娱乐性等。

1. 互动性

进入 21 世纪后，数字媒体让人们能够更深层次地理解艺术。毫不夸张地说，几乎所有的艺术形式都可以用数字媒体艺术的方式来表现。回顾展示设计的发展史，现在的服装展示面向电影电视、网络媒体等多种交互艺术，更在语音、图像、媒体、交互等很多方面发生了前所未有的变革。

21 世纪，"人的参与"是展示设计中数字媒体艺术的另一个标志。网络的快速发展使时空概念发生变化，打破了传统艺术方式的固定和空间的固定弊端，让人们感受到艺术的独特魅力。参与者的再创造，实际是艺术品的一种从概念到成品加工的转化，艺术作品的观赏者同时也是艺术作品的原创者，这样，两种身份的界限也就更加模糊了。这种通过网络平台上的数字技术让普通大众在日常生活中，从一个接受者慢慢变成一个事件的参与者，数字媒体技术可以通过这种交互手段，依靠视觉、听觉和触觉调动参与者的感官感受，形成一定的心理基础。这种平台的特点和传播过程，对我们的服装品牌设计师在设计展示方式和途径的过程中有着非常重要的借鉴作用。

总而言之，互动性是数字媒体展示方式在网络新媒体平台中的主要特征之一，其打破了多年来传统展示模式的诸多陈规，较好地体现了以人为本的内涵。

2. 虚拟性

虚拟性是数字媒体艺术在服装品牌展示设计中的又一特性表现。

在服装品牌展示设计中，数字媒体艺术的虚拟性是指服装或者服装品牌可以以虚拟的方式展出，而不再要求必须具备一个具体的现实空间或必须使用实体的作品形态，与传统的服装陈列展出方式相比发生了很大改变。数字媒体艺术的出现，使以往服装品牌的陈列与展出受限于空间是否充足、时间是否宽裕、天气是否适宜等因素的弊端迎刃而解。更重要的是，较为珍贵的服装可以通过数字媒体艺术出现在公众视野，让更多人熟知、欣赏。例如，虚拟现实设备已经开始运用在展示的各个方面，参观者可以通过佩戴虚拟现实设备融入通过数字技术打造的三维立体场景中，通过这种手段可以让展示变成了一种亲身经历，从而深化展示中品牌信息在消费者脑中所传递的内容。此外，数字媒体艺术的虚拟性还可以应用于服装品牌展示的设计上，运用其逼真的虚拟效果，设计师可以对展示效果进行虚拟布局，对每一次观看体验进行分析，从而减少了服装展示设计中因为设计效果和实际展示效果不同产生的失误，因为这个过程可以反复操作，增加了展示设计中的各种可能性并降低了成本。

数字媒体艺术的虚拟性关键就在于可以使设计者和使用者打破时空限制，依照用户的个人喜好营造出一个虚拟世界，在设计和改造上更加随性，这正是数字技术在新媒体平台中用于服装品牌展示的一大优势。

3. 综合性

数字媒体艺术在服装品牌展示过程中的综合性优势表现在形式多样化和感官多重性两个方面。

组成数字媒体艺术的元素多种多样，如图像、声音、文字。图像还分为动态图像和静态图像。数字媒体艺术就是将这些元素数字化处理后综合运用的一门艺术，展示设计师们为了达到品牌信息传递过程中的完整和对信息的强化，往往不会只用单一的艺术形式。因此数字媒体艺术在形式表现上并不单一，是一门综合艺术。这些艺术的表现形式所传递出来的内容，更多层面上通过视觉和听觉来接收，但是在内容的展示和技术的运用上，越来越多涉及触觉和嗅觉方面，因此数字媒体艺术在服装品牌展示从制作到发布的全过程中都呈现出了其综合性的特点。数字媒体艺术的这种综合性特征打破了以往服装品牌展示过程中单调的形式和感官体验，让服装品牌展示过程更加丰富、更加多元。

4. 娱乐性和商业性

娱乐性和商业性是在有人参与的前提下产生的，数字媒体艺术的主要目的就是增加人的参与感。

许多艺术的展示方式都在向着数字媒体艺术表现形式靠拢，这种少数人专享的高雅形式慢慢地贴近人们的生活，成为普通民众都可以参与的、与日常生活相关的生活方式。随着现在数字媒体技术被关注的程度越来越大，其逐渐引起了广告商和媒体制作商的关注。比如现在电视平台和网络平台上经常还会出现以经典小品、相声为蓝本，通过 Flash 技术制作的动画，一经推出便广受好评，也让制作公司得到了利益。随着技术的再发展，又有了新的形式和手段，视频技术成为一个趋势，现在人们在拍摄和制作视频方面的门槛越来越低，越来越多的人参与其中。大多数人认为，这种方式是艺术表现形式通俗化的显露，然而越来越多的消费者十分中意这样的方式。这充分表明了人民在文化上的精神需求正在被现代化的信息化媒体艺术所充分满足。这就启发服装企业除了要在品牌的宣传上下功夫，还应在展示方式上更加大众化和世俗性。尤其在传统服装和现代服装的品牌展示运用上，这种现代化的数字媒体技术所表现出的时代特征和艺术特征十分显眼，不再是过去偏向优雅高尚的展示，而是更加追求时效性、风趣性和大众化。同时，更多相关类型产品的出现，也映射出现代数字媒体技术不分尊卑和大众参与程度高的特点。

三、绿色环保理念下的服装设计

（一）"绿色"理念释义

当今社会，全世界正朝着为改善生态环境和生活环境的道路前进，全面奉行着绿色理念。人们在生产生活中保持着"可持续、健康、和平以及绿色"的最根本的准则就是我们所说的绿色理念。然而这样的目标不是一蹴而就的，需要人们经过努力，运用恰当的方法来实现。现在的世界是经济和生态并行发展的世界，最重要的是走经济社会可持续发展和绿色合作共赢的道路。要想深刻理解和认识所谓的绿色理念，我们需要去认真揣摩什么是新型的生活生产方式、什么是自然哲学以及什么才是真正的科学发展观。

工业革命使社会进入了迅速发展的阶段。可是却不承想，经济社会的迅速发展所带来的竟是大自然被惨痛破坏及对人类生态环境和生活健康的破坏。这时，人们才回过头来审视自己的错误，并与之伴随着重回自然、拯救自然的绿色之路和可持续发展之路。

同时做出努力的还有相关的专业研究人员、科学家以及各个有关部门机构，他们为了促进局势有所好转，都尽最大的努力去缓解生态环境危机。20世纪60年代，就有一位著名的生物学家曾出书去倡导并唤醒人们的环保意识，对过去一味发展经济而忽略环境的做法进行了深刻的反省。与之对应，我国虽然走上工业发展道路的时间较晚，但我国在工业化道路方面所下的功夫以及发展力度并不亚于发展很早的发达国家，与此同时，造成的环境污染和能源消耗也远远超出了人们的想象。因此，我国目前格外重视可持续发展道路的构建和实施规划。可持续发展的道路简而言之就是一种可以不断满足当代人的需求并且可以一直延续发展的模式，随着这种模式的广泛运行，我国的经济政治和生态环境也得以和谐并且稳定发展，与之并进的是社会文明和人们生活质量的提高。

这种可持续发展的绿色模式也衍射到了很多生产行业，如服装行业。不管是在选用原材料、对材料进行加工制造，还是在对服装进行设计创新的过程中，生产者都力求紧跟时代的变革，顺应科学的发展模式。主要体现在以下三个方面：在服装的质量上，设计师更加注重实用性、环保性和可再生性，选用环保的面料，尽可能地用低成本带来高效益；在时尚因素上，设计师更加注重节俭自然意识，强调返璞归真，以此来增加服装的穿着寿命，而非盲目追求当下的时尚元素，达到了可循环和低成本的目的；在设计理念上，设计师则时刻奉行着绿色环保的理念，将绿色这一理念融入服装设计的各个元素中，使它们形成一种崭新的设计风潮。自然界的最基本的规律、原生态自然和人为制造的自然以及人和自然的关系是自然哲学所包含的内容，这是人类经过反复思考和推理所归纳出来的道理。

与此对应，可持续发展的理念也无非是人们对生态环境所进行的新一轮思考。

人们之所以会无止境地破坏、开采自然资源，盲目地追求经济和生活水平的提高，其实是受工业革命后一种新思潮的影响。人们不再以自然为中心听从天命，而是以自己为中心开始了征服自然的征途，由此造成了严重的环境污染、能源破坏。进而人们开始深刻反思这个问题，由此而生了关于大自然的哲学论坛，也由此人类开始认识到什么才是社会发展该有的姿态，即人与社会、自然与社会和自然与人的友好和谐相处。其实，这样的哲学观点在我国古代就产生了，在百家争鸣的时代，很多学派就已提出了与自然和谐相处的观点，具有代表性的要数"天人合一"，还有"宇宙生化""天地同根，万物一体，法界同融"等观点。这些观点延续了数千年，足以说明我国从古代就有了强烈的自然保护意识。其运用到现代生态发展理念中无疑是一种很好的示范思想，在全球生态危机下更是一种精神上和理论指导上的强有力支撑。

在西方，虽然先进的工业革命使他们一度站在了时代发展的前沿，拥有了大量的财富，然而当西方人民在深受环境破坏的危害时，也不得已开始深刻反思应对危机的方法，而由此也产生了环境文化和伦理的思维方式及价值观。在雾霾风暴以及各种突如其来的自然灾害面前，人们不得不深刻反思自己的行为，尽自己最大的能力去保护大自然，以不敢使其再受到破坏和伤害。与之对应的，人与自然需要和谐相处的思想也就顺理成章地受到了万千人的拥护，因为这涉及的不仅是一部分人的利益，而是每个人的利益。为使经济社会能够稳定发展，人们的生产生活能够正常维持下去，这样的倡导已发展成为一种必然的社会趋势，绿色理念将会替代原有的生产理念，去营造更加健康、更加稳定的发展环境。

绿色理念是人们不加节制地开采、消耗、浪费以及无规矩的排放所带来的生态问题的严重恶化，使人们不得不去改变原有的思想，从而在探索新型的节约能源和无污染的生产过程中所萌发的新思想。它是构建资源节约型、环境友好型社会和发展的连接点，目的是保护被污染的环境、节约资源并促进经济的发展。在生产方面，绿色生产理念促使企业承担其对环境、资源和社会可持续健康发展的责任，通过清洁的生产方式去规避能源上的消耗和污染，使社会效益同环境保护相结合。在消费方面，绿色理念则是为消费者创建的一种全新的消费理念，使其摒弃传统的消费思想，不以奢侈、追求时尚效应为目标，而是更加注重消费的实用性和绿色健康，是一种增加消费的利用价值和可循环性，增加物品的使用寿命和使用价值，创造与社会发展相对应的可持续的、可循环的健康、科学、绿色的消费方式。

（二）"绿色"理念的表达

1. 体现现代人文的意识

在那个新思想萌发的时代里，人们有一种前所未有的新奇和兴奋，以至于不计后果地疯狂进行对自然的开采和破坏。而来自自然的惩罚使人们逐渐清醒，认识到不应与自然为敌，而应与之为友，和谐相处。过渡到近代的消费理念上后，人们逐步脱离了大工业、大批量的制造产品，更加追求回归自然的、具有创造性的人文风味的产品，开始追求生活的原汁原味和自然文化的本质，而绿色的产品恰好适应了新型消费的需求。

新时期的服装行业在这样的绿色理念下也被赋予了新的色彩。比如，在服装的文化内涵上，赋予了与自然和谐相处、道德关怀和复古传承以及环境友好等文化特征。而在服装的实用性上也更加强调可循环性、环保性以及穿着持久性的特点，尽可能地为购买者提供物有所值、绿色环保、新型流行的服装产品。同时，节约了服装资源，避免了成本浪费和废弃物的增多。

2. 表现生态美学的特征

人们在服装设计中越来越追求一种与自然环境和谐相处的发展道路，逐步使服装的作用和表现形式、制造与环境状况以及社会和自然等各方面的关系达到一种趋于稳定与良好态势发展的状态。这其实是一种保持经济社会和自然和谐相处的审美行为，反映为服装的设计和制造上越来越追求朴素和天然，服装的内涵和表现越来越率真不做作，通过生态美学的深入，将绿色可持续的理念表现得淋漓尽致。在衣服的色彩渲染上，直接采用原有的面料色彩或者选用纯天然无危害的颜料；在衣服的材料上，使用可循环或者自然的环保材料；同时，将旧衣服回收再利用，这样的设计方式极大地激发了购买者的兴趣，使消费者不再是一件衣服的永恒持有者，而是变身为一个有时效性的持有者。一方面达到了绿色与经济效益的融合，另一方面增添了浓厚的人文色彩和自然理念。

21世纪的流行趋势下已经包含了生态美学的理念。例如，提到环保丹宁，人们脑海里浮现的一个词语通常是"越旧越好"，其衬衫材料也运用了很多故意做旧的手法，加以民俗文化的绣花，来增添衬衫的文艺复古气息。

3. 具有时尚与商业的意义

在过去的消费思想下，服装对人们来说更多的是身份的象征，象征着经济能力和社会地位。因此，人们并不在意服装的成本或者使用期限，所以造成了过度的浪费和奢侈风气的盛行。在21世纪市场经济的浪潮下，这种奢侈和等级消费显然已经不符合潮流，更加顺应潮流的是由大众引导的绿色消费。与此同时，高新技术的发展促进了绿色消费的引进和转型，以此为基础造就了新的服装流行趋势和时尚看点。这种理性化的回归不仅规避了原有消费的弊端，而且在绿色消费的同时有力地维护了生态环境，减少了二氧化碳的排放量，顺应了全球应对变暖的趋势。让消费者树立起一种正确的环保型消费理念，不仅引领着环境友好、生态健康的服装潮流和生活方式，更是给了人们一种健康的生活体验。这种21世纪独有的可持续发展的风气不仅是国民素养普遍提升的表现，更是人民生活水平提高的见证。绿色消费文化正在悄然兴起。

（三）"绿色"引导的服装面料发展与创新

在这个人人都倡导绿色环保低碳的社会里，服装产业也不得不卷入一场绿色的材料变革中。因为对一件衣服来讲，它的质量和环保程度取决于它的制作原料，也就是服装的面料。而新的科学技术可以极大地帮助服装产业向绿色环保转型，通过科技创造健康、创造舒适，为人们的生活带来更大的便利和安全，这也是未来服装行业的大势所趋。

1. "绿色"对人穿着使用的意义

人们对服装的需求随着各种标新立异的新潮思想的涌出，也在发生着更多新型的转变，而高科技的发展又恰恰可以适应这种变化。于是，各种传统的纺织面料不断被仿制，各种化学合成材料越来越受人们的追捧。可是，人们的这种疯狂的热爱和追求带来的是服装在制造过程中产生了大量的工业废物，不仅影响了环境健康，还带来了极大的浪费。而一些服装上由于过度的装饰和填充，所使用的化学物质更是严重影响着人们的皮肤健康。

为响应21世纪绿色新潮的号召，服装产业引入了绿色生态环保的观念，积极号召人们穿着保护环境的生态服装，并且延长衣服穿着的时间，让消费者体会新型的、生态的、健康的穿衣方式，进而辅助社会的可持续发展。

2. "绿色"环保面料的推出

绿色环保材料不会对环境产生污染，并且可以重复利用，因此受到了市场与各界人士的追捧。其友好的亲自然性使广大民众可以践行可持续发展的目标，建设美好的生态家园。这类材料在生产制造过程中应用了高新技术，使材料在开始制作时就尽量降低有害物质的比重，对大自然及人类的生活健康都具有较小的影响。

大众普遍对亲自然绿色环保材料的期待是：要贴近并融入人类生活，方便人类使用；要使生态环境因绿色环保材料的使用而变得更加清洁美丽；能够不破坏大自然的固有循环系统，这种不破坏要在制造、使用、废弃、再生整个利用过程中得到保证；在满足这些目标的同时，亲自然绿色环保材料也必须大大减少能源消耗，并且与传统材料相比有着更加全面、先进、便利的功能。总之，市场上琳琅满目的亲自然绿色环保材料都是集环境协调性、经济性、舒适性、先进性以及便利性于一体的。绿色环保面料可大致分为天然纤维、再生天然面料、仿生面料、环境友好高分子面料和智能面料等。天然纤维包括彩棉、有机棉、美利奴羊毛、亚麻以及大麻等；可再生天然面料包括莫代尔、天丝、甲壳素、香蕉纤维、菠萝叶纤维、再生羊毛、竹炭纤维等；仿生面料则包括仿生荷叶面料、蜘蛛丝等；环境友好高分子面料，有再生涤纶、再生尼龙等；智能面料有石墨烯面料、纳米面料等。如果按面料的功能划分，则包括性价比优良、耐久性、清洁生产性、低耗能、可回收再利用和可环境保护性等环保面料。

经过多年探索研究及行业内部自身的发展，高效、环保纺织印染助剂开发应用技术、紫外线技术以及纳米技术、环保染色关键技术、纺织空调节能智能化控制系统、节水、节能技术在服装面料绿色生产过程中发挥着越来越重要的作用。在众多技术中最值得介绍的是纳米技术及紫外线技术。环保、节能、高效的紫外线照射技术不仅不以水为媒介，也没有废水处理和烘干的过程，这些全都是归功于20世纪末印染技术的迅速发展和对该技术的研究。利用该技术使面料具有了抗静电、抗菌、吸湿和除臭等多种功效，成为21世纪以来发展程度最高、发展最快、最受欢迎的高科技技术，并同纳米技术一起广泛应用到绿色面料生产之中。

（四）现代服饰中的"绿色"设计特点及方法

运用科学的设计方法将环保面料大量投入服装生产和设计之中，是推动绿色理念的传播、展示绿色设计优势的重要手段之一。这就要求服装设计师开拓性地将环保面料与时尚性相结合，推动时尚行业朝绿色化方向发展，从而引导绿色面料产品的作用发挥到极致。

1. 现代服饰的"绿色"设计特点

本着舒适、自然、简约的设计理念，绿色服装设计（Green Design），又称生态设计（Ecological Design，ED），其既要注重产品的亲肤性、卫生性、无害性，又要考虑到原料可否循环利用，并最终实现保护环境的终极目标。也就是说，设计师操刀时既要保留传统服装生产产业对于产品的使用寿命、质量、功能的要求，又要提高产品的环保要求。而要想提高服装生产的环保性，就必须在回收废弃面料再利用、延长服装的使用寿命以及选择环保材料方面下足功夫。

（1）耐久设计特点

设计师们发挥自身聪明才智，增加服装的耐磨性以延长其寿命，降低生活垃圾的排放率，并以功能性设计、可拆卸以及复古等手段来响应服装行业绿色发展的号召。例如，设计师们利用消费者传承传统服装、怀念传统的理念推动复古风格打开市场，使人们重视并乐于消费复古服装，这就促进了废旧服装的再利用。消费者对于复古服装的认识和欣赏，推动了服装行业朝绿色化方向发展，不仅意味着增加了服装循环的周期，还使消费者在潜移默化之中接受了将绿色环保发展引入服装行业发展中的观点。消费者消费趋势的转变又会引起服装企业的绿色、循环、长久发展。

（2）简约设计特点

所谓简约，即删繁就简，与传统服装设计华而不实反其道而行之，注重产品的实用性，提高产品的环保性，通过简化装饰的方法降低生产成本和投入，以体现对于自然资源的重视和产品的绿色性、环保性。简约不仅是指简简单单地让其外表单一化，相反地，对细节的重视也是简约的一个非常重要的方面。例如，广受大众欢迎的"未完成"风格就是注重细节的体现。对于加工细节的简化，实际上是对设计的细化。这就要求设计师必须高效精准地利用各种环保材料，传递给消费者想要传达的理念，使设计的产品简约大方，引领消费者进行简约消费，从而使服装"简"而不"陋"，朴而不失华丽。该设计理念认为重要的不是华丽不实让人摸不着头脑的设计外表，而是产品的功能和亲人体性与环保性。

（3）自然主义设计特点

环保面料种类众多，注重原料改革固然重要，但是回归自然、回归传统，使自然与人类零距离何尝不是一种手段呢？自然主义的设计理念便是如此，无论是对原始图腾的崇拜还是对传统民间刺绣的追崇，再到朴实无华的表现手法，如对天然棉麻色泽的突出，都使服装更加贴近自然、贴近人体，体现了自然主义的设计风格。自然主义设计要求保持原材料原有的色泽和触感，使产品突出自然质感以及自然痕迹；为实现服装健康、无害的目标，使用天然无公害染料制造，而不是使用传统的对身体有害的化学试剂制造；通过对传统制作工艺的追忆和对传统制作纹路的应用，体现环保服装的朴实无华，唤醒人们亲近自然、回归自然的意识，从而引导民众绿色消费。

（4）无害设计特点

绿色服装大多具有无害、健康以及环保的特点。重视环保面料的运用对实现服装无害化具有至关重要的作用，设计师们也大多选用环保材料来实现服装生产的无害化。其中，再生涤纶吸引了设计师的目光。该面料不仅环保无害，且有利于人体健康，舒适度很高，受到广大消费者的欢迎。同时，琳琅满目的新型环保材料的出现和使用逐渐满足了人们日益增长的绿色消费需求。

能够被重复回收利用、对环境破坏较少并且有利于人体健康，长期穿着可以达到养生功效的衣物是采用了无害性设计手段的衣物，这样的设计方式使服装生产既有利于人类又有利于自然，践行了环境友好的宗旨，受到了广大消费者的推崇。

2. 现代服饰中的"绿色"设计方法

在大众需求日益趋向多元化的今天，创新灵活运用二次设计、可拆卸设计、组合搭配等时装设计方法，设计师便可以在不降低衣物的时装设计感的情况下，将环保面料引入时装设计领域，使服装既不失时尚又具有环保的功效，并使其符合大众审美需求。

（1）可拆卸设计方法

从市场调查来看，可拆卸设计正逐步凭借其使用领域广泛、受众广泛、服装功能多样化的优势获得大众的青睐，这也是整个行业乃至整个社会越来越多地接受绿色发展观念的结果。可拆卸设计方法的运用，使因受限于环保材料而略显单一的环保服装的风格趋向多样化，拓宽了环保服装设计的领域和使用范围，丰富了服装的内涵，可以使穿着者更加灵活地调整服装风格，使服装符合个人气质。人们常会有这样的烦恼，婚纱大多数情况下只能穿一次，并且只能够在婚礼时穿，所以购买则浪费，租赁则往往不太合适，这时如果有可拆卸的婚纱出现必定大受欢迎，稍加组合，新娘便可将婚纱当作时装来穿，避免了浪费，也不失时尚品位。可拆卸设计既可将环保与时尚完美结合，又拓展了产品使用的功能，既可以提高能源利用率，实现保护环境、绿色可持续发展的目标，又可以满足大众日益多样化的需求，还使服装能够完美地亲和自然与人体，实现现代服装对环保、时尚的双重突破。

在可拆卸设计的启发下，"预留"设计逐渐受到人们追捧，许多设计师为了让衣服穿的时间可以更长一点，他们在衣服的一些地方添加纽扣、拉链等元素，这样一来，当衣服的某一部分过时或者磨损了，就可以通过拉链和纽扣把它们卸下来。有的裙子就添加了这样的"预留设计"，在裙子的不同地方添加拉链就可以随意改变裙子的长短，根据整套搭配来变换风格，如果裙底有的地方坏了还可以把该部分拆下来，这样就可以对同一条裙子充分利用。这种预留设计是环保的新方法，整个设计充分考虑了在使用过程中可能会遇到的过时、磨损等问题，实现了真正的绿色设计。

（2）二次再造设计方法

现今，随着经济的不断发展，人们的生活水平逐渐提高，在服装界产生了"快时尚""衣服穿完就丢掉"等消费观念，这样的消费观念导致了许多衣服只穿了一两次，没有任何破损就被丢弃的现象，这无疑是一种浪费。如今，服装界掀起了一股二次改造的浪潮，这种二次改造是指将一些完好的、没有破损的但是已被丢弃的衣物经过设计师的改造重新回到市场中去，使其焕然一新并重新流行起来，这种二次改造体现的是一种绿色的消费观，顺应了节能环保的时代潮流。在二次改造时，设计师不仅要注重衣服是否时尚、是否符合时代潮流，还要注意衣服是否健康、是否危害身体、是否环保。这些废旧的衣服经过设计师的重组、重新染色、解构、添加其他图案和装饰等方法后变得焕然一新，呈现出不同于以往的肌理效果和空间造型，并且充分体现了设计者的设计意图，也能使废旧衣物被充分利用。

（3）多功能设计方法

当代社会，经济水平迅速发展，人们日益重视服饰，对服饰产生了较多的需求。除要美观时尚之外，还要凸显自己的个性，舒适健康。因此，设计师为了满足大众的服饰需求就利用了多功能设计方法。这种方法是指设计师通过使用新型的面料、改变服装细节等多种方式来设计服装。环保材料不仅可以使服装独特新颖，还比其他服装穿着更为舒适健康。改变服饰的细节主要是指增加一些独特的设计，使服饰不仅实用而且时尚个性。法国的拉科斯特（LACOSTE）就将腰带和自家运动风格的服饰结合，显得时尚且实用。

（4）组合搭配设计方法

利用多件衣服的不同组合方式营造出不同的搭配风格，使同样的几件衣服可以在不同的场合重复使用，这就是组合搭配设计。这种搭配设计是十分符合现如今绿色设计观念的。对于消费者而言，能在多个场合重复使用，同一件衣服的实用性会增强。另外，同一件衣服可以变换出不同的风格，会增加衣服的趣味性，人们对一件衣服的厌倦时间也就会向后推延，进而一件衣服的使用时间就会增长，最后实现绿色环保。对于设计者而言，如果人们的衣服使用期限增加，那么其更换衣服的频率就会降低，也就会节省衣服原料，这样也会促进绿色设计。另外，一些环保材料可以通过此种方法来增强服饰的实用性，某些薄纱型的面料以涤纶等作为原料，可以与咖啡纱等原料结合制成新面料，这样两种简单的面料虽然普通，但结合之后会有意想不到的效果。奢侈品牌缪缪（MiuMiu）在2016年就推出了利用组合搭配设计方法制成的既时尚又实用的新品，设计师将黑白相间的内衬和薄纱裙相结合，同时各自都可以拆开单独搭配。

四、中国当代服装设计的策略和建议

（一）挖掘服装品牌深层内涵

近年来，在经济全球化的大背景下，服装展示设计迅猛发展，国外的服装品牌如雨后春笋般崛起，这些国外大品牌直接冲击了我国国内的服装品牌并占领了市场。我国国内的服装设计水平和发展空间受到了前所未有的冲击，设计的服装产品在市场上都不同程度地向同一化方向发展。造成这种发展趋势的原因是：在越来越激烈的国际竞争中，服装设计行业的同行开始互相模仿。服装设计走向同一化趋势并不利于有品牌意识企业的发展，同一化只会弱化品牌之间的竞争，阻碍服装设计的进一步发展。要想消除对服装设计行业的阻碍，促进服装品牌的进一步发展，当务之急就是要发展品牌，提升产品的深度和广度。服装展示设计者也要发挥创新意识，对服装的摆放、展示场地的设计以及道具进行发明创新。比如，在空间规划上，卖场的独特规划会让消费者有更好的心情来购物；在道具的摆放上，错落有致可以表达出品牌的艺术美感，提升品牌知名度的同时，在顾客的脑海中留下深刻的印象。根据当下消费者在同等商品条件下更倾向于买品牌价值高的商品心理，服装设计的品牌效应已经尤为重要。要想从本质上突破服装设计的同一化趋向，我们不仅要在精神层面满足消费者的需求，做能够凸显文化的品牌，而且要找准品牌的定位，做让消费者信赖的放心品牌。

1. 利用网络收集数据，充分发挥"大数据"的决策作用

在信息化快速发展的时代，服装更新换代的速度让各种服装设计品牌无法持续稳定地发展，但这种不稳定因素正好可以让服装设计师利用"大数据"和网络平台来发展自己的服装品牌。这种发展不同于以往的网络销售或电子商务，而是在充分了解服装设计品牌的基础上找准适合自己的发展方向，利用信息传播快速的网络平台宣传自己的品牌并对反馈回来的数据进行收集和整理，从而对市场进行分析。这种利用网络收集数据的方式不仅促进了信息化时代的发展，而且让服装业的设计品牌得到了更加广阔的发展空间。我们利用网络快捷收集处理数据的优势来满足服装的时尚、个性、种类多样的特征，这不仅成为服装设计长远发展的战略，同时满足了消费者对服装设计的需求。这种利用网络"大数据"的发展战略的实质是掌握消费者需求，最大限度地影响和干预消费者的决策，想方设法地吸引顾客眼球。

企业通过网络收集数据后进行分析，进而掌握更准确的市场发展趋势的信息，利用互联网拥有庞大的用户群体，并从中将更多的群体聚合在一起，形成用户群体链，进一步了解市场走向，这样就形成了一个循环。首先，互联网反馈给企业的信息是比较全面的，这些信息中不仅包括直接消费人群对服装设计的意见，而且包括间接人群对服装的看法。企业要想向良好方向发展，必须要及时对互联网搜集来的卖家反馈意见进行服装上的改进，以满足客户的需求，这才是真正做到了互联网对企业发展的促进。其次，"大数据"也会促进企业的发展。当消费者的需求发生变化，"大数据"会第一时间将市场变化反馈给企业，企业也会及时将顾客需要的商品反馈给消费者，这样会刺激消费者的消费欲望，无形中加深消费者对品牌的印象并促进企业的发展。最后，服装设计同互联网一样是一个更新换代速度较快的行业。服装设计企业利用互联网将最新的设计在网络上发布，让更多的人群了解服装品牌。

数据每时每刻都存在于我们的生活中。对于企业而言，数据是企业发展可以利用的最好资源。如果企业利用网络"大数据"对不同区域的不同消费者进行分析，建立三维立体数据库，这不仅可以让企业更好地了解消费者需求，更重要的是可以通过分析数据制定更加完善的服装设计方案，提升企业和品牌的知名度。

2. 利用网络做好品牌宣传，扩大销售范围，提高知名度

在信息全球化时代，互联网迅速进入商业圈中。服装设计企业可以利用各种社交网络平台，如 QQ、微信以及微博等，通过广告的方式宣传企业所打造的服装设计款式和时尚

理念。企业通过这种方便快捷、真实直观、全面新颖的方式将服装商品信息呈现给消费者，不仅塑造了良好的品牌形象，而且建立了与客户沟通的桥梁。服装企业可以在网站开设属于自己的品牌旗舰店。自由的购物方式和购物时间逐渐成为消费更为喜爱的消费方式，这种线上销售的方式为企业降低了店面租赁的成本，提供给消费者更多的购买选择，建立了顾客与品牌之间的信任。

3. 利用网络拓展定制服务

相对于无线电广播、电视这些传统媒体而言，互联网这种新兴媒体是全天候持续运作的。因此，企业可以利用互联网的这一特点将服装的最新设计产品、最新设计理念以及宣传广告随时随地地投放在网络平台上，让消费群体第一时间了解产品。使用互联网购物的消费群体大多是社会中有较高学历且掌握在线支付方法的人群，服装企业可以利用互联网的数据整合分析功能以及物联网的快速物流优势为这些有个性、有思想的消费群体提供服装个性定制服务。运用这种方式运作成功的典范就是美国著名的老牌零售商LANDS'END，该品牌利用互联网与消费者交流沟通，通过企业招聘的网络导购专家对消费者的体型进行扫描获得 3D 模型后，再运用虚拟模特进行试衣，进而为消费者选择最合适自己的服装。

4. 走"品牌路线"，增加品牌附加值

以土生土长的中国服装行业品牌"例外"为例进行解读品牌附加值的作用。第一，品牌的设计师一直以来以"低调地体现个人风格"为设计理念，这在无形中提升了"例外"品牌服装和设计师的身价；第二，"例外"品牌一直在为成功女性设计优雅又不张扬的服装，一些领导人夫人在出国访问时穿该品牌的服装，在很大程度上对该品牌进行了宣传，这样"例外"又获得了大批的粉丝；第三，"例外"品牌将眼光放长远，由回忆历史到放眼国际，创立了旗下的服装品牌"无用"，这个品牌设计的服装只展览不售卖，给消费者带来了一种神秘感，无形中又增加了品牌追捧者的数量；第四，"例外"学习了国际大牌，在精简线下门店数量的同时提升实体门店的形象和服装价格，这一运营方法也在一定程度上减少了其他服装品牌的模仿；第五，与许多欧美一线大牌一样，国内一线服装也逐渐减少了价格战，用业内人士的话形容"老客户更看重的是品牌价值"，这种行为可以保持客户较高的忠诚度。

（二）弘扬民族特色文化创意

1. 书法艺术与服装设计的融合创意实践

书法在字体的结构、笔力线条的组合、章法、纸张的选择以及墨的使用上都有不同于硬笔的写法，是我国特有的文化艺术。服装设计和书法艺术在某些方面是相通的，都要给消费者或者欣赏者带来审美上的舒适感和愉悦感。书法是在毛笔和线条之间找到美感和平衡点，而服装设计是在人体线条和衣服之间找到美感和平衡点。服装设计在线条设计、对时尚的表达以及色彩的搭配等方面和书法极其相似。设计师将书法艺术运用到服装设计上，可以创造出新颖的设计理念和设计方式。

2."计白当黑"与"虚实相生"在服装中的体现

一幅好的书法作品，线条的虚实、笔力以及字与字之间的呼应都给人一种虚实相生之感。从书法作品的整体看，墨法与宣纸之间的留白给人一种计白当黑的视觉感。设计师将汉字作为服饰的主要图案并将书法的"计白当黑"与"虚实相生"的特点运用到服装设计上去，汉字的布局与颜色深浅虚实的变化配合着轻盈的面料给人一种缥缈和无限遐想的空间。

随着现代科技的快速发展，科技产品逐渐占领人们的生活，许多中国传统工艺渐渐被人们遗忘到脑后。服装设计师可将中国传统的书法艺术和现代设计融合，再搭配上中国独特的刺绣艺术，这三种文化结合起来不仅创造出让大众眼前一亮的服装设计作品，而且让国际上更多的人了解中国传统文化。这种中国风的艺术设计在一定程度上引起了大众对传统文化的重视，向大众传达出传统文化瑰宝的艺术魅力，继而呼吁大众重视传统文化的传承。

（三）创新服装展示形态和效率

1.静态服装展示中新媒体艺术的促进作用

静态展示设计指的是在空间和时间上基本保持静态的展示方式，也是最常见和最实用的展示方式。服装静态展示是服装宣传、服装营销、服装艺术表现、服装美学展现等的重要手段和必要程序之一。作为服装艺术形式的一种表现，服装静态展示不仅可以让服装设计师在固定的人体模型上尽情地发挥自己的才能进行服装设计创新，而且可以在一定的空间内整体规划、设计，布置出服装整体的展示效果。静态服装展示与动态服装展示是服装展示商业活动中的两种呈现方式，而前者是服装展示设计研究的重点。商业服装展示的主要目的是赚取高额的利润，为服装行业获取巨大的经济收入。商业服装与艺术类服装在许多方面的要求上都有差异，包括展示效果、展示时间、展示地点、展示对象、展示后果效应等。

2.服装展示设计中的新媒体艺术手段

根据感官习惯，人们总是习惯于首先调动自己的听觉器官。而对于视觉器官而言，人们更愿意去看直观的影像图片而不是大段的文字。因此，服装展示设计师可以根据人类的习惯将服装所要传达的时尚理念和设计风格用声音艺术和影像艺术来体现。这样的创新服装设计方案可以让大众更加直观地接受服装设计，吸引大众眼球。从大众的角度看，观众们已经被这种影像加配乐的方式所吸引，不愿去看无声的单一画面和影像。从服装店铺企业看，这种声像并茂的新媒体创新方式不仅迎合了消费者的口味，促进了商品的销售，而且在优美音乐的购物环境下，消费者也会有愉快的心情完成购物，无意间增加了品牌的回头客。

同时，影像的播放也是品牌广告宣传的另一种方式，间接加深了商品在大众脑海中的印象。声音和影像的创新融合不仅满足消费者的消费心理，而且促进了服装企业的发展，这种双赢的方式逐渐成为服装展示设计师进行良好设计的有力手段。在现代展示环境当中，设计师为了加深观众体验感，经常会主动加入影像及声音等要素让展示内容多元化。

在服装设计的展示现场，设计师都会选取与服装风格搭配的音乐和场景，以便让消费者和参观者与设计的服装产生共鸣，这种恰到好处的购物环境会带动消费者的情绪。不同的服装设计风格配上不同的音乐和影像，会带给人们不同的情绪。这样，恰好符合这种情绪的消费者在心灵上与这种服装的设计风格产生共鸣，在购物的过程中拉近与该服装品牌的距离，从而促进服装的售卖。

一个舒适的服装空间格局以及服装的美感都离不开灯光设计。在一个时装商铺中，要想突出该服装品牌的主打款式，只要将所有的灯光都采用包围的方式打在主打款服装上，并且采用通透性强的灯光进行照射，就能在最短的时间内吸引到顾客。另外，要注意店铺的展示宣传区，也就是店铺的展示橱窗区域，这是商铺或者品牌的门面担当，这里展示的服装一般会体现该品牌的设计风格和特点。在商铺的橱窗部分，灯光亮度要高一些，因此这里要增加灯头的数量以在形式上与店铺内的主打款灯光相呼应。除灯光会对商铺的空间大小和服装产生影响外，自然光也会产生一些效果。比如，进入一个采光条件好的商场，消费者的心情就会豁然开朗；而进入一个黯淡无光的商场，消费者又会是另一种购物心情。当然每种品牌和每种服装设计风格和时尚理念不同，选取适合自己设计风格的灯光和自然光才是最好的。

通过以上分析探究发现，不论是人造灯光还是自然光，都与商铺和商铺内的服装销售的好坏有着密切的联系。所以，服装企业要想打造出一个成功的服装品牌，就要重视灯光的明暗、布局、色温甚至是自然采光等方面。这些设计会直接影响消费者的购物心情以及产品在消费者心中的形象。综合以上的分析，时装商业空间对各构成要素的设计以及功能区域的划分有以下三个主要原则：

（1）要兼顾服装空间展示的时间性

时装不同于服装，会随着时间、空间的变化而不断变化。时装是一门文化和实际理念很强的服装，还会因为艺术潮流的改变而改变。因此，变化就成为时装界永恒的主题。变化让时装具有时效性，有了"四维空间"立体感。可以说，发展服装设计就要兼顾服装展示的时间及变化。

（2）注重"人"的行为与参与，为"人"提供更好的服务

对于绝大部分服装商铺而言，其终极目标就是提高自己的销售量，使自己的品牌拥有广阔的消费市场，从而为企业获取高额利润。服装展示设计的目的都是为了吸引广大消费者，即"人"这一群体。因此，与"人"的互动交流对于一个服装企业来说至关重要。一个服装企业对服装设计风格和时尚理念的定位要明确，根据客户的身材、年龄、性别等诸多因素来设计整体的风格类型。在服装店面和展示橱窗的设计上，一定要面向大众做好市场调查，设计出迎合大众消费心理的风格。时尚界的特点就是快速的变化，因此在设计环

节也要留有可变化的空间以便可以符合善变的消费者心理。

（3）注重展示服装的精神与物质双重价值

在展示空间的摆放中，时装占据最主要的空间，也最吸引人眼球。利用空间并结合影像、灯光、音乐以及新媒体艺术等工具将服装展示空间设计到最佳，将展示空间打造成更容易让顾客体验到服装的设计理念和风格的信息传达中心，让消费者真正体会到时装的价值品位和实用功能。这种方式不仅向绝大部分的消费者宣扬了绿色健康环保的未来生活观，同时让时装获得更大、更有收益性的附加值，给该品牌赢得了品牌效益。

第二节　新技术、新营销与服装销售

一、人工智能助力服装销售

（一）服装行业的智能化时代来临

衣食住行，是每个人生活的基本需求，而"衣"位列其首。所以，服装行业几乎是人类社会最传统的行业之一，也是从古至今变化最小的行业之一。但这并不代表服装行业没有与时俱进，服装领域已经进入改革的新时代，随着新零售的强势崛起，消费者购物习惯的变化，服装业开始积极拥抱新零售、新智能。

2016年以来，人工智能似乎迎来了大爆发，在新零售领域，国外的亚马逊，国内的百度、京东都在研发全智能店铺技术，亚马逊甚至开设了无人店铺体验店。服装业内不少人认为，在人工智能高速发展并应用于服装领域的过程中，率先进行改造的应该是仓库管理，然后才是门店，因为仓库最容易标准化，门店比较复杂，但门店最接近客户，也最容易直观地提升消费体验。

（二）新零售、人工智能的应用前景

服装行业的智能化、新技术层出不穷，如何从服装产品运营本质去审视人工智能呢？传统零售又要如何看清这些为新零售推波助澜的新科技呢？

在服装服饰领域，人工智能技术主要应用在以下六个方面。

1. 智能试衣

随着国内外智能可穿戴产品的大热，智能元素越来越受消费者追捧，智能试衣也是服装行业未来发展的一大趋势。

智能试衣镜的使用流程为：消费者站在镜子前，启动智能人脸与身材识别，输入身高体重、勾选身材特征等基本信息，结合其身材数据库，可以推算出几千项身材数据，再利用机器学习和图形学，可以对消费者进行较为准确的人体建模，最后将消费者拍摄的面部照片进行三维重现，就能够得到一个接近真实的消费者"自己"。30秒内可以"复制"出一个虚拟的消费者（还原度高达85%），接下来在3分钟之内，顾客可以虚拟试穿100多

套当季服装，可以上下自由搭配、内外多层次穿搭。

顾客还可以将镜面体验存入手机，方便随时查阅，不受时间、地域限制，多次体验在线试穿，最终在全渠道转化为购买。

虚拟试衣一方面使用户的停留时间增加，另一方面使用户通过虚拟试衣增强了购买信心。有了虚拟试衣，顾客可以更容易地了解自己更适合穿什么衣服，因此购买行为更有针对性，并且有了身材数据后，最终购买的尺码也会更合适，不容易出现频繁退货、换货的情况。

智能试衣镜，主要围绕的是"款式新发现"，因为体验到更多的搭配和风格，顾客也会因此发现自己从没尝试的衣服，从中找到心仪的单品和喜欢的搭配。顾客使用智能试衣镜试穿的销售转化率有 30% ~ 35%，而常规线下店铺进店顾客的转化率仅为 8% ~ 15%，智能试衣镜对转化效果的提升是非常明显的。智能试衣镜能做到消费者"离店不失联"，快速实现线下线上数据绑定。

智能试衣镜核心功能是线下往线上导流的工具，通过线下获取消费者体貌特征等数据并了解消费者的喜好，获取更完整的顾客数据并建立连接，随后线上变现，同时累计获得更大规模的顾客数据库。

智能试衣镜如果在实体店铺大面积应用的话，更多的价值是获取顾客数据和建立顾客连接，助力品牌更大规模地进行顾客需求挖掘和营销应对。另外，针对线下零售，顾客进入实体店时，亲自试穿和试衣镜试穿很可能要结合，让顾客通过场景体验品牌产品理念、工艺，通过试衣镜快速选款搭配，选中合适的再上身试穿，继而转化为成交率。由于这样操作的便利性，就可以留存更多的进店顾客数据，为日后精准营销奠定基础。

这种模式让终端销售服务变得简单、高效，最后比的是品牌产品精准匹配的能力，并升级改造原有的调配货、营销活动、渠道管理等方面的旧模式，通过顾客数据驱动、精准决策、简化终端、赋能终端。

一旦这种新零售模式落地，相应的供应链就会被改造升级，实体零售的买手模式、设计研发、订货模式等都会被颠覆式地升级改造。

2. 服装预售

预售模式是服装零售行业在进入互联网行业后产生的新经营模式，也是一种全新的尝试，由消费者的购买意愿直接决定产量，解决了传统服装行业的库存积压问题，又将生产端与消费者直接联系起来，进而提升用户购物体验，服装品牌省去了很多中间环节，既缩减了成本，又增加了利润，而且预售对用户来说是网购独有的"提前消费"体验。

但与网购衣物类似，预售模式也存在尺码与顾客的匹配度以及款式是否合适的问题，因此在使用了虚拟试衣后，品牌可以进一步解决预售中出现的尺码、配货比问题以及售后的用户退换货问题。

3. 智能导购

在高端线下门店和一些高消费人群中，导购的工作不仅是引导顾客，还可以为顾客提供时尚咨询服务、穿搭建议。一名资深的形象设计师会带来超过 80% 的复购率，同时会大大提高顾客的转化率。

但是，其高端属性注定很难实现大众化。衣服是非标品，穿在别人身上好看，穿在自己身上不一定好看，给用户推荐合适的衣服，尤其需要考虑用户的长相、身材、气质、风格，这些线下导购做得到，但对网上销售来说，是很难做到的。

人工智能技术可以解决这一问题，利用独家的用户身材和面容的数据、精确的衣服标签及其他搜集到的数据，结合数据分析对消费者的信息以及喜好进行预判，在未来也可以为顾客提供线上智能导购服务。

4. 个性化定制

个性化定制是 C2M 的模式，可以为消费者量身打造适合他们身材特征、相貌及喜好的衣着，这是很多服装品牌希望尝试的领域。但是目前，只有男式西装、衬衫等品类和极少数高端女装可以实现。

原因很简单，西装和衬衫的样式比较单一，可改变的只有颜色、尺寸等，在保有服装样板的情况下，比较容易进行设计和制作。但女装品类复杂，很难在短时间内完成打板、制作过程，并且无论对男装还是对女装，C2M 模式基本无法实现规模化量产。

人工智能可以大大提高个性化定制的可行性。顾客的身材信息经过测量，重建身体模型，再结合其相貌特征，将设计和打板过程进行优化，再加上全程基本上由算法完成，人工成本降低，可以实现规模化应用。

5. 智能人台与尺码匹配

目前国内使用的 S、M、L、XL 等尺码，其最初的规范来自 20 世纪 80 年代的日本。抛开中日消费者的差距，仅仅在过去 30 年间，中国消费者的身材就发生了巨大变化，因此这一标准尺码以及在服装制作过程中使用的人台其实也需要调整。

通过虚拟试衣获得的关于顾客身材的大量数据，未来可以为服装制造厂商提供智能人台服务，不但符合现在消费者的现实需求，还可以真正做到因人而异，调整人台的尺寸细节。

6. 服装设计

除了定制衣物外，服装制造厂商还会定期推出新款，大量用户数据的反馈同样可以帮助企业在衣物的设计和制造方面有所创新。

现在的服装行业，厂商和消费者之间依然存在着信息壁垒，尽管企业会进行市场调研，对往期产品销售情况进行统计，但这部分信息仅有出货量、销售量之类的宏观数据，对于衣服卖给了谁、是否符合设计时目标客户的需求，服装制造厂商大都模棱两可，并没有明确的答案。

在未来，通过大数据为服装设计环节提供更加全面的顾客喜好信息，让厂家在设计时目标更精准，可以真正切中消费者的审美"要害"。

二、"互联网+"服装销售全方位发力

（一）"互联网+"与服装销售的结合

在进入互联网和移动互联网时代后，电商彻底改变了零售业的格局，也对服装零售业产生了巨大影响，人们购买衣服的阵地很大一部分由线下转移到了线上。

互联网电商模式解决了传统服装销售中的一个重要问题——信息的不对称。传统线下销售中，消费者可以浏览的商品受到时间和空间限制，而在网上这一限制被解除，人们可以获取更多商品信息。

但是，任何事物在密集出现、过度解读后，就难免会有反对的声音。站在理性、客观的角度，我们必须肯定互联网给服装企业和品牌带来的颠覆性的创新和革命，肯定新时代背景下诸多新概念、新技术为我们的生活带来的改变。但是，也需要建立正确、客观的认知，防止人云亦云和盲目跟风购买。

（二）"互联网+"服装销售的三个关键点

1. 主线：转型升级和跨界并购

互联网革命正深刻地影响着传统服装行业，转型升级和跨界并购将是推动服装企业发展、变革的主旋律。业内龙头公司借互联网提速，不断通过并购和产业链整合，拓展新的增长空间。龙头公司的成长价值正被重构，新一轮的价值掘金开启，产业效率提升进入加速通道。

2. 核心：重构消费者沟通模式

"互联网+"成了一股浪潮，一处风口，正在快速渗透和改造服装行业。但是，商业的本质是洞悉人性，无论是技术进步、产业升级还是商业变革、模式创新，无不指向最终消费者，这也正是服装企业在应对各种变化时应当选择的原点和核心。

消费升级和社会转型孕育着太多的消费盲点和商业机会，服装行业的当务之急是重新认识国内市场，重新思考我们的顾客在哪儿，他们的真正需求是什么。线下实体门店如何融合现代消费习惯，用新技术打通线上线下连接渠道，做到与消费者建立全方位连接。从产品到渠道再到体验，如何重构品牌与消费者的沟通模式，这才是服装企业当前面临的最大挑战。

3. 基石：突出互动

在"互联网+"的时代，微博、微信等新媒体的普及，改变了信息的传播模式和发布路径，进入了"所有人对所有人"的传播时代。人们通过互联网建立实时连接，正在形成一股巨大的、看不见却又能真实感受到的力量。

未来的商业变革将不再局限于商业信息是否对称，随着信息技术不断创新，商品也不再局限于以价格形态助推消费需求。品牌不再单纯地由企业预设，消费者越来越多地亲身参与到品牌的定义、形成、运营和营销当中，参与决策，制造他们想要的产品。互联网思

维，最重要的就是互动，但更关键的是如何互动。

无疑，互联网已经渗透到各个行业，渗透到企业运营的整个链条中，互联网化将成为下一次商业浪潮中最关键的词汇。改变思想观念和商业理念、优化企业经营的价值链、发掘更多机会，这才是互联网时代的制胜之道。

（三）"互联网 +"影响下的服装时尚之路

传统服装行业嫁接互联网，带来了服装买卖方式的改变；现代生活方式嫁接传统服装产业，悄然兴起原创设计、高端定制等新型业态。无疑，消费者、服装品牌商都在求"变"。

1. 网上买服装，更爱品牌尾货

互联网大潮中，消费者正成为传统服装企业转型的推手。消费者喜爱品牌，催生了互联网上贩卖品牌尾货的超级大市场，特卖电商唯品会就是其中的佼佼者。

服装行业的尾货是一个常态现象，服装是个性化非常强的产品，从设计、生产到零售环节的周期非常长，经常达到 12 ~ 18 个月。这样的行业特点会产生一个结果，那就是没有人能够准确地预测一个品牌服装的每一个 SKU（库存进出计量的基本单元）到底能卖多少件，这样不可避免地会产生尾货。

为什么越来越多的消费者会选择购买品牌尾货？网购时尚达人总结了几点理由：品质有保障、退换货快速、价格亲民。更关键的是，曾经试穿过这些品牌衣服的消费者，对尺码、规格、品质都有所了解，会省去不少可能出现的麻烦。由此也可以看出，网购消费者仍是尾货消费群体的中坚力量。

2. 服装经营店：跨界成趋势

对新时代的消费者而言，跨界的艺术空间是一种潮流的生活风尚。未来的跨界空间体验，可以是一小部分地方做时装销售，其他的空间可以举办艺术沙龙、时尚 Party，进行跨艺术门类的教育，如学钢琴、诗歌会等活动。

3. 高端定制成为新风尚

高端定制的目标是用世界上最稀缺的面料、最前卫的设计、最精致的剪裁、顶级的手工打造出"可以穿的艺术品"，目前，影儿时尚集团正全力攀登高端定制这一时装制造的金字塔尖。除了来自意大利著名设计师之外，影儿时尚集团的设计团队中还有留学英法的设计师以及国内的新锐设计师团队，他们既熟悉中国时尚文化现状，又具有国际化视野。与设计师团队相匹配的，是影儿时尚集团制定的一系列的服务规范，涉及售前、售中、售后三大服务环节，涉及客户基础数据库建立、设计师与顾客的沟通、描绘灵感的草图、甄选最适合的面料、板型修改、精密的手工制作、定时专送服务等几十个流程环节，这些规范从根本上保障了高端定制的服务质量。

三、新媒体助力服装销售

（一）新媒体营销的特点

新媒体营销是指通过新媒体进行的营销活动，作为一种全新的营销方式，具有分众、个性、交互、多元等鲜明的传播特点和很强的实践性。新媒体营销对于服装销售的打造和传播具有十分重要的意义。

1.服装销售传播从大众化走向分众化

服装品牌的营销需要品牌个性，而品牌个性的最终目的是将其与竞争对手的商品或服务区分开来，其目的是在顾客和消费者心目中树立起对企业产品或者服务的品牌形象。新媒体营销作为革新性的营销方式，促使服装品牌的受众群体被分化成了一个个碎片。每一个碎片都是一个小的受众群体，虽然零散，但同一群体之间的相似度却增加了，更加有利于服装品牌传播的精准化，而受众群体之间的差异性又有利于媒体的个性化发展和传播创新。

2.互动媒体的诞生加速了服装销售的深度

互动媒体的出现极大地改变了市场营销传播的品质，使服装品牌的传播也从传统的营销者的宣教模式中解放出来，消费者可以把自己的信息传到网络与其他消费者共享。通过这样的良性互动，服装企业可以获取更多、更准确的市场信息，大大增加服装品牌传播的有效性。

3.新媒体传播形式的多样化

网络技术的应用为新媒体平台上品牌信息传播提供了强有力的技术支持，使品牌可以通过声音、图像、文字等多种形式向消费者提供信息服务，更有利于塑造服装品牌的个性。如当前的服装品牌利用微博和微信平台进行营销，营销者不定期通过服装照片的分享和发布最新产品的链接来宣传，都取得了不错的效果。

4.新媒体传播主体的多元化

在新媒体时代，传播门槛降低，传播主体增多，几乎所有人都可以成为传播主体，可以利用网络平台把自己变成信息载体，用自己的言论和行为来影响他人。在网络技术如此发达的今天，谁都可以成为"名人"，人与人之间的距离在缩短，人与品牌之间的距离也在拉近。任何一个人都可能成为服装品牌的传播者，新媒体赋予了品牌传播无限的空间和可能性。

（二）新媒体环境下的服装销售策略

1.服装销售定位应趋向差异化

个性化的需求始终是服装品牌发展的趋势，那么服装品牌要最终形成"品牌"效应，要有效地了解消费者，确立企业自身品牌与竞争品牌之间的差异性，塑造独特的令受众群体认同的品牌个性与形象，提供有针对性的服务。"穿出个性，拒绝跟风"的消费主张，也从一定程度上体现了当下消费者的消费心态。因此，在新媒体高效细化市场的前提下，营销者应该努力找到某个符合品牌定位与受众需求的契合点。

2.服装销售传播内容、渠道应整合

当今社会处于信息大爆炸的时代，各种各样的品牌信息充斥着人们的生活。而如何在这样的背景下快速锁定受众群体，成为新媒体营销和服装品牌传播亟待解决的问题，需要企业对服装品牌信息的传播方式进行整合，将手机、网络、电视、杂志等不同的媒体视为组合信息终端，统一进行传播内容的设计与制作，在不同信息终端之间建立联系，使品牌信息在各个渠道中发出统一的声音。在数字化进程中，媒介融合各媒体发展的大趋势，包括传统媒体与新媒体的融合，以及新媒体之间的相互融合，这样才能向消费者全方位输出品牌价值。

3. 服装销售应利用网络口碑提升品牌知名度

新媒体高速发展的今天，每个人都可能是品牌传播的主体，所以网络口碑对于服装品牌的发展至关重要。消费者在使用产品的过程中或在使用产品之后可以获得良好的产品体验，产生正面、积极的评价及推荐等行为，将会有助于消费者对产品的购买决策。同时，通过互动平台，服装企业能够直观地了解消费者的心理诉求，并且向消费者传播真实、具体的品牌信息。

服装服饰行业需要先了解各类新媒体渠道的主要特点，分析自己的行业或企业的产品或服务的特点，然后寻找契合点，继而思考最适合的渠道组合。目前，使用最多的新媒体渠道是微博、微信及网络短视频等平台。

4. 服装销售应利用网络公关提升品牌美誉度

通过虚拟社区、品牌网站等途径，紧跟热点事件，线上推广和线下活动相结合，向消费者传达能够满足他们现实需要的信息，并及时得到反馈，拉近消费者与品牌之间的距离，提升品牌美誉度。因此，服装品牌要让消费者迅速记住，并及时反馈有用的信息，网络公关也是品牌企业急需完善的。

5. 服装销售依靠自媒体营销传播口碑

互联网时代是以口碑选择产品的时代，互联网思维就是口碑为王。很多人都在谈互联网思维中的专注、极致、口碑、快，而其中口碑是最重要的。以前口碑都是在小圈子里传播，而今天微信、微博这样的社会化传播媒体，让整个口碑传播的信息链速度提升了千百倍，产品好、故事好，就能收获好的传播效果。服装企业不再单纯或过度依赖传统媒体，可以通过头条、微信、微博等平台进行推广运营，大幅降低营销成本。同时，自媒体以其平民化、个性化、亲和力强、传播迅速等特点，迅速被企业运用到品牌塑造和营销的各个环节。

对大多数服装企业来说，建设自媒体平台并提升其影响力已经成为企业发展过程中的重要需求和战略，越来越多的企业依托自媒体平台，正以一种私人化、平民化、普泛化、自主化的传播视角，运用电子化、信息化的营销手段，向特定的目标受众传递企业文化、产品信息，实施精准营销和客户管理。

当前消费者关注更多的是故事而非口号。故事的产生不仅仅是打出口号，更重要的是做好内容，企业要通过碎片化的故事，一点点不断地渗透到用户的脑海中。对企业来讲，做营销，不是做广告，而是在做内容。

（三）服装企业的自媒体运营

1. 自媒体不是试验田，而是主战场

自媒体应该放在公司战略高度，而非浅尝辄止。如果公司不做自媒体，未来发展会很受限制，因为传统广告的投放效果越来越差，用户对口碑的依赖度越来越高。

2. 先做服务，再做营销

企业在做营销时，一定是先做服务再做营销，比如在微信上做售后服务，在微博上将促销信息发布给用户。

3. 明确企业营销定位，开展整合营销

自媒体营销作为一种营销方式，与传统营销一样，是服务于企业的营销目标的。服装企业需要首先根据企业和产品的形象确定自媒体营销过程中一个合理的营销定位，在此基础之上，对自媒体中的各项功能进行整合，设计出统一的营销方案，充分发挥自媒体营销的积极作用，使线上线下的营销能够相互配合、相互补充，打造出统一的企业和产品形象，实现企业统一的目标。

4. 让员工成为粉丝

员工如果不热爱自家的产品，是很难有热情去传达和表达产品真正的优势和亮点的，因此，要让员工成为品牌的粉丝，才能更好地带动客户。

第三节　实体店消费体验与服装销售

一、服装实体店的营销策略

（一）服装实体店的形象营销

现如今很多实体店铺都非常重视服装店的装修，注重增强视觉营销的影响力。好的服装店装修能够帮助店铺快速吸引众人的目光，服装企业要重视终端卖场的视觉形象，因为服装品牌在全国推广需要统一标准的店铺形象，相当于在每座城市最繁华的商业地带树立了一个标准形象、一块户外广告牌，这种影响不言而喻。另外，良好的空间布局与服装服饰陈列有利于维护品牌形象，使消费者全方位地感受商品信息，增强对产品的印象，形成潜在利润。同时，终端店面的形象也从侧面代表着整个服装企业的品牌形象，会给消费者打上深深的品牌烙印。

视觉形象与服装之间是相互依存的关系，好的服装还需要良好的卖场空间衬托，卖场做得再炫再美，如果没有好的服装品质，势必空洞之极。例如有的服装店套用某些豪华宾馆中的设计风格，如大吊灯、大灯池等一系列装饰，追求金碧辉煌的效果，这样就会使卖场视觉效果跑了题，感觉不到一丝服装店的气息；而有的服装店一味模仿 KTV 歌厅的效果，把服装店变成娱乐场所，也是失败的做法。这些"费力不讨好"的做法，在终端卖场装修时应予以避免。服装卖场的视觉形象营造，应以高超的设计质量取胜，而不是靠装修高级材质、高档次。

首先，店家要学会控制服装店装修的成本，店铺不只是为了好看，还得追求经济效益最大化，要学会用最少的钱装出最好的效果。

其次，服装店装修不仅要有效控制成本，还要物尽其用。店家要善于利用那些旧有的资源，做出好的效果。除了花钱外，也可以多花心思，寻找既美观又省钱的解决办法。

最后，店家最应该注意的是服装店装修如何发挥复合效应。装修的主要目的是美观和整洁，而不是奢华或精致。要懂得因地制宜的道理，结合自身特点，营造一个契合自己品牌风格的店面环境。

（二）服装实体店风格营销

不同服装店所售卖的服装风格不同，所以在装修时应该采用不同的风格。卖的衣服是哪个年龄段的人穿的，就要投其所好，按照他们喜欢的风格去设计店面，这样才可以保证吸引到目标消费者。

比如开一家男装店，就需要注意自己店面的整体布局。男士买衣服时比较注意的是大体形象，所以装修时要带一点豪迈的气氛，这样比较吸引人。男装店应多采用正方形、矩形、多边形等直线条组合的图案，更能凸显阳刚之气。

如果是开一家女装店，装修就要更加注重细节的搭配，例如各类衣服摆放的位置要有色差感，同时装修时要注意选择颜色温馨的材料进行装潢，这样才可以保证对女性的吸引力。一般来说，女装店应采用圆形、椭圆形、扇形等较为圆润的线条组合为图案，带有柔和之感。

童装店面装修则跟男装店面和女装店面又有很大不同。童装店装修多采用散碎色彩，注重各种颜色的搭配，使童装店面色彩斑斓，这样孩子们才会喜欢，同时要摆放一些吸引孩子们的小玩具。童装店可以采用不规则图案，比如在地板上绘制一些卡通图案来凸显活泼的风格。

二、服装实体店的消费体验

过去我国居民消费主要是以基本需求和服务消费为主的生存型消费。近几年，随着国民经济发展、居民财富积累及消费人口结构变化，消费转型升级已是大势所趋，居民消费开始从生存型消费转向体验式消费。

（一）消费升级，体验诉求苏醒

线上消费之所以价格低廉，除了压缩了渠道成本外，消费者还牺牲了实体购物中的隐性服务。我们认为在收入增长、服装消费占比降低的情况下，消费者对此项支出的敏感度降低，所以除了基础的使用需求，对体验、服务的需求正在被唤醒。

1.缺失的体验，低价来补

对比电商和线下的差别，电商的优势在于价格相对较低，产品丰富度高，而线下的优势在于实物可见，产品质量预期差小，"即买即走"，无物流等待时间，同时可以在店铺中试穿、比较，全方位体验购物。在价格敏感度高的消费阶段，体验式的消费需求被抑制。

2. 收入增加，服装体验需求苏醒

随着近些年我国经济突飞猛进，人们的收入水平有了较大幅度提高，消费观念也在发生重大变化，对很多消费者来说，价格已经不是敏感问题，品质才是最重要的。而且服装价格指数近十年间提升仅 10% 左右，此时线下产品"即买即提""所见即所得"的特点越发凸显，而电商的差价优势则逐渐丧失。

所以，收入增加，服装价格未明显上涨，消费者对基础类服装产品的价格敏感度降低，在满足使用和审美需求后，对服务、个性的需求正在被唤醒。

总体来看，服装消费的升级可分为档次的提升和隐形需求的开发。而隐性需求的开发主要在于消费体验。现在，比起看得见摸不着的电商，实体店的展示体验价值越来越被看重，已成为品牌突破发展瓶颈的利器。例如有些体验店和快闪店，是为培养下一代品牌消费者进行情感沟通，并非为了销售额。

（二）服装实体店体验式营销技巧

所谓"体验营销"，是站在消费者的感官、情感、思考、行动和联想五个角度，重新设计、定义的一种营销方法。这种营销模式的核心是认为消费者是理性与感性的结合体，其消费前、消费中和消费后的"体验"才是购买行为与消费品牌的关键。

1. 体验时刻

时尚品牌与客户接触时，不管是线下还是线上，体验点的累积构成了消费者对于品牌的体验，体验因素在购买决策中至少会占到 60% 的比重。作为服装品牌，应该将营销的重心转到客户体验上来，在店面服务中要根据顾客的购买流程，分析可能的各个体验点，更重要的是在服装店的日常经营中，力争在体验点上有所创新。

2. 顾客体验管理

服装属于时尚行业，顾客的需求具有多样化、个性化的特点，原来的客户关系管理是从企业出发所进行的一种结果管理，具有很强的功利性与滞后性。而顾客体验管理则强调一切以顾客的体验为出发点来进行资源的组织运营，是一种动态的管理，重点是建立与客户的互动沟通。

3. 体验三元论

首先，服装品牌要有三个层面的良好体验：物质的、精神的、灵魂的。优秀的品牌是三者的良好结合体。服装只是媒介，要承载精神和灵魂层面的诉求，没有灵魂的品牌是很难长久生存的。

其次，为了节约成本，有三点是必须要做好的，那就是开始、中间、结束这三个体验点。开始的体验点是吸引客户进一步体验的兴趣；中间部分一定要集中资源，创造一个深刻的体验点，让客户终生难忘；结束时的体验点也非常关键，要能够进一步加深客户的美好体验。

最后是体验的三角等式：客户体验值＝真实体验－期望值。

另外值得注意的一点是，每个顾客的体验都是非常个性化的，在服装店日常经营中，糟糕的体验经常会出现，这时企业一定要给客户以补偿，消除客户的不良体验。

（三）服装实体店的消费体验

未来，商业争夺的是青年一代消费群体，他们不缺物质、不缺产品，需要的是一种"关怀"，这种关怀更需要面对面的交流与接触才能有所体现。而这恰恰就是实体店最大的机会。因为商业核心优势正在从"价格"变成"服务"。若是比拼体验服务，电商又怎么可能是实体店的对手呢？电商用"价格"逆袭实体店，现在实体店需要用"服务"扳回一局。日本也曾有过实体店的衰退期，但经过几年的调整后，实体店又稳步崛起。

现在众多实体店之所以还在徘徊，是因为他们还没有觉醒，还停留在拼价格、拼门面优势层面上。未来那些同质化的产品将越发失去竞争力，唯有那些能为用户提供独特体验的实体店才能脱颖而出。在这个大趋势下，很多电商也被倒逼着从线上走到线下，开设实体店为消费者提供体验场所，弥补自己的短板。

三、服装实体店的策划策略

服装店的策划是经营的重要一环，所谓万事开头难，开店之前很多事都要综合考量。

1. 找到客户，找对客户策略

通过客户分析，可以基本了解客户类型及客户需求，那下一步的方法便是要把这些客户"找到、找对"，即"找到客户、找对客户"。

2. 制定政策，实施政策策略

对外要构建一个能吸引客户兴致的"载体或介质"，达到与目标客户建立合作关系的目的。另外就是对内的政策，如导购员奖励措施等。内外两方面的政策都不可少。

3. 借力用力，持续造势策略

营销有两层含义，一就是"销"，即产品的销售。再就是"营"，即营造利于销售的氛围。而这种营造销售的氛围，就是一种造势运作。

4. 稳扎稳打，持续推进策略

"找到客户，找对客户"策略要聚焦，其实在目标客户已经形成的基础上，同样需要运用聚焦、集中的方法，稳扎稳打，在保有现有客户的情况下，积极开拓新客户。

5. 建立团队，激励士气策略

必须对整个团队有明确的筹划，包括员工结构、人员素质培养等，这些是团队建设的传统工作。在营销策划中，最关键的是士气，士气低迷，策略寸步难行；士气激昂，即使存在这样或那样的问题，策略也能较为顺利地落地执行。因此，建立团队、鼓励士气对于营销策划的高层管理者，是体现领导力的最关键时刻。

第四节　网店运营与服装销售

一、网店运营的技巧

（一）服装电商运营

服装电商运营需要几个优势，即粉丝优势、货源优势、投资优势、推广优势和团队优势。品牌至少有其中三个优势，才有机会成功，优势越多，成功机会越大。

当然，在运营过程中，如何将店铺运营思路理顺是很重要的，这里以淘宝和天猫的网店为例，来看看都需要从哪些方面入手。

1. 确定商品发布基础权重

在商品发布的时候就应该规划好一些基础权重，包括类目、属性、标题、关键词、上下架时间、定价等。

2. 增加自然流量的要点

①正常的产品基础展现，要包含不违规、标题属性覆盖搜索关键词、主营类目、旺旺在线等要点。做好这几点，基本就可以保证买家搜索时可以纳入产品（但是不一定有优先展示权）。

②明确产品的价位、风格、属性、功能复合需求，这些属性会满足消费者购物的基本需求，帮店家把产品展现的搜索排名往前推进。

③如果产品转化率、销量、好评率、动态评分（DSR）、纠纷退款率、老客户回购率等指标的表现都不错，这些就代表着高权重，产品展示会更靠前。

④如果产品之前被多个搜索人收藏、加购、购买、领券，展示会更靠前一些。

⑤如果产品最近被搜索人点击浏览过（比如几分钟前，通过直通车、钻石展位、手机淘宝首页点击浏览），那展示时就会在更前面一点。

⑥上下架时间在手机淘宝 App 中作用比较小，主图有点击搜索展现才能转化成进店访客，所以优化主图点击率也非常重要。

现在获取流量的渠道很多，有搜索做得好的、有直播玩得转的，有忠实粉丝多的……不管哪种获取流量的方式都有自己的技巧和特色，稳定的流量渠道正是网店的生存根基。

3. 店铺动销率权重

理论上淘宝上发布 10 个以上的商品才计算动销权重，这就意味着虽然可卖的商品不足 10 个，但相对竞争对手在权重上吃亏。动销率是可以理解的，商品是有成交的，与其相对的是滞销，建议将 30 天内没有销量且不符合市场需求的商品果断删除。如果是自身运营技巧问题，可以重新优化，当作新商品卖，删除上新链接也是可以的。这样做还有一个好处，就是如果是有新品标的类目，可以重新获取新品标，得到前期的扶植。优化内容可以是全面的，包括标题优化、价格调整、主图、详情等。

有销量的商品占比全部商品的动销一定是越大越好，否则会影响店铺整体权重，这代表商品能不能很好地产生价值，店铺经营是否比其他竞争对手更用心。

4. 动态评分

应该说网店越来越重视店铺的综合实力的权重比例，而动态评分就是衡量店铺产品本身、服务、物流的综合实力的指标，所以务必维护好店铺的动态评分，不要使其周期内持续下降甚至飘绿。

5. 店铺 30 天内服务情况

①近 30 天售后率：是指卖家在近 30 天退款成功的笔数（包含售后成立）占近 30 天支付成交笔数的比率。

②近 30 天纠纷数：即淘宝介入处理且判为卖家责任的退款笔数。

③近 30 天处罚数：即近 30 天被处罚总次数，其中包括因出售假冒商品被处罚、因虚假交易被处罚、因违背承诺被处罚、因描述不符被处罚、因恶意骚扰被处罚。卖家对这几个指标都要非常重视，在不违规的同时要把可以控制的售后纠纷数量减少到最低。

6. 好评率指标

淘宝好评率是指买家在购买商品后对淘宝商家的好评比率。

商家好评率是商家收到的好评总数与商家收到的评分总数的比率。

卖家如果好评率过低，将会影响搜索、参与营销活动、直通车等。事实上，对于评价总数较少的卖家，一个差评就足以影响该店铺的整体好评率。

7. 老客户相关指标

熟悉"金牌卖家"的商家应该不陌生，加入金牌卖家的好处是橱窗位奖励、标识展示、活动优先等。

淘宝金牌卖家是对一段时间内成交好、服务好、口碑好的卖家的一种激励手段，淘宝运用数据和通过给卖家打标的方式完成。淘宝金牌卖家是一种荣誉和认可，有助于降低消费者的购物决策成本，安心购物。

金牌卖家中的"买家喜爱度"，是指周期内买家访问人数、老买家回访率、重复购买率、买家推荐率等指标的考核。卖家们要特别重视老客户的维护和营销，在回购和分享两个方面，老客户的权重是非常高的。

8. 收藏加购及用户停留时间

收藏加购及用户停留时间这两个指标直接反映商品及店铺的人气，尤其新品期这方面的周期数量对后期的扶植力度有很高的权重加分。所以在选品本身及装修活动和营销图片优化等方面一定要下足功夫。

9. 单位流量产出

单位流量产出有个计算公式，即单位流量产出 = 客单价 × 支付件数 ÷ 访客数。单位流量产出就是平均每个访客所能够带来的销售额。这是一个非常重要的指标，不难想象，因为在整个平台流量增长放缓且趋于稳定的大环境下，平台自然希望每个流量的利用率最大化，单个流量所能产出的销售额自然越高越好。

这个指标的好坏取决于三方面因素：访客精准度、转化率、客单价。其中访客精准度是决定转化率高低的关键。通常情况下，搜索流量和直通车的流量要比活动流量和钻展流量精准，至于淘宝客流量，精准度就不好控制了。

10. 关键词

首先主词一定要定位准确，主词首先遵循的原则就是要精准。比如销售的是男童宝宝套装，那么用"童装"作为主词就显得过于宽泛，获取的流量自然也不是很精准；如果用"童装男童"作为搜索关键词，效果肯定会好很多。当然这只是一个初步设定，具体还要根据数据去分析，根据直通车词的出价去确定。

对于选择的长尾词，前期为了提高销量，不得不使用一些特殊的手段。选择的词不能是自己造的词，也不能找人气不高的词，当然人气太高的词也不好。一般要控制频率，不能太过频繁、人工操作痕迹太重。

直通车选词也是需要慎重的。主词在宣传的时候，如果是中期流量遇到瓶颈时，就要考虑变换主词。主词也要分不同终端，是移动端还是 PC 端，需要观察不同终端的数据，哪个销量好，就可以暂时不做修改。

一般来说，网店运营在选择关键词的时候，都是需要反复去测试的。无论是主词还是长尾词的选择，都需要反复衡量，毕竟选择什么样的词、组成什么样的标题与成交量和搜索量息息相关。

11. 单坑月产出

单坑月产出这个指标主要取决于两个因素——价格和销量。网店首页的坑位是有限的，谁都想上首页，那么就要制定一个衡量能力的指标，只有达标的才能上，最好的位置当然要留给产出最多的商品，这个产出的评判标准就是销售额。

而销售额又取决于两个因素——价格和销量。所以我们会发现，低价不一定排名靠前，高销量也不一定排名靠前，而店铺层级越高，机会也会越多。

12. 内容运营方面的权重因素

微淘、达人、直播等形式的内容运营，必将是非常重要的权重趋势。所谓"得粉丝者得天下"，具体还要看各位商家的时间精力和资金实力。

（二）货源

开服装网店首先要考虑的当然是货源，货源永远是服装经营要解决的头等问题，所有网店无不挖空心思寻找质优价廉的货源，所有商家都想直接找到厂家拿到一手货源。

1. 小额批发存货

小额批发是指的是零售商从批发商或者厂家那里小额小量采购的产品。小额批发可以自己去批发市场拿货，可供选择的款式多，但如果想以低廉的批发价格从大批发商或者生产商处进货，都必须满足最低起订量这个条件。使用这种方式需要店铺信用级别高，选货的眼光精准，才能把量跑起来。

2. 网店代销

网店代销基本上分虚拟物品代销和实物代销两种。代销是指某些提供网上批发服务的网站或者能提供批发货源的销售商与想做网店代销的人达成协议，为其提供商品图片等数据，而不是实物，并以代销价格提供给网店代销人销售。一般来说，网店代销人将批发网站所提供的商品图片等数据放在自己的网店上进行商品销售，销售出商品后，通知批发网站为其代发货。销售商品只从批发网站发到网店代销人的买家处，网店代销人在该过程中看不见所售商品。网店代销的售后服务也由批发网站行使。

网店代销可以免费为网店提供货源，方便了一些想开店但没有资金的初级卖家，这是它的最大好处，但越来越多的代销网站只注重销量，不怎么注重渠道管理，导致代销容易造成各个代销客户之间恶意竞争，影响正规卖家的利润，同时容易对产品品牌造成不利影响。当前在代销的基础上，国内已经有一些网站开始发展分销渠道，分销作为销售渠道的重要一环，有别于代销，它将对整个销售渠道及过程进行严格控制和管理。

3. 跑勤经营

之所以叫跑勤经营，是因为这种方式要经营者勤跑批发市场。先拿好样衣，回来制作宝贝链接，有人下单再去批发市场拿货。这种模式存货少、风险低，可以专心经营，但需要勤跑动，上游商家更新速度较快时需要频繁更改宝贝链接。

4. 和实体店一起经营

这种方式比代销要好很多，商家可以看到实物，不存在回答不了客户问题的情况，自己也很清楚自己的库存。这种方式的投入比较多，一般开实体店的商家都不会去做图片处理，拍照的技术一般，店铺的装修也很普通。

而图片是网店非常重要的展示方式，图不好，网店的浏览量会比较少，成交量自然就上不去。另外就是实体店的掌柜往往是以实体经营为主的，网上的客户经常会因为遭到"冷落"而离开。

服装网店货源的常见进货渠道基本就是这四大类。服装网店的卖家在进货时一定要小心谨慎，不要贪便宜而误入骗局，一定要多观察，多对比。

二、服装网店运营之物流

（一）从物流到供应链

物流服务是指物流供应方通过对运输、储存、装卸、搬运、包装、流通加工、配送和信息管理等功能的组织与管理来满足其客户物流需求的行为。现代物流是借助现代科技，特别是计算机网络技术的力量，对社会现有的物流资源进行整合，实现物品从生产地到消费地的快速、准确和低成本转移的全过程，获取物流资源在时间和空间上的最优配置。

随着全球和区域经济一体化的深度推进，以及互联网信息技术的广泛运用，全球物流业的发展经历了深刻的变革，并获得越来越多的关注。目前，现代物流已经发展成包括合同物流（第三方物流）、地面运输（公路和铁路系统提供的物流）、快递及包裹、货运代理、第四方物流、分销公司在内的庞大体系。中国物流业市场规模位居全球第一，美国位列其次，预计未来几年，全球物流业仍将快速发展。

目前，现代物流行业的发展趋势是从基础物流、综合物流逐渐向供应链管理发展。供应链概念是传统物流理念的升级，将物流划为供应链的一部分，综合考虑整体供应链条的效率和成本。供应链是生产及流通过程中，涉及将产品或服务提供给最终用户活动的上游与下游企业所形成的网链结构。供应链管理渗透至物流活动和制造活动，涉及从原材料到产品交付最终用户的整个物流增值过程。供应链管理属于物流发展的高级阶段，供应链管理的出现，标志着物流企业与客户之间从物流合作上升到战略合作高度。物流企业从基础服务的提供逐渐转变为供应链方案的整合与优化，在利用较少资源的情况下，为客户创造更大的价值。

（二）服装电商的供应链

服装生产业在人类文明发展的历史长河中的各个阶段均举足轻重，初期设备简单、制作工艺落后，传统集约型供应链大行其道，大工厂、小作坊皆以此为生存之道，粗放型、慢步调的销售方式完全与传统供应链相契合。随着时代的不断前进，市场需求的差异化及复杂化倒逼服装生产供应链格局变革。

1. 明确电商供应链，敢于抉择一"线"

伴随"互联网+"的落地推行，呆板僵滞的固定流水线拖滞电商发展，碍于现实供应链的桎梏，很多服装企业力图改变电商背后的生死一"线"。

一些服装企业摒弃工厂概念，打造以计算机控制为核心的服装裁剪"中央厨房"，批量处理服装零部件，借力发展"工匠"生产模式，倡导更加具有柔性的生产供应链体系，改变个性化消费现状。打开传统供应链的枷锁，释放个性消费需求，这些企业着力发展的"多种款式，小额订单，客户品牌群"成为互联网形势下电商发展的"虫洞"，供应链刚或柔的抉择关乎企业成败。

2. 现实需求明显，电商形势逆转

服装电商个体集聚效力惊人，发展"小、多、快"的柔性供应链服务商成为共识。柔性供应链数据全流程贯通共享，通过控制平台、TPS、TOC、柔性化设备、大数据技术和灵活工作，从生产线流程入手，深入改造，实现柔性化生产。传统模式以大众化分销产品为主，如今销售渠道及信息逆转，电商开创个性化定制模式，蘑菇街、明星衣橱线上争霸，与辛巴达等企业"多品种、小批量、快速个性"的线下生产宗旨相得益彰，战略合作顺利展开。供应链模式不断改进，B2B、B2C、C2C、O2O等模式递进，个性化消费势头渐猛，加快小型化生产结构升级，工艺流程柔性再造，电商格局及价值高地逐渐成形。

3. 个性化定制、个性化消费格局已定

市场在于引导，更在于创造。依托柔性供应链的先天优势，"互联网+"政策的蓄力推动，时尚品牌设计师自立门户，淘工厂、蘑菇街等一系列平台，率先为设计师们量身打造 PK 舞台，走个性化定制路线，将 30 ~ 50 件品牌服装投入市场，观察消费者的反应。这样的产销方式，势必对传统供应链的盈利空间进一步压缩。

今日电商的成败在于供应链是否柔性化，纵使规划布局无暇，细节依旧决定成败，传统、保守的流水线供应链的改变势在必行，秉承新时期、新特点的以电子商务大数据为依托，辅以柔性供应链体系，打造"小而美，快而活"的小批量、多频次、品牌设计团战略，将成为未来电商"虫洞"突破的成功一"线"。

（三）当前服装供应链的痛点

服装供应链是一种个性化很强的物流服务，由于每个制造企业的情况千差万别，对物流服务的要求也不尽相同。服装物流服务以满足客户的需求为基础，按照其特殊要求进行运作方式上的调整。服装物流系统建设必须解决以下四个痛点问题。

1. 包装运输和二次加工

根据服装种类采用不同的包装方式，可分为平装（折装）或挂装，因根据不同的产品及不同顾客的需求而定。平装或折装的过程中，工人将每件成衣根据客人的要求折好，放进胶袋里面；如顾客需要挂装式的，成衣也会吊在衣架上，然后挂上胶袋，封上胶袋口，至此包装工序才算完成。在储存和运输过程中，大部分正装和高级时装需要采用挂装方式，需要不同大小和规格的海运或空运的挂衣箱。休闲服饰和内衣则一般采用平装方式。

目前，服装生产、物流等各环节都逐渐向专业化发展，服装贸易和专业物流的结合也越来越紧密，比如物流服务商根据客户需要针对加工完毕后的产品提供一部分后期整理服务，内容涉及二次加工、包装等原本属于工厂的操作。

2. 市场快速反应机制的建立

服装本身具有强烈的季节性和短暂的流行周期，如果市场反应速度过慢，在激烈的市场竞争中，企业将付出惨重的代价。很多企业的产品仅仅停留在流通的中间环节，根本没有达成现实的销售，库存和现金流严重制约了企业发展。

对于畅销服装，应把握住产品的下线时间，尽可能缩短产品的在库时间，在第一时间到达店铺，以最快的速度为企业创造效益。而对于试销产品或换季新推出的款式，需要尽量增加产品的展示和试销范围（不同区域、不同时段、不同搭配），一旦获得良好的市场反应，就快速生产，供给市场。

3. 适应服装多品种、小批量发展趋势

服装市场的发展演化，越来越显示出多品种、小批量的趋势，而这种趋势也必将影响服装企业供应链的各个环节。

顺应服装产业的发展趋势，服装企业需要提高物流水平，通过建设功能强大的现代配送中心来响应这一要求。建设现代化物流配送中心需要很大投入，但物流作业自营化不仅可以提高效率，还可以大幅降低企业运营成本，使服装的销售价格相应降低，增强产品的市场竞争力。目前，少数规模较大的龙头企业已着手规划建设物流配送中心。

4. 库存合理优化

现代物流的一个根本理念就是要尽量降低库存，直至零库存。但是，没有库存对于正常运作的服装企业来说是根本不可能的。服装企业进行库存控制的目标不是消灭库存，而是合理控制库存。

合理库存的一个基本准则是将库存尽量集中在畅销产品上。企业应适当控制库存，或者配合销售部门的推广、促销活动安排，及时在不同门店、仓库之间调配，将库存产品集中到促销活动辐射区域。

（四）完善供应链，助力服装网店销售

1. 根据服装种类和市场定位确定包装运输方式

一般高档正装和休闲装等高端产品采用挂装方式，其优点是服装运输过程中不损坏、不变形，省去二次加工工序，直接可以运送到销售门店，及时性强；缺点是包装和运输成本高。中低端服装包装一般采用折装方式，物流费用低。

2. 建立快速响应机制

建立快速响应机制的具体做法是提高服装企业制造和物流环节的信息化水平，打造整个物流供应链，缩短新产品试销成功后大量投放的时间，抢得先机，赢得主动，变市场机会为企业效益。对于规模较大的服装企业，除建立覆盖全国的大型物流中心外，还必须建立功能强大的区域物流分中心，以满足快速销售的需求。

3. 适应服装业多品种、小批量的发展趋势

这样的趋势给服装物流设计规划带来困难，以托盘为储存单元的自动化立体库难以满足服装配送要求，必须建设功能强大的物流配送中心，增加快速分拣区域、功能和设施，才能适应多品种、小批量这一行业发展趋势的需要。

4. 优化服装企业的库存配比

库存包括企业内部库存、物流过程动态库存和门店库存三部分。服装的季节性和流行性快速变换决定了服装在库时间不能太长，企业内部库存必须严格控制并尽量减少，否则意味着企业大量资金占用和产品滞销风险。合理的平均库存为 2 ~ 3 周的销量，最大库存不应超过 1 个月的销量。

此外还需要注意的是，不同类型服装（如正装和休闲运动装）间的存储形态差异决定了在其存储和分拣环节采用的作业方式和设备的不同，但在配送环节上的运作模式基本一样，选用哪种方式的决定因素在于物流成本的投入和控制。

5. 关注挂装技术的改进

国外服装企业的物流管理理念比较先进，物流服务专业化，能够做到迅速、及时、准确。同时，国际化的服装产品大部分价格昂贵，虽然也有不少使用普通纸箱包装的方式运输，但挂装运输是国际服装运输的常规做法，以实现门到门服务，减少环节，尽快将产品

打入市场。

国内的服装物流目前多采取较初级的运输方式，对服务、时间等方面的考虑较少，只有少数品牌附加值高的企业逐渐有意识地提高物流环节的操作水平。虽然一些大型服装生产企业已开始使用挂装设备，但仅限于企业内部，而很少选择物流外包挂装运输的做法。国内的第三方物流服务商仅仅是提供部分仓储、分拨服务。或许在不久的将来，采用挂装运输方式会成为国内服装物流的发展新趋势。

（五）服装供应链行业发展趋势展望

国家从政策层面引导供应链的发展，同时互联网应用、以消费者为中心、资本牵引等因素正成为供应链前行的重要推动力量。未来服装物流供应链可能的六大趋势如下。

1. 资本的导入

服装物流开始拥抱资本，资本成为物流市场配置优化并取得市场竞争优势的最大供给资源，目前物流公司中的顺丰、"三通一达"均已完成上市，借助资本市场来完善自身的发展。

2. "黑科技"高速融入物流业

人工智能、大数据、云计算等新技术纷纷在物流业找到了应用切入点。云数据物流订单跟踪系统、物流信息智能服务平台、一体化运输服务平台、现代化物流信息管理系统等以这些新技术为支撑的强大系统平台的搭建，为优质物流服务提供了强有力的保障。

3. 大数据共享合作转向跨界融合

大数据、云计算让数据资源变成了数字资产，并有了场景变现的可能，而整个供应链各方也由分工合作开始向跨界融合演变。当然了，数据共享之前，不仅需要确保数据安全，还需要实现数据保密，实现客户数据、货物数据与物流大数据的有效隔离。

4. 新一代多式联运聚合模式被人们接受

供应链形成产业以后，难免出现竞争甚至恶性竞争，某些恶性竞争会影响行业的发展，而一些物流企业以及物流消费者就成了牺牲者。国内物流行业经过多年发展，也急切希望制定相关物流标准，所以更多有眼光的物流人不约而同地"优质聚合"，一起组建起适合供应链各方的公共平台，以期实现物流标准化。

5. 物流企业普遍具有全球化视野

经济全球化和坚持对外开放的政策，引领中国物流企业以资本并购和业务扩展的方式开始向海外市场拓展。与此同时，中国物流龙头企业已普遍具有全球化视野。如今，中国已站上全球经济总量第二的位置，以资本并购和业务扩展方式向海外市场拓展，就成为许多物流企业必然的选择。特别是在竞争日渐激烈的全球市场，快递企业也在加紧全球布局，打通跨境电商对跨境快递物流服务的中间环节，甚至引发了新一轮海外投资的热潮。

6. 绿色物流将是未来行业重要课题

在国家政策推动下，绿色物流已经成为一种必须接受的可持续发展趋势。随着社会的进步、经济的发展，物流行业越发贴近我们的日常生活，被大众所熟知，并得到了快速发展。

而随着国家对供应链的重视以及企业对物流行业的深度整合，智慧供应链理念和模式正日趋成熟。能迅速、灵活、正确地理解供应链，运用科学的思路、方法和先进技术解决供应链问题，这是一种创造更好的社会效益和经济效益的新方式。

三、服装网店运营之客服

（一）服装网店客服的作用

网店客服，在网店的推广、产品的销售以及售后的客户维护方面均起着极其重要的作用，不可忽视。

1. 塑造店铺形象

对于一个服装网店而言，客户看到的商品都是一张张的图片，既看不到商家本人，也看不到产品本身，无法了解各种实际情况，因此往往会产生距离感和怀疑感。这个时候，客服就显得尤为重要了。客户通过与客服的交流，可以逐步了解商家的服务态度和产品信息，此时客服的一个笑脸（如旺旺表情符号）或者一个亲切的问候，都能让客户真实地感受到温暖，认为自己不是在跟冷冰冰的计算机和网络打交道，而是跟一个善解人意的人在沟通，这样会帮助客户放弃最初的戒备，在心目中逐步树立起店铺的良好形象。

2. 提高成交率

现在很多客户都会在下单之前针对不太清楚的内容询问商家，或者询问优惠措施等。此时客服及时的回复、解答客户的疑问，就可以让客户及时了解需要的内容，增强对卖家的好感，从而促成交易。

有的时候，客户不一定对产品本身有什么疑问，仅是想确认一下商品是否与事实相符，这时一个在线的客服就可以打消客户很多顾虑，促成交易。

同时，对于一个犹豫不决的客户，一个有着专业知识和良好销售技巧的客服，可以帮助买家选择合适的商品，促成客户的购买行为，提高成交率。

有时候客户拍下商品，并不一定是急要的，这时在线客服可以及时跟进，通过向买家询问汇款方式等督促买家及时付款。

3. 提高客户回头率

当买家在客服的良好服务下完成了一次交易后，买家不仅了解了卖家的服务态度，也对卖家的商品、物流等有了切身的体会。当买家需要再次购买同样商品的时候，就会倾向于选择他所熟悉和了解的卖家，这就提高了客户再次购买的概率。

4. 更好地服务客户

如果把网店客服仅仅定位于和客户在网上交流，那么这仅仅是服务客户的第一步。一个有着专业知识和良好沟通技巧的客服，可以给客户提供更多的购物建议，更完善地解答客户的疑问，更快速地进行售后问题反馈，为客户提供更全面的服务。只有更好地服务于客户，才能获得更多的机会。

（二）服装网店客服应具备的能力

做好一名服装网店的客服，需要多方面能力的培养和积累。

1. 语言能力

这是一个服装网店客服应该具备的最基本的能力，也是最重要的能力。虚拟的网购平台，所有的交易过程都需要也只能通过聊天工具进行沟通，这种沟通方式不是面对面的，具有一定的难度，不能直观地用语言准确描述实际情况，文字在这个过程中起到关键作用。所以，一个合格的客服必须具备良好的语言组织能力和表达能力，能通过文字让对方正确地理解和掌握商品信息，同时让买家了解卖家的服务态度和专业水平。一次愉快的交易，就是从售前咨询到售中协商，再到售后服务，最后到给予评价的过程，中间各个环节都离不开良好的沟通，任何一个环节都不能留给买家不好的印象，更不能得罪买家，任何情况下都不能说脏话或激怒买家，适当的情况下可以应用网店平台规则来处理。

2. 专业能力

一个合格的网店客服必须对店铺的商品了如指掌，这样解释起来才更有说服力，而不是当买家咨询一些专业的知识时，回答得牛头不对马嘴，这不仅会让买家看笑话，更会让买家对店铺的信誉产生怀疑，有可能直接导致退货或差评。但这种专业能力不是一两天就能掌握的，需要平时在和买家交流以及宝贝描述中不断积累和总结，是重复练习的成果。客服从与买家的交流中是可以学到很多知识的，比如很多买计算机配件的买家，是具有一定专业水平的，作为一名客服，不懂的地方完全可以请教买家，这样不仅自己学到了东西，也会更容易搞好与买家的关系。

3. 心理素质

网购的人五花八门，什么样的买家都可能遇到，任何事情都有可能发生，没有良好的心理素质是很难胜任网店客服的。这里的心理素质不仅是指自己的心理，还要具有洞察买家心理的本领，随时捕捉买家的心思，了解买家的想法和动机。这一点非常重要，要求客服具备敏锐的洞察分析能力，以促成最终交易成功。比如在淘宝上常会遇到讨价还价的买家，这是一种正常的消费心理，买家希望少花钱是正常的，不要理解为别人难缠，这时可以用委婉一点的语气与买家交流，力图让买家接受商品的价格，而不是一句生硬的"我们的商品都是不讲价的"而将买家拒之店外。

4. 服务态度

作为一名客服，态度是非常重要的，由于交易是在虚拟环境下进行的，整个过程都只能通过文字或者语音交流，客服的态度会直接影响买家对店铺甚至品牌的印象，所以服务态度是决定买家是否愿意购买的关键因素。不管什么情况，都要记得"买家是上帝"，不要冷落任何一位买家，对于自己的过失，应该主动向买家道歉；而对于买家的过错，应该充分包容。

5. 应变能力

一个网店客服综合素质是否过硬，应变能力相当重要。对买家提出的问题，除了要真实、客观地进行回答外，有时也需要客服灵活应对，思路清晰，适当变通。做到这点并不容易，在长期与买家的对话中，可以不断地积累与各种各样买家打交道的经验，在实践中灵活运用。

6. 交际能力

虽然网络平台是一个虚拟的购物环境，但进行的同样是人与人之间的交际活动，所以，如何处理好这个关系很值得重视，特别是对一些老客户，不要一开口就是"价格""数量"等与生意有关的东西，这样会让他们觉得在你心中他们和其他普通客户没有区别，会觉得你没有人情味。所以，对于经常光顾的买家，应该尝试以朋友的语气与其交谈，适当的时候可以聊聊与生意不相关的东西，拉近彼此的距离，这样更容易锁定一个长期客户。价格方面，应当主动对其进行优惠，而不是等对方开口；对于个别问题，可以灵活应对，适当宽松一点，不要因为一点点利益上的损失而失去一个长期客户。

第八章　服装产业竞争力提升之人才培养

第一节　我国服装专业教育的基本情况

一、我国服装教育基本情况概述

（一）服装专业学生就业出现结构性的突出矛盾

服装专业大学的毕业生就业情况与其他行业的学生就业基本相同，相对来说就业率要高些，但整体上还是存在以下一些问题。

1.大学同质化

许多地方院校和行业高校中都设立了服装专业，其教学、科研与服务社会的能力大体相同，一些大学一味追求"高大上"效果，招生人数不断扩大。

2.规模快速发展带来的资源不足

资源方面包括教师、办学条件等，尤其是实验、实习等实践环节的教学条件严重短缺。

3.学校过分强调专业就业教育

一些学校过分强调对就业有帮助的专业教育，弱化了有信念、有梦想、有激情、有责任感的爱国精神为主的成人教育，对于有专业精神、职业精神、创新创业精神、合作精神、自生长能力（自我精神力量的生长）的成才教育被"短视""缺失"与"弱化"的现象较为严重。

4.学科的滞后

专业教材、实验与实习教育明显滞后于知识、技术、管理和市场的发展。

（二）不同服装院校的服装专业人才培养模式比较

我国的服装设计在 2003 年以前是属于艺术设计的一个专业方向，2003 年以后设定为专业，而服装设计与工程专业是完全的工科专业。我国的这种人才培养模式造成服装设计与服装工程专业不能很好地融合于一体，致使艺术类学生偏重设计，对服装技术和服装工程方面了解较弱，而服装工程专业的学生对时尚感受要差些，服装专业的学生没有完全感觉到服装生产的整体培育过程，对企业中的现实问题处理时考虑会以偏概全，创新能力不足。

无论是"211 工程"的重点高校、服装特色类高校还是非服装特色类高校，服装专业的课程都大同小异，最基本的有服装效果图、服装设计原理、服装设计、中外服装史、服装结构基础、女装结构、女装纸样与工艺、立体裁剪、服装材料学、服装工业制板、服装市场营销、服装 CAD 应用、服装工艺等。各服装院校根据自己的实际情况和专业的侧重点不同，在此基础上增加或减少课程。但总体上来看，全国的服装专业的总趋势是"重设计、轻工程、轻技术、轻实践"，在我国的服装院校中有 70% 的服装专业是偏重于设计的。服装工程专业在国内各校的受重视程度不够，有许多学校即使有服装工程专业，但是对于服装工程专业的教学设施投入少，导致技术技能训练不全面。全国许多服装专业都存在着新技术的教学与应用滞后等问题，课程设置和教材不够与时俱进，这样，我国的服装专业学生在校学习时缺乏技术和实践能力培养，致使大学生在就业时就遇到困难。并且我国的一些中小型服装企业仍停留在传统加工和小作坊式作业的阶段，一些大型企业只注重生产数量，重视企业文化不够，使大型企业在前进的道路上有所阻碍，这主要是我们没有意识到服装专业人才工程性、文化性、创新性培养的重要性，或有意识培养但并没有采取有效措施去推动。种种原因导致了现在的服装人才专业技术和实践操作方面还存在一定的欠缺，例如对于工艺、面料等的深度掌握不够，入职初期实践操作能力不强，大部分都是纸上谈兵的设计人才。

（三）服装专业人才的实践能力培养情况

在全国各纺织服装院校中，教学计划中安排学生下厂的时间不是很多。大学四年中，学生真正能下到企业中实践的时间是有限的，而且基本上只是以参观为主。实习之后，学生对企业的印象还是很模糊。据调查，大多数学校的生产实习时间普遍在 2 ~ 4 周。

（四）服装专业学生的文化教育情况

近些年来，一些服装高校在大学文化建设方面取得了一定的效果，但目前还存在的问题是：第一，更多的为个性化研究，主要是针对各校特色进行的个性化探索，这样也不免会产生"自卖自夸"的嫌疑；第二，服装专业的大学生文化培养缺乏高校群体性案例研究，目前我国服装高等教育发展蓬勃，高校聚集比较普遍，针对服装高校群落进行案例研究对沟通各校的文化特色、提炼赋予时代意义的大学精神和文化必然具有现实意义；第三，服装教育的研究成果相对比较少，大多数资料显示的是各式的研究报告或内部资料，研究成果的推行与实施还不够；第四，缺乏深层次的中外大学文化的比较研究成果。我国在服装教育模式、人才培养方式乃至课程设置等方面都大规模借鉴国外服装高校尤其是名校的相关经验，但是在服装专业大学的文化借鉴方面还是不够的。因为文化具有明显的国情特点，所以要实现没有文化相匹配的教育目标是何等艰难。因此，寻求大学有价值的共同文明成果对于促进我国服装专业大学生的文化建设必将起到启发和借鉴作用。从人生的角度来说，一个人的文化底蕴决定着他能"走"多远。当今是知识爆炸的年代，作为一个对人生有着执着追求和抱负的大学生，吸收人类创造的优秀思想文化，对于提升其生命品质是非常重要的。

服装是文化产品。一个服装专业的学生的文化功底，同样决定着他设计服装的内涵、品位和档次，中国服装专业学生的整体文化功底，决定着整个中国服装行业的强盛，可见提升服装专业学生文化修养的重要性。调查中，我们发现在 2009 年以前的服装专业人才培养计划中，普遍重视专业课程，文化课程非常少。从各个学校的培养计划中，文化课程主要是"服装史"与"服装心理学"，除专业课外，经济类课程开设较多；有的大学开设了"中国地方文化英语导读"等。一些服装院校普遍的文化课程偏少，这是应引起注意的地方。现在是文化建设时期，服装专业学生的文化培养到了重要阶段，也是人才培养启动的关键时刻，它对未来的中国服装品牌的生存与发展起着举足轻重的作用。

二、关于服装高等教育质量的评价与标准

（一）服装高等教育质量评价

1.高等教育的质量观

由于每个人的需求不同、价值观念不同，不同的主体从不同的角度对服装高等教育质量有着不同的价值诉求，形成了不同的质量观。

①内适性质量观：是以知识本位的教育价值观为导向，强调高等学校作为学术机构存在的特性，强调大学的学术价值，主张大学要从事高深学问研究。

②外适性质量观：是以社会本位的教育价值观为导向，强调服装高等教育满足社会需求的重要性，遵循市场逻辑，以国家、社会和市场需求为导向，强调服装高等教育要为所在国家和地区的服装产业经济和社会发展服务，并以满足外部社会需求的程度作为衡量高等教育质量高低的标准。

③个适性质量观：是以学生本位的教育价值观为导向，强调以学生为中心，强调学生作为人的自主性与独立性、完整性、自我指导性，强调学生个体自由发展与心智的训练发展和完善。

2.高等教育质量评价的多元性

高等教育质量评价的多元性首先表现为高等教育质量评价主体的多元化，但是教育质量由谁来判断仍是教育评价逻辑的起点问题。由专家组成评价主体有其自身的优势和客观依据，但专家并非教育活动的直接参与者、教育的直接消费者和当事人，并不能替代其他与教育相关者的意见和要求。教育评价主体除了专家外，还应当包括教师、学生及其家长、社会中介机构、教育决策机构、学校管理者以及用人单位。因此，要打破单一的以政府为主体的评价模式，积极开展由社会、个体共同参与的多元化评价方法。

高等教育质量评价的多元性还体现在高等教育质量评价对象的多元化。传统的高等教育评价将教育质量简单地等同于教学或学生质量，强调教学和学生标准。高等教育质量的构成至少有三个方面，即教学和人才培养质量、科学研究和社会服务的水平和效益。从高等教育质量的生成过程来看，高等教育质量不仅包括教育产品的质量，而且包括教育过程质量和教育投入的质量。这三个重要环节都应成为教育评价的对象。

最后，高等教育质量品评价的多元性表现为高等教育质量评价标准的多元化。教育评价怎么评，第一要务是给出质量标准，才能进行事实和价值判断。其原因，一是高等教育呈现出多样性，不可能拿精英标准或大众化标准衡量具有不同定位和办学特色的高等学校的质量；二是社会需求多样化，社会对高等教育人才需求、科技和社会服务需求都是复杂多样的、发展变化的；三是学生来源、构成多样化，不同文化背景、不同知识基础、不同目标追求、不同个性特征的学生涌进高等学校，当然需要多样化的教育评价标准。

3.高等教育质量评价的内容

高等教育质量评价有四类主体：政府、高校、社会和学生。高等教育质量评价的内容体系为：反映政府提供高等教育教学服务的效率要求；反映学校关注开展学术研究创新的水平要求；反映社会对人才培养质量适合度的认可要求；反映学生对教育投入增值满意度的成长要求。服装高等教育的教学质量评价，就是学校对以上四类要求达成度的加权统计总和。

4.高等教育质量评价的模式

我国的高等教育评价历来突出以政府为主导的评价模式，随着社会发展、利益主体多元化出现，逐步重视开展由社会、个体共同参与的多元化评价。

（二）服装高等教育质量标准

质量是与设定的标准相一致的。标准是评价的基准或尺度。高等教育质量标准随着时代的变化而变化，不存在一个既定的、永恒的质量标准。

高等教育质量标准可以分为三个层次：第一层次是国标，即国家标准，从宏观上提供整个质量指标体系的框架和基准；第二层次是类标，从纵观层面统设现有学科、专业和将要出现的新专业的质量标准；第三层次是校标，即各个高校的校本标准，从微观层面上具体反映各级各类学校个性、特色的质量规定。目前我国高等教育的质量标准体系有：国家人才培养质量标准、行业人才评价质量标准与学校人才培养标准及方案。

1.高等教育质量标准的范畴

高等教育质量标准要体现全面性与特色化。

（1）高等教育质量标准的全面性

①教育目标的质量：包括目标的合理性，高等学校培养目标与办学层次的一致性。

②教育过程的质量：包括专业与课程的质量，教学秩序、教学环节的实施水平，师资队伍的合理结构，高等学校管理人员的素养与管理水平。

③教育制度的质量：包括高等教育制度的先进性与科学性，管理机构的精干有效，符合高等教育发展的规律。

④教育设施的质量：包括高等学校校舍、设施的齐备与先进，教育教学手段的现代化程度。

⑤教育产品的质量：包括毕业生在思想品德、专业知识与技能、科学方法与能力、综合文化修养等方面达到的水平，培养的人才在经济社会生活中所起到的作用。这是高等教育质量评定标准中最重要的容。

（2）高等教育质量标准的特色化

特色化强调的是高等学校的特色是其质量的标志，特色就是创新，特色就是质量和水平，是其生存和发展的重要基础。特色鲜明的高水平大学有其特殊的培养目标。通过重在服装人才培养规格、培养途径、教学环节方面的教育教学质量标准的制定，从而使服装专业的大学办出特色来。特色化质量标准需要在众多的要求下做出选择并确定哪些是应该考虑的重点。

2.服装专业学校教育质量标准体系构成

（1）服装专业人才培养标准

根据国家教学质量标准和行业人才评价标准制定学校人才培养标准。服装专业学校人才培养标准体系结构包括：培养目标、培养规格、教学内容（知识体系、实践体系与创新训练）、课程体系（核心知识点和技能点、学分制要求下的准入、准出课程）、课程教学大纲与课程教纲。

（2）学校教育质量标准体系

构成各主要教学环节质量标准（规章制度或规范），按"五评"分类：专业评估方案、课程建设与管理办法、评教制度、学生学籍管理细则与二级院部目标责任管理方案。

（三）提高服装专业高等教育质量的思考

培养高质量的服装专业人才是服装专业高等教育的根本宗旨，是服装专业高等教育的出发点和落脚点。作为一所具有深厚纺织与服装行业背景的服装专业高校，必须坚定不移地走特色发展之路，因为特色就是创新，特色就是质量和水平，特色就是生命。

随着产业转型升级的深化，培养适应纺织和服装产业链发展需要的高素质服装应用型创新人才，为纺织服装行业企业和区域经济发展提供人才支撑，是高校的社会职责。培养适应社会发展需要和满足个体发展需求的高素质服装专业人才是最大的目标。

1.在服装专业人才培养的总体设计上体现特色

特色办学已逐渐成为高等学校的主流意识，特别是行业和地方院校已把发挥学校教育特色作为发展的本质追求。要认真进行服装专业院校的特色人才培养总体设计。服装专业人才培养特色可以在不同的层面、方位等维度上体现，即"体现向度"上可以各具特色。特色鲜明的高水平大学要根据自己的优势找到办学定位、办学目标，服务面向和行业企业，形成自己的教育哲学，成功塑建学校教育特色，进而成为一所著名的高校。

2.在培养过程与改革创新上做实做强

学校要抓住培养过程中三大环节，即课堂教学、实践教学和第二课堂，重点推进这三大环节中的改革与创新。要"着力提高学生服务国家、服务人民的社会责任感，培养学生勇于探索的创新精神和善于解决问题的实践能力""坚持德育为先""能力为重""全面发展"。继续实施"阳光教育工程"，把提高服装人才培养质量的教育工作与基础实践教学、专业实践教学、综合实践教学"三层面"有机结合，切实提高学生的创新精神和实践能力。实施"1233"模式学分制人才培养方案。

3.在培养资源上加大投入并有效利用

学校要更加强调内涵式资源建设，加大用于本科教学的财政开支比例。《教育规划纲要》将加强学校人才培养的基本能力建设作为提高教学质量的一个重要方面，特别是加强实验室、校内外实习基地、课程教材等基本建设的投入。学校要利用现代化网络技术，开发网上教学资源、课程资源、网络教学和网络化教学质量评价系统。在岗教授、副教授每年 100% 为本科生授课，要把高水平的学科和科研资源转化为教育资源。

4.努力服务社会，缩短大学与社会的距离

大学的基本功能就是"引导社会和服务社会"（学术为魂，育人为本），这是最本位的育人属性。实现学校的社会责任，强调学校"通过多种方式服务社会""主动接受社会评价"，并规划成立打通本科与研究生教育、课内与课外教育的人才培养委员会。大学与社会的距离应该是接近的，只有大学与社会融合才能出现好大学和卓越大学，我们要努力缩短学校与社会的距离。

5.加强建立创新人才培养理念与顶层设计

大学要建立自己特色办学思想、形成特色人才培养的定位及实施战略，成立人才培养指导委员会，拉好"四链"，即人才链、产业链、创新链、落实链；建立"人才牵引专业，专业嵌入产业，产业哺育专业，落实保障人才"制度。

在实施人才培养方案的同时，建立"6+8"体系来保证教学质量："6评"，即评教、评学、评课程、评专业、评管理、评保障；"8抓"即抓生源、抓专业建设、抓教案、抓课堂（第一课堂＋第二课堂）、抓实践（实验、实习、实训、社会实践）、抓作业、抓考试、抓毕业环节。

第二节　服装专业教学改革与人才培养模式创新

一、服装专业教学改革与人才培养模式创新概述

（一）柔性教育观

柔性教育是美国为适应全球信息化的社会对人才的柔性需求而采取的一种大学教育观。这种教育理念的显著特征在于强调向学生传授"可转移性技能"，培养和开发学生应对能力的柔韧性和灵活性。在实际操作层面上，大学必须保证自身的学术自由和相对独立性，大学要面对国内外市场，面向工商业界，把握经济、科技动态和产业发展的动向，以便对学科结构、专业设置、教学内容和教学方法进行前瞻性调整和改革。因此，专业培养方向确立的柔性，有利于对学生实施个性化教育，挖掘学生的潜能，扬其所长，更好地满足学生不同的发展需求。因此，为了培养适合时代特征的企业所需人才，高校必须树立柔性教育观，不断深化服装的教育教学改革。

（二）创新型人才

创新型人才是指基础理论坚实、科学知识丰富，能够提出问题和解决问题，治学方法严谨，富有独创性，具有创造能力，能勇于探索未知领域，开创事业新局面。同时，他们

具有为真理献身的精神和良好的科学道德，是人类优秀文化遗产的继承者，是最新科学成果的创造者和传播者，是未来科学家的培育者。

二、服装专业教学改革与人才培养模式创新的背景及意义

当今社会，服装教育的国际竞争日益激烈，人才竞争便成了世界各国发展竞争的焦点，党的十七大报告中指出："优先发展教育，建设人力资源强国。要全面贯彻党的教育方针，坚持育人为本、德育为先，实施素质教育，提高教育现代化水平，培养德智体美全面发展的社会主义建设者和接班人，办好人民满意的教育。"人民满意的大学就是适合社会需求的大学。因此，每个学校都要科学构建创新人才培养体系的办学特色。

（一）依靠服装专业人才提升服装产业的发展

中国已经走上了自主创新的发展阶段，确定了全面建设小康社会，建设创新型国家战略目标。在衣食住行中，服装更是满足小康社会的最基本物质条件，因此，服装产业是个大产业，它与人民生活、国民经济都息息相关。服装专业教育是服装人才培养的摇篮，是实现服装创新型产业的基础。因此，要实施服装教育兴产业、服装人才强企业战略，我们就必须通过服装专业教育的变革和优先发展为服装产业和企业发展提供强有力的人才智力支持，把我国以加工型为主的服装产业转化为服装人才资源优势，服装品牌强大的产业。

增强服装企业自主创新能力，建设创新型服装产业，教育不仅必须优先发展，而且必须深化改革。对于服装专业高校来说，这意味着一场深刻的变革，更是一次千载难逢的发展机遇。创新型服装产业的发展需要做好壮大创新主体、重构创新体系，营造创新环境、培育创新人才、完善服务体系、培育创新文化、优化创新载体等一系列工作。服装创新人才培养是提升服装产业升级的关键所在。

（二）提升服装专业教育面对国际化竞争的能力

随着信息时代的到来，我国面临着经济全球化、政治多极化、文化多元化、教育国际化的趋势。在我国的服装高校走出国门、遇到发展机遇的同时，也面临着剧烈的国际竞争压力，服装教育的综合实力面临挑战，这迫切要求我们的服装专业高等教育在教育理念、人才培养模式、教育教学改革等方面做出及时的应对、改革和调整，为国家培养出更多具有国际素质、全球视野的各级各类高素质服装专业人才，为提升我国服装业的国际竞争力提供强有力的人才和智力支持，为推动服装教育的国际化发展做出示范，起到带动作用，为全面实现建设小康社会的战略目标做出自己应有的贡献。

在全球化知识经济背景下，高等教育对新兴经济的重要性比以往任何时候都更加重要。服装虽说是传统产业，但它的经济现象却不断地体现出新兴经济特征，如计算机时代的电子商务，服装产业是最先运用的。这些新兴的服装知识积累和应用已经成为推动服装经济发展的主要因素之一，因而服装科学创新日益成为一个国家的服装产业在全球经济背景下保持竞争优势的核心，这就要求服装专业高校及其人才培养要适应全球化竞争与合作的

需要。

（三）实现服装专业高等教育与服装产业协调、健康发展

当前服装产业、服装科技、服装品牌的环境都面临着剧烈的变革，服装专业高等教育发展面临的形式和环境发生了巨大的变化。第一，消费结构升级，人们生活从温饱型、舒适型向发展型、享受型转变，这对服装专业教育的需求和要求不断提高，要求服装专业教育不仅要满足经济社会发展的需要，还要满足人们自身全面发展的需要；第二，服装产业结构加快调整，职业、就业市场发生了很大变化，这要求服装专业教育适应社会发展、满足企业需求，改革人才培养模式和教育教学模式；第三，我国实施城镇化建设，人们的消费观念、生活方式变化很大，需要不断拓展服装教育市场，满足人民群众对服装教育大众化、多样化、高质量的需求；第四，当今社会的变革不断加快，就业和社会保障工作进一步加强，实施了创业带动就业，需要服装专业教育培养出创新能力强的人才；第五，文化事业发展加快，服装也是文化产业的一部分，需要不断深化文化产业的改革；第六，科学高度分离、高度融合，企业需要的服装专业人才综合化趋势明显增强，信息化急剧增长；第七，知识更新与成果转化周期大大缩短，前沿学科和技术领域取得重大突破，如在网络、信息、生物、新能源、新材料、航天、海洋等方面，这些都在很大程度上影响着人类生产、生活及学习方式；第八，教育本身需要教育改革不断深化、基础教育新课程改革全面实施，促进教育公平取得新进展，全面实施高校合作、合并等；第九，服装学科、院系结构调整，资源整合等迈出重大步伐。所以，服装专业教育已成为社会建设和民生的问题。高等服装专业教育作为教育系统的高端形态迫切需要进行人才培养模式、教育教学、课程体系等方面的变革。

（四）坚持"以人为本"的人才培养观念

服装专业教育的发展变革一方面是为了促进社会、产业发展的需要；另一方面，就是实现服装专业大学生自身全面、自由发展的需要，接受过服装专业高等教育的人不仅是一个知识人、专业人、职业人，还应该是一个素质全面、智慧通达、热心公益、具有开拓进取的精神、强烈的责任感、使命感，具有爱国情怀、国际视野、发展眼光、创新意识的服装创新型、复合型、高素质、强能力的人才。而这种服装创新型、复合型人才的培养需要服装专业高等教育自身的不断变革和发展。

三、服装专业创新人才培养模式的内涵及特点

（一）服装专业人才培养模式的内涵

所谓服装专业人才培养模式，是指服装专业教育，依据服装专业教育的目的、教育理念、培养目标，遵循教育的工作程序，采用一定方法对受教育者进行服装专业知识传授、能力素质培养，使其达到预期培养标准的一种相对固定的组织框架和运行方式。可见，高等服装专业教育人才培养模式要有服装教育理念作支撑，有明确的服装专业教育目标和培

养规格，通过构建合理科学的服装专业知识、能力和素质结构的培养方案的设计，通过一系列的服装专业教育措施和活动（包括服装专业课程体系优化、教学方法与教学手段改革、教学资源与教学组织优化等）的有效实施最终实现服装专业教育培养目标的方式。高等服装专业教育人才培养模式应体现服装产业、服装专业教育和学生自身的发展要求。

（二）新时期服装专业人才培养模式的特点

21世纪是知识经济时代，服装类科学技术在高度分化的基础上形成了高度综合化趋势。服装产业发展要求高等教育树立新的服装专业人才培养观念，树立以学生为本的观念和变终结性服装专业教育为终身服装专业教育的观念，注重培养服装学生的可持续性学习能力和可持续性发展能力。新时期高等专业服装教育人才培养模式应具有如下特点。

1. 服装专业人才培养模式的多样化

服装专业人才培养模式的多样化是我国服装经济现状及其发展的必然要求，是高等服装专业教育发展内在规律和自身发展不平衡以及走向大众化的必然结果。服装专业人才培养模式的多样化涉及服装专业办学指导思想的多样化、服装专业人才培养目标的多样化、服装专业人才培养途径的多样化、服装专业教学方法与教学手段的多样化、服装专业教学管理模式的多样化等方面。这要求服装专业高等教育不能再搞"千校一面"，应结合高校自身特点形成有特色的服装专业人才培养模式。

2. 体现创新人才培养的基本目标

人类的进步和世界的发展都是在交流融合中前进的。当今服装产业的发展，服装学科相互交叉，以及边缘学科在服装产业中的大量涌现，艺术、工程、文化等学科结合得更加紧密，互为基础，相互促进。一方面，已有的服装学科专业知识越来越专，知识门类划分得越来越细；另一方面，科学的整体趋势越发明显，越来越多的其他科学知识应用在服装学科中。21世纪知识经济时代的发展需要能够适应其特点的不断创新与创意的服装专业人才。因此，高等服装专业学校人才培养模式构建应以培养服装专业创新人才为目标。

3. 以人为本、培养学生自我终身发展能力

面向未来，服装专业人才培养模式应有前瞻性和超前意识，培养出的服装专业人才要适应未来服装产业的需求，既要给学生奠定终身学习的服装知识基础，更要培养学生的终身学习意识、学习能力和学习方法。

4. 体现服装专业人才培养模式的灵活性

灵活性是服装专业人才培养模式适应不同学生、不同要求的有效手段。服装专业学生个体之间的差异决定了其对人才培养模式的不同需求，必须正视学生多样化的发展需求，也就是个性化的发展，改革一成不变的人才培养模式，增加其灵活性。

四、服装专业教学改革与人才培养模式创新的关系

（一）创新人才培养模式要求深化大学的教学改革

服装专业人才培养模式是一个上位概念，大学教学是一个下位概念，服装专业人才培

养模式的创新自身并不会落实到服装专业人才自身的发展和培养上，高等服装教育人才培养模式的创新必须通过大学服装专业教育教学的改革和深化，通过服装专业、课程的改革和优化，通过招生体制、教学方法的转变等落到实处。因此，可以说，创新高等服装专业教育人才培养模式必然要求不断深化大学的教学改革。

（二）教学改革的核心是服装专业人才培养模式的改革

服装专业教学改革涉及与服装专业教学有关的方方面面，但其核心是服装人才培养模式的改革。服装产业的变革和对服装专业教育方式、人才规格等方面的要求最先通过服装专业、课程、教学、管理等方面的变革体现出来。从这个意义上说，服装专业教学方面的变革为服装人才培养模式的变革提供了信息和动力，服装专业教学的变革和深化最终必将导致服装专业人才培养模式的变革，最终实现服装专业人才培养的目标，完成高等服装教育的使命和责任。

（三）教学改革与人才培养模式的创新是协调推进的

服装专业人才培养模式从宏观、整体上为高等服装院校在指导思想、发展思路、发展定位、发展特色等方面指明了方向和目标，服装专业教学为人才培养目标的实现提供了坚实的基础，服装专业创新人才培养模式必然要求深化大学教学改革，深化大学教学改革必然要求服装专业人才培养模式的优化和调整，所以要同时关注这两个方面，保证改革的实效性。因此，大学教学改革和服装专业人才培养模式创新必须相互推动，协调发展，才能形成改革的合力，达到事半功倍的效果。

五、推进服装专业教学改革与创新人才培养模式的思考

（一）构建把创新型人才培养渗透到大学生高等教育全过程的工作新机制

首先，创新教学理念，形成以学生创新培养为本、服务学生可持续发展高等教育新观念；其次，创新高等教育机制体制，把大学生创新能力培养工作渗透到高等教育全过程，将招生宣传、大学课程学习、实践能力培训、大学日常生活和思想政治教育、就业和社会需求与创新型人才培养紧密结合，探索高等教育过程中的人才培养新方案；最后，创新人才培养工作的载体，构建操作易行、科学的创新型人才培养的前移模块、教学模块、实习实践模块、延伸模块、跟踪模块的"五模块"实践平台，形成新型的人才培养目标体系。每个模块既独立又开放。

（二）构建综合与个性相结合的课程体系

课程是人才培养的核心，也是人才培养模式创新的重心。建立课程体系，既要加强服饰文化素质方面的学科基础课程，也要注意学生的个性发展，提高专业课的质量，着力培养学生分析和解决问题的能力。课程体系要由四部分课程组成：综合基础课程、实践课程、个性课程、前沿知识课程。

①科学技术的发展已呈现出高度综合化的趋势，课程设计上要体现加强各学科之间的

交叉、渗透和融合的课程，即在自然科学、人文科学、社会科学三大科学领域间出现相互整合的课程体系。这种整合要求教师之间必须合作，减少学系界限所造成的障碍，完成课程的纵向和横向的一体化。

②加强实践环节，建立完善的实践教学体系，加大实践教学的比重，重点加强学生对所学知识的理解和掌握，更有利于创新思维和能力的培养，如引导学生开展科学研究，让学生深入社会中开展调查研究和实践，开设综合性、设计性实验，开展课外科技活动等。实行创新学分奖，在成绩认定上，可以用创新成果代替一定数量的学分，鼓励学生去创新。

③加大选修课的比重，设计个性化培养方案，在学科内让学生根据自己的兴趣和特长自由选择课程，也可以加选其他专业的课程，从而真正实行因材施教，实施个性化培养。

④教学内容要不断更新，服装专业应该根据经济社会发展和科技进步的需要，及时更新教学内容，将新知识、新理论、新技术、前沿课题和最新研究成果不断充实到教学内容中，实现教学内容现代化，为学生提供符合时代需要的教学内容。

（三）选拔优秀教学团队带头人

选拔教学团队带头人，坚持以品德、学术、能力为标准，打破常规条件限制，打破学科行政壁垒，建立由学校组织公开选聘机制。优秀教学团队带头人应有很强的业务能力、奉献精神、人格魅力以及组织协调协力，能使团队形成最佳组合。对教学团队带头人的考核，更要注重用团队整体业绩质量和发展前景加以评价，也就是注重考核其核心作用的发挥。

（四）建设优秀的高校教学团队

优秀教育学团队对高校教师的专业发展和人才培养质量的提高具有十分重要的作用。学校及职能部门要转变由上而下的管理方式，把了解教师、深入细致的调查研究作为某一学科或专业、课程教学团队的基础，充分考虑教师的意愿和选择，以最优化的方案组建教学团队，努力为教师的教学和研究工作创造和谐舒心的工作环境。团队成员之间要有好的合作基础，形成一个讲效率的群体。对于团队，要建立考评制度。在教师考评中，有利于发挥每一位成员在创造团队业绩中的作用，有助于每一位成员将自己融入整体来思考。要让教师在工作和生活中不断发展自己，完善自己，使教师明白自己的定位，更要使教师明确自身的目标和价值。教师的发展是一个实践教育创新的过程，要树立教师教育、教学、科研、管理和服务等全面的平衡发展思想。全面发展是形成学校特色的土壤，全面发展和全体教师在各自团队中的发展，必将促使更多的教师加快发展步伐，从而促进学校的快速发展。

（五）培养创新思维，促进学生自我教育

要培养创新型人才，教学改革必须跟上，要认真研究和不断改进教学方法，从根本上改变传统的以教师为中心、以书本知识为本位的"灌输式"教学模式，运用讨论式、启发式、探求式、演练式等新的教学方法，构建以学生为中心、以学生自主活动为基础的新型教学模式。学校要使教学活动真正建立在学生自主活动、主动参与的基础上，形成有利于

学生主体精神、创新意识和创新能力健康发展的宽松的教学环境和教学体系。通过学生自主学习课堂，培养学生的自学能力、自我教育能力、创新能力和自我培养能力。

（六）创新二课堂教育模式，培养学生的人文精神和科学精神

二课堂教育是以大学生的课外活动和社会实践活动为主的教育形式，是课堂教学的拓展。大学生通过参与表演、比赛、竞赛、讨论、培训、听讲座、课外科研等活动，使学生在人际交往、口语表达、动手能力、服务意识等方面能力得到提升。课外活动可以营造一种文化氛围，去陶冶和感染学生，让学生在开放、民主与宽松的创造环境中平等地探讨、自由地交流，激发学生的创新思维。学校也应该充分利用丰富的教学资源，开展丰富多彩的大学生课外活动，丰富学生校园文化生活，激发大学生的兴趣和潜能，培养大学生的团队协作意识和创新精神，为学生提供广阔的发展空间。对学生能力的培养，科研活动也是重要的锻炼形式。大学生既要掌握一定的基础理论和专业知识，同时也要具备一定的科研能力，做到在学习中进行研究，在研究中加深对知识的理解和掌握。科研创新能力的培养是一项系统工程，应贯穿于大学教育全过程，围绕创新能力提高，建立四级科研创新实践平台，即学术兴趣团队、学科竞赛、科研训练项目与导师科研项目。学校应在学生进行科研训练过程中做好引导、支持等工作，保证各个项目的顺利开展和实施，积极探索开展学生科研创新的新形式，充分发挥科研训练和创新在培养人才过程中的重要作用。

（七）完善创新人才培养的质量监控体系

在创新人才培养过程中，学校应通过有效激励和制度约束，激发广大教师参与的工作积极性和学生的学习热情，激发教师的创造性，最大限度地吸引广大教师实施课程改革，充分调动其教与学的积极性，促进教学相长，赋予教学以科学研究特色，创造性地从事教学工作。对在课程教学或指导学生等方面改革力度较大、效果明显的教师，给予研究项目或经费支持；对学生的创新活动应给予政策的支持，如公开发表的论文，可以资助一定的论文版面费，对培养成绩合格或科研活动中成绩突出的学生在评优、助学贷款、就业推荐等诸多方面予以优先。实现创新人才培养，需要完善的质量监控体系，要发挥教学督导的作用，在加强对课堂教学质量和教师教学效果的督察、教学实践环节的检查等日常性教学工作的同时，还要加强为学校的人才培养模式改革、课程结构体系和教学内容、教学方法改革，考试方式方法改革等学术性教学管理或改革工作提供建议。同时，要成立学生信息员组织，通过深入课堂、学生访谈、问卷调查等多种形式，从受教者的视角，开展常规观察和专题调研等工作，及时了解教学中存在的问题，以便有针对性地采取措施、解决问题。

第三节　服装创新人才培养的发展方向和基础

一、国际化是服装创新人才培养的发展方向

（一）推进国际化服装创新人才培养模式的背景与依据

国际化是当今世界发展的一个重要的趋势，经济的全球化风起云涌，中国已成为世界经济贸易组织的成员国，未来中国社会需要一大批具有国际视野、熟悉中国服装并了解西方服装的国际性服装人才。面向 21 世纪的服装人才必须适应这一现实的需要，为了顺应这一历史发展趋势，在服装创新人才的培养中应当顺应国际化这一重要趋势，采取国际合作的人才培养模式。

国家为了规范中外合作办学活动，加强教育的对外交流与合作，促进教育事业的蓬勃发展，国务院于 2003 年 3 月 1 日发布了《中华人民共和国中外合作办学条例》，教育部于 2004 年 3 月 1 日通过并发布了新的《中华人民共和国中外合作办学条例实施办法》并在 2004 年 7 月 1 日正式生效实施。这些条例和办法是我们开展对外合作培养的依据，也是我们顺利开展合作的导航标。根据中外合作办学条例的规定，国家对外合作办学实行扩大开放、规范办学、依法管理、促进发展的方针，国家鼓励引进优质教育资源的中外合作办学，鼓励中国高等教育机构与外国知名的高等教育机构合作办学。在这样的形势下，我国各个服装院校相继与国外的许多艺术、服装学院开展交流和人才培养的合作项目，如与美国的爱荷华州立大学、日本服饰文化学院、法国 ESMOD 国际服装设计学院、英国圣马丁艺术设计学院等进行服装专业的人才培养合作，启动了国际化合作教育的步伐。

（二）国际化形式的服装人才培养方式

针对国内的多个服装院校调查，各学校在服装专业本科、硕士教育的国际合作中，一般采取的是"3+1"或"2+1"模式，即在中方全日制的服装专业本科或硕士的四年或三年学习中，如果外语成绩能够符合外方合作学校的要求，可以在四年或三年学习过程中的任何年级都可申请并被选派去合作学校攻读服装专业本科或硕士学位，如果符合外方学校的授予学位的要求，便可以获得外方学校的相应学位。学生如符合中方的毕业要求，也可获中方的毕业证书，若同时达到中方的学位要求，还可同时获得中方学校的学位证书。

采取的"3+1"或"2+1"人才合作培养模式，中方与外方可以实行学分互认，对于某课程的成绩双方可以相互承认，双方教师互派，相互交流。如果学生在四年或三年时间不能完成规定学习任务，学制可以适当延长。中方可以与外方协商，积极为学生争取奖学金，同时，还可以通过多种渠道想方设法为学生筹措资金进行学习资助。

（三）研究性学习是国际化服装创新人才培养模式的精髓

1. 当前研究性学习的特征

由于时代的原因，今天倡导的研究性学习与不同阶段的研究性学习存在明显区别。

从学习理念来看，历史上研究性学习的倡导者中，大多数人认为存在一个普遍的、通用于所有学生的研究性学习模式；而今天我们所倡导的研究性学习，认为每个学生的学习都是其独特个性的体现，课程的内容结构也应该遵循每个学习者学习方式的独特性。

从学习内容来看，历史上的研究性学习大多局限于某一方面，如布鲁纳等人倡导的"发现学习""探究学习"，其内容指的是学科结构，这未免狭隘而且严重脱离学生的生活实际；当今的研究性学习，主张学生以自己的兴趣、爱好为前提，从自我生活和社会生活中选择研究性课题，研究内容是面向学生的整个生活与科学世界。

从学习目的来看，历史上的研究性学习旨在培养有理性的人，或旨在培养智力的卓越性；而今天我们所倡导的研究性学习，则是要培育个性健康发展的人，我们首先要把学生视为"完全的人"，把"探究性""创造性""发现性"等视为人的本性，看作是完整个性的有机构成部分。所以，个性健全发展是我们当今倡导的研究性学习的出发点和目的。

综观研究性学习的历史演变过程，顺应当今世界的教育发展走向，审视目前我们所倡导的研究性学习的特点，正是我国高等教育改革的现实要求，研究性学习契合了服装创新人才培养的时代需求。因此，今天我们所倡导的研究性学习并不等于历史上倡导的研究性学习，我们所倡导的研究性学习课程不但是学习方式的转变，而且是要通过学习方式的转变来促进每个学生的个性全面、健康、和谐发展。

2. 研究性学习的认识论基础

研究性学习具有多方面的理论基础，其哲学基础是马克思主义关于人的全面发展理论和实践理论；其心理学基础是认知结构理论和人本主义心理学理论；其社会学基础是人类优秀文化的继承性、人对社会经济发展的适应性和人与环境的和谐性；其教育学基础是教育发展论和现代课程教学理论。这里主要从新的知识观点和新的学习观点来说明。

（1）新知识观

新知识观认为，认识对象并不是独立于认识主体之外的客观存在，缺乏认识主体的认识兴趣及其他许多与认识行为相关的条件，就不会有任何的认识对象。任何一个时代的人们都需要对前人获得的种种知识进行新的审视、修正或抛弃，并发展出适合于自己这个时代需要的新知识，这体现对研究性学习的需要。

①显性知识和隐性知识：显性知识是指可以用语言文字来表达的知识，隐性知识是指以整体经验为基础的，只可意会、不可言传的知识。所以，隐性知识不能以学校教育和大众媒体等正规的方式加以传递，不能通过理性加以批判和反思。但是，隐性知识与显性知识二者又存在着密切的联系，它们互为前提，在一定条件下可以相互转化。

传统的灌输式教学只注重显性知识的传递，而不重视通过学生的自主活动所获得的体验使他们获得隐性知识。隐性知识在人的发展中起着十分重要的作用，它的形成主要依靠"经验"与"实践"。正因为如此，研究性学习这种可以使学生形成隐性知识的教学方式才成为目前教学理论与实践中的热点问题。

②私人知识和社会知识：暂时停留在人脑中尚未实现物化的知识被称为"私人知识"，把那些已经实现了物化，可以通过百科全书、著作以及无数劳动产品体现出来的知识被称为"社会知识"。要承认"社会知识"的作用，也不可忽视"私人知识"的地位。每一个人都能通过亲身的实践获得知识，它首先体现的是私人知识。私人知识如果永远是私人知识，它就会失去知识本身应有的价值。只有在知识社会化的过程中，知识才能体现出它促进个体发展与社会发展的功能。只有在实践中、在个体的内部活动与外部活动的结合中，私人知识才能转化成社会知识。

在传统教学中，由于注重知识的接受，学生缺乏必要的实践机会，在他们身上存在的、由教师灌注的私人知识很难变成社会知识。研究性学习重视学生的实践探究，强调学生在社会活动中主动建构知识，这本身就是私人知识转化为社会知识的一个过程。

（2）新学习观

新学习观是学习主体的新观点，契合了研究性学习的特点。

①从"不成熟的认识主体"到"知识的批判者与生产者"：传统的观点认为学生是一个"不成熟的认识主体"，是缺乏知识、需要不断地掌握和积累知识的人，甚至是缺乏认识能力从而需要接受教师指导、训练和帮助的人。这种观点决定了学生在学习活动中的被动地位。

随着新知识观对"权威主义"的批判，普通人的知识身份可以发生改变。他们不仅被看作知识的消费者，同时也可被看作知识的传播者、解释者和生产者，他们中的每一个人都已经成为整个社会、历史知识中的链条或知识网络中的一个环节，都有权利也有可能对任何知识进行质疑、修正和反驳。学生更是一个对知识不断进行询问、更新的人。

②从"受教育者"到"学习者"：从传统的教育理论可以看出，学生是知识的接收者，也是教师教学活动的被动承受者。恰恰相反，主体哲学基础上的教学理论则认为，学生是具有主体性的人，他们对教育具有影响的选择性、学习的自觉性、学习的独立性与学习的创造性；学生也是具有潜能性的人，他们具有多样性、隐藏性、个体差异性和可开发性；学生更是整体的人，教育教学所要实现的是人的身心以及智力因素和非智力因素的和谐发展，是人的社会性和个性相统一的人格的健康发展。

服装专业学生在研究性学习中，通过获得丰富的情感体验和知识经验，形成永不满足、追求卓越的科学态度和克服困难、超越自我的意志力；通过自己综合能力与个人素质的提高，张扬个性与兴趣，从而获得一种成功的体验，达到自身精神价值实现和不断发展自我、完善自我的目的；通过与其他人、自然与社会的交流而产生对自己生命价值的肯定和定位，明确自己的使命与责任，从而自觉地使德、智、体、美、劳等综合素质得到全面提高和发展，成为有知识、有见识、有见解、能辨别是非的人。

3. 研究性学习的实践途径

大学的研究性学习是大学教育中学生的一种学习方法。在大学的教学过程中，研究性学习可以促进服装专业学生由学习科学真理的认识过程向发现科学真理的认识过程过渡，让服装专业学生从接受性学习向自主发现学习转化。所以，大学研究性学习是一种教学过程和服装专业学生的主体性活动，其目的是将学习定位在满足服装专业学习者自身个性潜能的开发与能力的发展上。它的主要实践途径体现为：

（1）对问题的探索

大学教学过程是为了使学生获得高深学问，这种获得高深学问与知识的教育特性，使得大学教学过程一定要体现出服装专业学生学习科学真理的认识过程与发现科学真理的认识过程的统一。在研究性学习中，要重视探索创新的特殊性，重视发现科学真理的认识过程，否则教学过程就不具备完整性。

在现实中，因为许多原因让学校忽视了培养本科生作为发现者的责任，遮蔽了研究性学习应是大学本科的应有之义。当前大学本科教学呈现出"维持性"特征，即大学本科教学过程往往停滞在学习科学真理的认识过程上，而没有跃迁到发现科学真理的认识过程，忽视了大学教学应具有的"研究性"和"创新性"。因此，要体现大学本科研究性学习的探索性特征，关键在于变革学生的学习方式，强调问题在学习活动中的重要性。

研究性学习就是让服装专业学生始终处于问题的解决者角色，是一种学习方式的变革。强调服装专业学生通过问题来进行学习，把问题看作是学习的动力、起点和贯穿学习过程的主线。通过学习来生成问题，把学习过程看成是发现问题、提出问题、分析问题和解决问题的过程。为此，教师应建立一套合适的教学模式，把学生引向探究历程。教师要做到以下两点：

①教师在教学中不要简单地教给服装专业学生直接而具体的学习内容，而是要善于指导他们经常观察社会和企业中的问题，培养学生思维的独立性和批判性，大胆怀疑，提高服装专业学生的问题意识。用类似于科学研究的方式，去激励、引导和帮助服装专业学生主动发现问题、分析问题和解决问题，使服装专业学生在探索和研究过程中去获取知识、培养能力、发展个性。

②课程建设要为服装专业学生研究性学习和创新能力培养提供方便，要注重培植课程特色，有利于学生个性特长的发展。服装专业学生的学习是以课程为基本单元进行的，课程建设改革的落脚点应服务于服装专业学生的学习，提高服装专业学生的学习积极性和学习质量。因此，须将学习科学真理的过程和发现科学真理的过程有机统一在课程学习的教学过程中。这样，要求教师以知识系统中一定层次的内容为背景组织接受性学习环节和研究性学习环节，以保证足够的问题分量，不至于形式化，并确保学科课程学习内容的系统性和教学过程的灵活性。同时，教师要坚持教学与科研相结合，通过跟踪研究把学科前沿的内容不断地注入教学内容中，并应由学生去探求。科研不仅能够将最先进的研究成果充实进课程内容，将先进的教育思想融入课程体系，也能够将科研过程中的科学精神，如严

谨求实、创新存疑的精神带入课程教学。

（2）获得体验的知识

研究性学习重在学习的过程、学习方法的获得和思维水平的提高，即实践体验后达到的目标。这种知识的获取过程是学生作为研究者亲身体验知识的获得过程，即一门课程不但要反映知识本身的性质，还要反映求知者的本质和知识的获得过程。因此，教材和教法的界限会更加模糊不清了。贯穿在大学学科内和体现在一系列权威著作中的大量知识，乃是早先许多智力活动的成果。把这些学科知识教给学习，不是要他把结果牢记心头，确切地说，是要教他参与使知识可以建立起来的这一过程之中。我们教一门科目，不是建造有关这一科目的一个小型的现代图书室，而是要使学生像一名数学家那样思考数学，像一名史学家那样思考历史，使知识从探索过程中获得。知识的获得过程如果仅由接受性学习来完成是很难的，有时甚至是不可能的，它需要亲自实践、亲自体验发现科学真理的认识过程，只有通过体验才能获得知识和创新知识。通过实践内化了的知识，才是真正为学生所掌握的知识。由于源于实践的体验是学习者通过亲身介入实践活动，并在实践过程中获得新的知识、技能、态度的学习，这需凭借教学双方的互动作用而取得成果，因而对教学双方的知识及经验有较高的要求。比如说课程，目前国内大学课程更多侧重于专业化学科知识的传授，对课程中学生活动的组织、学生通过课程发展的实践能力以及主体情感体验均缺乏足够关注。由于这样的原因存在，致使教学方式过多局限于教师讲授、学生处于被动接受的地位，参与机会不足，体验不够。因此，为体现"体验"性特征，既要转变观念，又需加强课程建设。

（3）具有开放性

研究性学习打破了"权威""定理"的"霸权"，同时也要求有一种宽容的态度和开放的胸襟，倡导教师培养学生的自由争鸣、民主协商与大胆的想象。因此，研究性学习实质就是独立学习，这决定了服装专业大学本科研究性学习具有明显的开放性特征。

①学习方式的开放性：每个学生都可根据自己的兴趣和特点来进行自主学习，既可以是学生个人也可以是以学生小组集体研究的方式来进行学习。

②学习内容的开放性：研究性学习的内容不局限于特定的学科知识体系让学生去学习，而是让学生自己去确定研究内容。

③活动空间的开放性：研究性学习可以在课堂内进行，但更多的是走出课堂，面向社会、面向企业和商场，在开放的环境和系统中进行，这对激发学生的兴趣和创造性，培养学生实践活动的能力具有十分重要的意义。

④评价标准的开放性：研究性学习不只关注学习结果，更注重学习活动过程所产生的丰富多彩的学习体验和个性化的创造性表现，其评价标准具有多元性，因而其活动过程和结果均具有开放性。

开放性的特征，需要给学生创造一个宽松、和谐、民主的心理氛围，给学生一种心理安全感，而心理安全、心理自由正是学生主动发展的摇篮。研究性学习的开放性特征告诉我们，研究性学习的灵魂是充分尊重学生的主体性，充分调动学生的主观能动性。

大学研究性学习体现了大学教学以人为本的价值取向，体现了学习自由性，高深学问性以及大学生的身心发展规律。研究性学习对于服装专业大学教学而言，不仅是基于研究的学习方式，更是教学过程中不可或缺的学习发展环节。服装专业大学教学过程不仅应体现学习服装科学、创意知识的认识过程，更应体现发现科学知识与创意知识的认识过程，否则服装专业教学过程就不是完整的。

二、工程化是服装创新人才培养的基础

服装是一个典型的应用型专业，其工程化特征明显，因此，掌握工艺技术和手段是这个专业的人才学习的重要内容，工程化更是服装创新人才培养的基础。

（一）充分利用服装高校科研资源提高服装创新人才的培养质量

1. 高校教学与服装科研的关系

从服装高校的教学工作本身看，服装专业的本科教学具有较强的专业理论性、独立性、创造性和实践性，它担负着传授服装知识，培养服装专业学生探求新知识能力的任务。因此服装专业教学不仅在于"传道、授业、解惑"，还需要对教学内容与教学过程本身进行深入的科学研究与探索，这样才能解决教学中的难点、重点与热点问题，构筑教学的理论框架。因此，服装专业的本科教学活动内涵本身就应该包含教学和科研两种成分。服装专业科研实质上是教学活动的延续和深化，是一种广义的实践教学。

当代社会，教学已经不能脱离科研而单独存在，科学研究是提高教学质量的重要保证。教育部《普通高等学校本科教学工作水平评估方案》的综合性评估体系中，就有 19 个二级指标和 44 个观测点涉及教学与科研的互动问题，这表明了国家对如何统一教学和科研的一种指引。高校的教学和科研是相互联系、相互促进的，钱伟长院士在谈论教学与科研的关系时说："大学必须拆除教学与科研之间的高墙，教学没有科研做底蕴，就是一种没有观点的教育，没有灵魂的教育。"可见，科学研究对于服装专业教学的必要性。

当今大数据化时代，科学技术飞速发展引起了科学知识总量的倍增，知识更新周期缩短，科学技术日趋综合化，科学研究规模不断扩大，对于完善教学理论、选择教学内容、运用教学手段和方法，指导教育实践等都起到了重大的推动作用。正确处理服装专业教学与科研的关系，将科研融入服装专业教学、以科研促进教学，成为服装专业提高教学质量、培养创新型人才的重要途径。

2. 服装科研是提高服装专业教学质量的重要方式

服装专业教师的科研素质与能力是提高教学质量的核心因素。服装专业高等教育教学是教师对服装专业课程和教材内容的再创造过程。因此，高校教师的教学必须以服装专业科学研究作为支撑。国内外的历史经验表明，科研是提高服装专业教师综合素质和教学能力的第一促进力，也是提高教学质量的第一推动力。服装专业的教师在教学中对教学内容的理解是建立在深厚的科研水平基础上的。只有通过科学研究，才能跟踪上国际服装专业

科学发展的顶峰，全面把握服装学科的国内外学术动态，准确地认识自己所授课程在整个服装专业学科中的地位和课程内部的逻辑联系。服装专业教师只有把科研中获得的新知识及科技新成就及时反映到教学中，丰富课堂教学，才能提高服装专业人才培养的质量。如果教师不搞科研，没有科研的支撑，便不能对服装学科的前沿、动态进行及时和深入的掌握，从而沦为知识传授的教书匠，无法达到理想的教学水平，提高服装专业院校的教学质量。因此，提高服装专业教师的科研素质与能力是提高教学质量的核心因素。

要保证好的服装科研资源，大学必须创造良好的科研氛围。

（1）提供好的科研硬件条件

服装科研设备等硬件资源是改善服装专业教学条件的基础。没有一定的科研实验条件是很难创造出好的科研成果的。高校实验室是进行服装实验教学、开展服装科学研究的重要基地，是学校组织教学和开展科学研究的物质基础。构成实验室硬件主体的仪器设备为高校进行教学、科研活动提供了先进的科学技术手段，是衡量学校办学水平的重要因素，更是提高人才培养质量的重要保证。

（2）努力创新科研成果

科研成果是服装专业高校潜在的课程资源。高校课程资源是实现服装专业教学目的，实现人才培养目标的重要载体。高校关于服装专业人才培养的一切措施，最终都要落实在具体的课程中，通过课程实施来实现。课程质量的高低，是高校教学水平的具体体现，直接决定服装专业人才培养质量。现在许多服装类高校学生量大，课程资源不足，不能完全满足服装专业高等教育创新人才培养的需要。高校的科研成果是教师花费大量心血、潜心钻研的结晶，是教育科研工作者对某些教育现象、教育问题进行系统、专门的研究和探讨而提出的新观点、新结论，或是站在新的角度做出的新解释，具有探索性与突破性，蕴含着丰富的教育价值，是高校开发新课程的重要源泉。

（二）加强服装专业高校实验技术队伍的建设

服装是典型的实践课程偏多的专业，服装专业高校的实验室是培养学生动手能力、创新能力的重要场所，也是开展服装科学研究和技术创新的重要平台。高校实验技术队伍的水平直接影响着服装专业大学生的工程实践能力的培养。

但根据对服装专业高校实验技术人员的具体状态了解，发现了服装专业高校在实验室技术队伍建设方面的一些主要问题。

1. 高校没有足够重视服装实验室技术队伍建设

当前的服装专业高校建设思路是：加强以学术指标为主线的服装学科建设，加强以高水平服装学科带头人为核心的队伍建设，加强以标志性成果为重点的教学科研工作建设。因此，有些服装类高校急功近利，忽视了长远效益和其整体的协调发展，实验室的技术队伍建设便成了被忽视的一块荒漠。许多高校在人事管理中将实验技术人员称为"教学辅助人员"或属"非主系列"，他们也成为边缘化的一类人员，甚至很少有评职称的指标，他们所从事的劳动未能得到应有的承认，也没有考核的制度，尤其是服装实验室的人员，一般学历较低的都放在这个队伍中。服装实验技术人员不论从地位、受尊重程度还是从工作环境和职称评定等待遇上，都与专任教师相差很多。有些高校服装专业的实验技术人员评职称的指标每年只有 2～3 人，而教师的职称评定指标达近 40 人，这样致使一些本来业务素质很好的实验室老师便没有了进一步努力的目标，影响其工作的积极性，也造成了实验室技术队伍的不稳定。因此，高校服装实验技术队伍建设中各种问题的根源就在于许多学校对实验技术队伍建设的重视程度不够，所以造成的一个直接后果就是服装专业实验人员的数量匮乏。服装专业实验技术队伍规模显然难以满足当今我国高等学校服装专业人才培养和科学研究的需求，难以为确保服装专业教学质量和科研水平提供有力的技术支撑。因此，规模问题是高校实验技术队伍建设中必须首先面对的问题，否则，难以为服装专业教学科研提供有力的保障。

2. 高校的服装实验室队伍结构不合理

高校的服装实验技术队伍结构不合理主要包括：不合理的知识结构、年龄结构和职称结构等几个方面。如学历偏低、年龄偏大几乎是高校服装实验技术队伍中普遍存在的问题。由于历史的原因，我国高校的进人标准整体上呈现出明显的先松后紧的变化过程。对于教学科研队伍而言，这一变化过程还是符合我国人才培养水平的发展过程的。只是对于实验技术队伍来说，前"松"意味着标准的缺失，而后"紧"在很大程度上限制了实验技术队伍的合理发展。这样不合理的队伍结构影响了高校服装实验队伍整体素质的提高，他们对国内外实验技术水平缺乏了解，对先进的设备不去积极学习和掌握，对仪器设备研制和二次开发能力严重不够。因此，队伍结构的合理化建设是高校服装实验技术队伍建设的一项重要任务。

3. 高校的服装实验技术队伍稳定性不强

因为实验技术人员的工作积极性不高，另外实验技术队伍的规模偏小，因此，这样一支数量有限的队伍稳定性也比较差。主要原因是实验室人员无论在经济利益还是自身发展方面，都与教学科研人员形成了较大的反差。高校的服装专业技术岗位设置往往没有给实验技术人员留出充分的发展空间，加之对实验技术人员的考核标准常常不能充分反映其业绩和水平，甚至与实验技术工作的特点十分不符，因此，呈现出干好干坏一个样的状态。这影响着实验技术人员自身技能的提高。在以项目负责制为特征的科研组织形式下，如果一个实验技术人员没有足以立身的一技之长，则很难真正有效地介入科研与教学工作中，这与岗位晋升问题一起约束了实验技术人员收入水平的提高。因此，如何调动实验技术人员的积极性是实验技术队伍建设的核心问题。

随着以素质教育为核心的科教兴国、科教兴产业的战略实施，服装实验室作为实施大学生素质教育的一个重要载体，必然是现代服装学科建设的重要内容，没有良好的实验室，就不可能成为良好的大学。服装实验室的水平不仅取决于实验设备，更取决于实验室人才队伍。要建设高水平的服装实验室离不开高素质的实验技术人员。而现实是，服装实验室人员还是老一代的实验教师偏多，年轻老师的水平也参差不齐，这样致使实验室教学队伍的水平提高很慢。针对目前国家"卓越工程师"人才培养目标的提出，建设高水平的实验室技术队伍成为服装专业人才培养的核心内容。

（三）加强服装创新人才培养与产学研的结合

通过调查发现，服装院校应用型创新人才培养具备一些基本特征：具有扎实的服装理论基础知识，系统的服装学科专业知识，必要的相关交叉学科和人文知识；具有较强的服装领域创意设计、工程实践能力和专业技术创新能力，信息技术相关知识的综合运用能力，协同工作与沟通交流能力，终身学习能力；具有良好的思想道德素质、创新意识、身心人文素质和职业素质。这些特征显示服装创新人才必须与产学研相结合，才能实现真正创新人才的培养目的。

近年来，我国高等教育完成了由"精英"教育向"大众化"教育的转变。但随着服装专业高校毕业生逐年增多，就业问题日趋严峻，一方面很多服装专业毕业生找不到工作，另一方面很多服装企业找不到合适的人才。原因在于服装企业和社会对于服装专业人才的需求是多层次和多规格的，而服装专业的毕业生确实也不能完全满足服装企业的要求。社会和服装企业对学术型人才的需求较少，更需要大批具有服装创意和创新能力，基础理论扎实、实践动手能力强，能够直接参与服装企业一线服装设计与生产技术创新，解决服装企业实际生产和商业活动中的开发与技术问题的高素质应用型人才。我国服装专业高等教育存在的问题是仍然沿用传统的精英教育模式，从学科本位出发，在培养方案的制定与实施过程中重课堂教学、轻实践教学，重知识传授、轻能力培养，重学科的系统性、完整性，轻人才培养的复合型和实用性。对于当前存在的服装专业人才培养问题，我们必须加强多渠道的人才培养方法，实施多方位的产学研人才合作培养方式，将服装创新人才的培养渗入各种产学研究合作方式中，根据社会需求和学校的定位，我们培养的人才主流不仅是高端的科学研究和学术性人才，还是我国服装产业一线的服装设计、服装工程技术人才。他们应当具备扎实的理论基础和系统的服装学科的专业知识和技能，并且具有技术创新能力、交流合作能力、自主学习能力、良好的身心素质、适应多种岗位的综合专业和职业素质。大部分能够在毕业后直接就业，成为服装企业合格的应用型人才。

具体地说，服装创新人才培养目标就是在服装设计、技术、管理、营销以及品牌策划方面具有坚实的基础理论、实际的设计能力和一定的设计经验，能够适应服装企业的环境和岗位要求，成为服装行业的不同层次的设计人员、工程技术人才或营销和管理人才，如服装设计师、服装工程师等。而产学研究是多渠道的，既有学校资源的保障，如科研所、实验基地、教师工作室等，也可利用企业的资源，如企业的实践基地，企业的科研合作项目等，还可和国内外其他学校、其他企业合作培养人才。只有摆脱学校单一的人才培养模式，借助社会力量共同培育人才，培养的人才才会更有社会价值。

第四节　服装创新人才的文化素养注入

一、服装设计专业的文化功能

所谓文化的实质就是人作用于对象的创造性活动以及所采取的相应活动形式，并产生的活动成果。文化是静态与动态的统一。文化是一种特殊的存在，对广泛的社会全体来说，文化是其存在的符号、象征。文化是共享的、普遍持有的一般信仰和价值。这定义了社会上主张的教育目标应该是培养优秀人才的概念，包括意志、爱好和礼貌等。对于我国的服装人才而言，服装文化是学生与学生的分化和整合。大学文化是大学新生在融入服装专业时认识、思考和感受服装问题时必须掌握的正确方式。大学文化具有创造性、继承性、地域性（民族性）、价值性的特点，对人类社会的形成、发展、进步有不可替代的作用。大学文化的功能主要体现在创造功能、整合功能、传承功能、凝聚功能、升华功能等方面。服装设计专业的文化也不例外。

二、高校服装设计专业学生的文化培养特征

服装是一种文化，也是一种文化产品。关于服装专业学生文化培养的特征，没有人做过充分的研究，这里我们主要是结合我国服饰设计专业大学生的特色，围绕大学服装设计专业先进性的文化的特点进行分析。

（一）群体的独特性

服装专业学生是有别于其他文化建设群体的，服装设计专业云集了众多的服装专家学者、知识分子，文化层次整体较高，他们是服装设计文化的创造者和传播者，是服装设计文化建设的主体。这是服装设计专业主体对象的独特性，它决定了服装设计文化的高层次及其先进性，具体表现在理性认识上的高度，情感追求上的高尚，活动方式上的高雅，活动设计的高标准以及活动内容的高水平等。服装设计专业的学生作为现实的或未来的高级专门服装人才，他们不满足于简单的、传统的知识重复。他们重视精神生活，注意思索人生、探讨社会、研究现实、描绘未来。可见，服装设计专业的每一个学生既是文化的创造者和传播者，又是文化的受益者。服装设计专业大学生文化的重要意义就在于受教育者的主动参与，并在其中创造性地开展文化活动。服装设计专业大学生文化在形成和发展工程中，需要汲取和传承服饰文化，同时又对服装设计专业的师生和社会都产生着影响。服装设计专业大学生文化中的物质形态和精神形态是通过师生的文化实践活动来体现的。

（二）鲜明的时代性

服装设计专业大学生文化是服装高等教育发展的产物，是学校历代师生共同创造的物质文化与精神文化的历史积淀与结晶。然而，大学生文化又具有鲜明的时代性。这是因为

大学生文化的发展受到一定时代政治体制和经济体制的制约，与同时代的社会主导文化是相适应。同时，服装设计专业作为服装知识分子的聚集地，处在服饰文化的最前沿，是先进思想观念、科学技术、价值体系的发祥地，最新服装时尚信息、服装科学技术、服装文化成果首先在这里传播。因此，服装设计文化总是在不断地创造和选择吸收时代特征的新思潮、新观念和新精神，使其不仅适应时代变化，而且能引领时代文化潮流，体现出鲜明的时代性。

（三）明确的导向性

服装设计专业作为人类服饰文化传递、发展与创新的前沿阵地，担负着为国家服装产业建设培养"四有"新人的重要任务。这种特殊的使命，决定了服装设计专业大学生文化建设的目标有着明确的指向，弘扬爱国主义、集体主义和社会主义这三个主旋律；强调以科学的理论武装人，以正确的舆论引导人，以高尚的情操塑造人，以优秀的作品鼓舞人；强调引导大学生树立科学的世界观、人生观和价值观。服装设计专业大学生文化建设必须按照培养合格的服装人才这一需要营造自身的文化氛围，确定正确的方向，这是正是服装设计专业大学生文化建设的出发点和归宿，也是服装专业大学生文化建设的核心。

（四）相对的开放性

当代社会处在一个高度开放的时代。服装设计专业不可能脱离社会文化的母体而独立存在和发展。服装设计文化的保守性与开放性并存，即在对探索服装科学真理的坚持和执着的同时，服装设计文化要走进社会，走向世界。服装设计文化的开放性突出表现在服装人才培养的目标上越来越与服装产业需要相吻合，除课堂的服饰文化传授外，师生的社会实践如大学生服装创意设计大赛、大学生课外实践活动、企业参观、大学生联谊、服饰搭配等咨询服务越来越受重视。师生在同社会的接触中，把大学生文化中蕴含着的社会责任感和主人翁精神内化为自己的思想意识，融化于社会之中，确定了自己在社会中的位置，完善了自己的形象。同时，又从社会文化母体中汲取丰富的营养，不断丰富和发展大学生文化的内涵，促进大学生文化的不断前行。大学生文化的开放性还表现在社会乃至世界各种服饰文化思潮在大学里融会，通过师生的理性思辨和实践确认，对社会服饰文化发展起着启示和促进作用。

三、服装设计专业的文化内容

一般地说，服装设计专业的文化内容主要包括精神文化、物质文化、行为文化、制度文化四种。首先，关于服装设计文化的物质文化方面，各高校服装设计专业都在重视校园基础设施建设，且更加注重对校园物质设施的人文气息和文化内涵的挖掘。随着社会的进步，服装校园物质环境对于大学生成长所起到的促进作用日益凸显出来，国家对大学教育加大了投入，各服装设计高校对自己学校的教学设施、校园环境、校园景观等加大了建设的力度。在此基础上，许多大学开始关注对这些基础物质设施的文化内涵的挖掘，从本校的传统、特色和培养目标出发，建设具有本校特点的标志性建筑，形成了创意性强、清静优雅、布局合理、特色鲜明的校园物质文化。其次，高校服装设计专业一直在着力探索、凝练各自的办学理念，这是大学生文化中的精神文化。多年来，许多高校服装设计专业都在努力坚持社会主义办学方向，按照高等教育改革与发展的整体要求，结合自己学校的历史和办学条件，不断总结、提炼各自的服装人才培养理念，逐步厘清自己的办学思路，确立各自的学校发展战略，努力凝练和突出自己的办学特色，不断提高办学实力。高校服装设计专业的大学文化集中地表现办学理念、办学定位、发展战略、学校精神、学校传统、校风、校训等方面，这些文化建设为学校的健康发展奠定了基础。再次，大学文化的行为文化初步形成了积极向上、勤奋严谨的校风。各服装设计高校都在校园文化建设中，坚持以育人为宗旨，注重对在校的师生员工的思想道德修养的培养，积极开展各种健康向上、丰富多彩、富有教育意义的文化活动。最后，这几年大学文化的制度文化建设明显加强，有的学校提出"制度建设年"战略，其目的是努力提高学校内部管理的科学化、规范化水平。许多服装设计高校按照现代大学制度的基本要求，全方位深化改革，逐步探索、建立和完善符合我国国情与高等教育发展的各项内部管理制度，以高校人事制度、收入分配制度、教学管理制度、学生管理制度等为重点，突出以人为本、科学管理、依法治校、民主治校。

四、推进服装设计专业大学生的文化建设

服装设计专业大学生的文化建设是衡量服装专业大学生水平的重要因素，许多服装设计专业学生都积极参与学校的各种文化活动。

（一）服装设计专业大学生文化建设的指导思想

1. 必须以社会主义核心价值体系为引领，坚持社会主义方向

当前，我国社会正处在深化改革之中，各种社会矛盾相互交织、摩擦，各种思想、观念相互激荡，并通过各种各样的途径和形式渗入或折射到校园生活的各个角落，不可避免地会给师生的思想观念、价值取向、思维方式、审美情趣等造成积极或消极的影响。这些都给我们的服装设计高校文化建设提出了一系列新的课题。因此，在服装设计专业大学生文化建设中，我们必须坚持以建设有中国特色社会主义理论体系为指导，运用科学理论的立场观点和方法，正确认识和解决发生在大学生周围的人和事，坚持"两手抓，两手都要硬"的原则，紧紧围绕着培养社会主义"四有"新人这个中心任务，扎扎实实地开展工作，牢牢地把握大学文化建设的正确方向。

2. 服装设计专业大学生文化建设要立足于中华民族的优秀传统文化

建设有中国特色的服装大学生文化不能割断历史。服装设计是走出国门较早的学科，许多服装设计专业的老师一味地追求国外的服装时尚，在国内不思索地照搬传授给学生，这是我国高校服装设计专业的老师应该注意的问题。我们国家有着丰富的服饰文化，在服装设计专业大学生文化建设中，要根据服装设计专业大学生文化建设的实际需要传承中华

民族的优良传统文化，如中国的各朝代服饰文化、各类民间文化等，同时积极借鉴和汲取外来文化的文明成果，努力建设有中国特色的大学生文化。我们要认真研究和继承那些特别是在我国历史发展中长期形成的优良道德思想和行为准则，剔除其陈腐的内容，赋予其新的时代内涵，使它在新的历史时期获得新生，发挥作用。同时，还要大力弘扬人民群众在社会主义建设实践中形成的新服饰文化，保持和突出社会主义文化的连续性、时代性，把我们的高校服装设计文化建设成为有中华民族特色、体现时代精神的高校服装设计文化。服装设计专业大学生文化的建设中，我们还应该积极了解、借鉴和吸收人类所创造的积极文化成果和精神财富，为我所用，对待外来服饰文化，要贯彻"洋为中用"的方针，运用马克思主义的基本观点和方法进行分析和鉴别，并从社会主义大学文化建设的实际需要出发，进行扬弃、消化、改造，以达到促进社会主义大学文化发展的目的。

（二）推动服装设计专业大学生文化发展的办法

服装设计专业大学生的情感十分丰富，文化形式多种多样，因此，推动服装设计专业大学生的文化发展办法也是多样的。

1. 增加课堂设置中的文化内容

在课堂中增加文化课程是最简单的办法，分为显性课程与隐性课程。课堂文化教育的目的是让老师在上课中将文化的内容潜移默化地传授给学生。但实际上，在许多服装设计院校的已有课程设置中，更多地关注学生专业性的内容，尤其应关注技术性内容的讲授，对于非专业性的知识，如服饰文化知识，对学生灌输得较少，一般就是一门课程"服饰心理学"。学生对于中外民族文化、服饰文化等了解得比较少。在这块课堂阵地，虽然学时有限，也应该有意识地增加一些文化课程，形成引导作用，使学生感受到文化的魅力和文化带来的优势，这对个人的发展，对整个行业的发展都起着不可估量的作用。

2. 营造优美的文化环境

文化环境包括校园物质环境和校园精神环境两部分。在物质环境方面，要注意校园建筑要协调发展、建筑与绿化要讲究和谐、要努力设置寓情寓教富有感染力的校园人文景观等。

3. 要充分认识到环境本身的育人作用

校园环境对师生具有舒心、感染、激化和导向的作用。服装设计高校必须做好校园文化环境重要性的教育、爱护校园环境基本知识的教育和校园管理制度的教育，要讲究校园人人参与的意识，强调校园师生的互动性，体现校园育人的主体意识。

4. 努力完善现代化的文化配套设施

文化设施主要分为两大类。第一类是建筑物，如教学楼、行政办公楼、图书馆、计算机房、大礼堂、校史馆、学术报告厅、学生活动中心、体育馆等场所，这些场所为文化建设提供不可缺少的阵地，是师生员工开展文化体育活动必需的场所。第二类是文体用品和设备，如文化娱乐用品、体育用品、演出欣赏用的音频、视频设备等。文化设施建设在大学文化建设中所居地位十分重要，它是大学生文化建设的物质保证，是大学生文化建设的前提条件。

5. 建立健全大学文化设施建设投入的新运行机制

大学文化建设核心就是必须建立健全大学文化建设投入的新运行机制，要逐渐形成多元投资主体和多渠道投入的机制。如积极搞好与当地政府或主管部门的关系，通过他们在政策允许范围内争取最大的财政投入，实行以"产"养"文"以及寻求社会资助等。

6. 加强服装高校校园制度文化建设

学校规章制是校园文化建设的保证，规章制度的建立健全与学校的总体建设密切相关，学校章制度的制定及如何执行，往往能直接地反映制定者或执行者的教育思想及其价值观念，从而形成一种文化现象。制度建设应体现规范性、连续性、导向性、自由性等特征；创建制度文化的特色包括全员参与制定制度、建立专门的制度建设委员会、注意制度意识的培养、发挥教师的示范作用、积极推进道德建设等。加强大学行为文化建设包括加强对师生价值观的引导促成价值体系的形成，增强校园文化活动的和谐性和针对性以促进师生良好行为习惯和道德素质的养成。加强大学精神文化建设和发展主要是坚持"爱国主义、集体主义和社会主义"教育发展方向；营造自由民主的氛围，形成优良的校风；加强思想道德教育；加强对师生的情感方式的培养。

五、服装设计专业大学生文化建设需要注意和把握的问题

（一）新时期服装设计专业大学生文化建设的有效性

服装设计专业大学生文化建设基本成为各服装院校的共识，也进行了大量的投入，取得了一定的效果。但是，有效性应是研究者需要关注的焦点，如何针对性地投入以提升和谐文化的实效，是当前乃至今后相当一段时间内我们的研究课题。

（二）新时期服装设计专业大学生文化建设发展的趋势

随着时代的发展和变化，服装设计专业大学生文化的发展紧跟时代的步伐出现了一些新的趋势。作为教育理论工作者，应该把握这些变化，抓住时代脉搏，以保证大学文化研究的时代性和先进性。目前的趋势主要表现在服装设计专业大学生文化与社会大众文化的互动发展、大学生文化由单元型向多元型转变、多校区的校园文化建设问题、网络对大学生文化建设的影响、学生日益增长的权利与平等意识对高校治理的要求等。这些均不同程度地影响着和谐校园建设和大学文化建设，需要从不同侧面进行研究。

（三）服装设计专业大学生文化理论研究与实践环节的衔接

目前关于服装设计专业大学生文化的理论研究不是很多，但是高水平的、创新性的研究成果更少，对于新时期服装高校发展面临的"新"理解还不够，在研究内容上要么偏小，要么太宏观。由此，下一步如何就方法上寻求创新应是理论工作者需着力思考的问题，理论与实践的结合要求不说套话、空话，也不仅仅是实话，而是要提出切实可行并有效的策略。

参考文献

［1］索珊.“一带一路”倡议下纺织服装产业国际产能合作的经验与前景［M］.北京：中国纺织出版社有限公司，2021.

［2］邵争艳.新常态下服装业财务绩效指数波动及动因研究［M］.北京：中国纺织出版社有限公司，2021.

［3］伞伟男.浅谈新时代服装产业的品牌策略［J］.黑龙江纺织，2021（3）：36-38.

［4］白雪莲.服装产业发展与服装人才稀缺之间的矛盾的讨论［J］.西部皮革，2021（23）：49，50.

［5］殷庆坎，杨熙.长三角共建世界纺织服装产业集群的推进路径［J］.浙江经济，2021（9）：20-22.

［6］苏芷庭，何铠旬.服装产业在科技时代下的内核联动性［J］.艺术市场，2021（10）：104-106.

［7］高珊.可持续发展下的服装产业发展机制研究［J］.轻纺工业与技术，2021（8）：111，112.

［8］刘亮，倪武帆，吕锴峰.绿色金融支持服装产业数字化转型路径研究［J］.纺织报告，2021（9）：29-31.

［9］万明.纺织服装概论［M］.北京：中国纺织出版社有限公司，2020.

［10］杨楠楠.跨境服装电子商务［M］.北京：中国纺织出版社有限公司，2020.

［11］王华.“一带一路”倡议下中国与中亚国家纺织产能合作研究［M］.北京：中国纺织出版社有限公司，2020.

［12］阎海婷.中国纺织服装产业的竞争力研究［J］.现代经济信息，2020（1）：171，172.

［13］关蕾.服装产业企业转型升级的措施分析［J］.善天下，2020（10）：365，366.

［14］熊兴，王婧倩，陈文晖.新形势下我国纺织服装产业转型升级研究［J］.理论探索，2020（6）：97-101.

［15］曲义.文化软实力建设助推安徽服装产业发展研究［J］.武汉纺织大学学报，2020（4）：29-33.

［16］魏建华.针织服装产业转型升级问题的思考分析［J］.智库时代，2020（40）：151.

［17］王秀莲.云技术在现代服装产业中的应用［J］.现代丝绸科学与技术，2020（1）：21，22，27.

［18］段卓冉，曲洪建.服装产业集群竞争优势与价值创造的关系研究［J］.丝绸，2020（2）：47-54.

［19］王玺瑞，陶然.基于区块链的服装产业协同制造溯源研究［J］.智能计算机与应用，2020（3）：150-154，159.

［20］潘月杰.北京服装产业的时尚化升级研究［M］.北京：中国商务出版社，2019.

［21］王婧昕.文化产业视角下的现代服装设计创新研究［M］.长春：东北师范大学出版社，2019.

［22］陈东生，吕佳.现代服装测试技术［M］.上海：东华大学出版社，2019.

［23］汪小林.远湖 VSD 数字化服装［M］.北京：中国纺织出版社，2019.

［24］张竞琼，林舒琴.中国近代服装行业研究［M］.上海：东华大学出版社，2019.

［25］周科.传播学视域下服装展示形态及创新设计研究［M］.长春：吉林大学出版社，2019.

［26］刘蕴莹.纺织服装进出口操作指南［M］.北京：中国纺织出版社，2019.

［27］李金强.服装 CAD 设计应用技术［M］.北京：中国纺织出版社，2019.

［28］周灏.反倾销下的中国纺织品服装贸易及海外扩张策略［M］.北京：中国纺织出版社，2019.

［29］李杰.新时期中国产业与贸易政策协同发展研究［M］.广州：暨南大学出版社，2019.

［30］王苒.中国服装产业集群发展概况［J］.艺术科技，2019（9）：241，242.

［31］谭燕.基于区域经济学的服装产业转移理论研究——评《服装产业经济学》［J］.毛纺科技，2019（9）：98，99.

［32］王焕敏.关于纺织服装产业集群发展的区域经济学分析［J］.经济视野，2019（23）：102.

［33］初雪梅."新零售"让传统纺织服装产业焕发新生［J］.纺织服装周刊，2019（27）：38，39.